NIEDERSACHSEN
Göttingen
Diemel
Weser
Hofgeismar
Hann. Mür
Haus Posen,
Fuldatal-Rothwesten
Werra
Bergpark Wilhelmshöhe
Kassel
Grenzmuseum Schifflersgrund,
Asbach-Sickenberg
Gedenkstätte Breitenau,
Guxhagen
aldeck
Eschwege
Melsungen
Fritzlar
Vildungen
Kassel
Rotenburg
HESSEN
Bebra
Gedenkstätte und
Museum Trutzhain,
Schwalmstadt-Trutzhain
lmstadt
Fulda
Bad Hersfeld
Z Stadtallendorf,
adtallendorf
Grenzgedenkstätte
Point Alpha, Rasdorf
THÜRINGEN
Alsfeld
rg
Lauterbach
Fulda

Stefan Schröder, Sabine Königs, Hans Sarkowicz

Hessen - Ein bewegtes Land

Stefan Schröder · Sabine Königs · Hans Sarkowicz

HESSEN

Ein bewegtes Land

INHALT

Waldeck am Edersee

EINLEITUNG

Was macht das Land Hessen so einzigartig? Hat es nicht ein bisschen von all dem, was es auch anderswo in Deutschland gibt? Die Wälder, die Weinberge, Dörfer mit Fachwerkhäusern und Großstädte mit viel Verkehr? Dienen also nur Apfelwein und Ahle Worscht zur Unterscheidung?

Wer seinen Leserinnen und Lesern eine hessische Gesamtschau bieten möchte, schlittert haarscharf an Klischees vorbei. Bedient, wenn er nicht aufpasst, alte Mythen statt neuer Perspektiven. Dabei zeichnet dieses Land zwischen Rhön und Rheingau, Reinhardswald und Bergstraße aus, dass es sich so schnell wandelt wie kaum ein anderes. Das galt immer schon. Interkontinentale Handelswege, schiffbare Flüsse und günstige klimatische Bedingungen führten die Menschen durch hessisches Land, und viele blieben hier buchstäblich hängen. Oft genug haben eingefleischte Hessen familiäre Wurzeln in Ostpreußen, Frankreich oder Anatolien. Nach dem Krieg hieß es vor allem zusammenrücken, nicht immer freiwillig, aber aus Einsicht in die Notwendigkeit.

Manchmal kommt es einem vor, als seien viele der Vulkane im Land gar nicht erloschen, als rieben sich die unterirdischen Erdplatten wie in frühen Erdzeitaltern aneinander, so brodelt es bisweilen oberirdisch. Nirgendwo sonst in Deutschland prallten in jüngerer Vergangenheit Gegensätze so unmittelbar aufeinander. Es wirkten die Nähe zum Eisernen Vorhang, dem markantesten Symbol des Kalten Krieges, die Berichte aus der Zone und andererseits der prägende Einfluss der westlichen Führungsmacht USA, die in Hessen mit ihrer Reeducation begann. Die Empörung der Jungen über das Beharrungsvermögen der Alten entlud sich in Hessen, Häuser- und Hörsaalbesetzungen, Anti-Atom-Bewegung und Kampf um die Startbahn West tobten in und um Frankfurt. Fast hätte es die Gesellschaft zerrissen, wenige wählten das Extreme und wandten sich gegen die Demokratie. Nirgendwo sonst finden wir so tiefe Spuren des RAF-Terrors auf der einen und eine so ausgeprägte rechtsextreme

Infrastruktur auf der anderen Seite. Was fast noch mehr erstaunt: Immer wieder gelingt es in der Landespolitik, scheinbar unvereinbare Gegensätze zusammenzuführen. Fast unbegrenzt erscheinen die politischen Farbenspiele, die sich auf kommunaler Ebene erst einmal ausprobieren, um später in Bündnissen auf Landesebene zu münden.

Die positive – kreative – Unruhe hat unzählige Unternehmer, Forscher und Erfinder erfasst, deren Einfallsreichtum und Geschäftstüchtigkeit dazu beigetragen haben, dass sich die Hessen einen bundesweit beispiellosen Wohlstand erarbeiten konnten. Weltmarktführer, Nobelpreisträger, kluge Köpfe und geniale Denker füllen die hessische Hall of Fame.

Und immer wieder sind es Zugewanderte, die frische Gedanken, unkonventionelles Handeln und andere Kulturen mitbringen.

Das wird so bleiben. Hessens Drehkreuze am Himmel, zu Wasser und zu Lande locken jedes Jahr aufs Neue Menschen an. Vor allem Frankfurt als Finanzhauptstadt der Europäischen Union sorgt im Verein mit der Börse für Zulauf aus allen Teilen der Welt. Die persönliche Begegnung auf Deutschlands wichtigstem Messeplatz hat eine virtuelle Entsprechung: Der größte und schnellste Internetknoten der Welt und Hunderte von Rechenzentren verknüpfen in der digitalen Welt die Menschen miteinander. So bildet ausgerechnet Hessen, das keine Außengrenzen besitzt, das internationale Zentrum der Republik.

Was für eine Ehre, was für eine Verpflichtung. »Hesse ist, wer Hesse sein will.« Dieser Satz des Ministerpräsidenten Georg August Zinn sagt es: Jeder hat die Chance, Hesse zu werden.

Was die Hessen sich aufgebaut haben, hat keine Garantie auf ewigen Bestand. Die demokratischen Wurzeln sitzen tief, darauf verweisen die Traditionen der Paulskirche und die Hessische Verfassung von 1946, die erste überhaupt im Nachkriegsdeutschland. Aber die Demokratie, in der wir seit mehr als sieben Jahrzehnten leben, ist keine Selbstverständlichkeit. Eine gewisse Bequemlichkeit, mangelnde Erfahrung im Umgang mit Bedrohungen, die Unterschätzung der Gefahren von Links- und Rechtsextremen bilden eine gefährliche Mischung der Instabilität. Demokratie ist, wie der

Historiker Till van Rahden schreibt, eine Lebensform, die wir »immer wieder neu entwerfen und einüben müssen«[1].

Viele Bürgerinnen und Bürger in Hessen haben das verstanden. Sie leben Demokratie und beweisen das im Alltag sowie in außergewöhnlichen Zeiten. Die Hessinnen und Hessen engagieren sich ehrenamtlich, nehmen Verantwortung wahr und verkörpern das, was man Zivilgesellschaft nennt. Ganz so, wie es die Amerikaner verstanden wissen wollten, als sie in ein damals feindliches Land kamen: Die Demokratie »bottom up« vermitteln, von der Basis aus.

Das Wissen über dieses Hessen zwischen zwei Buchdeckel zu pressen, ist ein kaum lösbares Unterfangen. Die Geschwindigkeit, mit der sich Prozesse beschleunigen, scheint kein Tempolimit zu kennen. So hält dieses Buch einen Status quo fest, wo eigentlich die Kontinuität des Wandels dokumentiert werden müsste. Daher finden die Leserinnen und Leser auch Verweise auf Fundstellen im Internet, die sich in kürzeren Abständen aktualisieren lassen als ein gedrucktes Buch.

Ein Kompendium über ein Bundesland kann keinen Anspruch auf Vollständigkeit erheben. Wer das behauptet, macht sich angreifbar. Das Autorenteam ist sich dessen bewusst und steht zu seiner subjektiven Auswahl der Themen. Uns hat die Frage geleitet, was Menschen an Hessen interessieren könnte. Das Neue, das Unerwartete, aber auch das Erstaunliche. Die Antworten sind, so meinen wir, nicht nur für Neuhessen oder solche, die es werden wollen, gedacht. Sie sollen auch »alte« Hessen dazu verleiten, sich mal wieder mit ihrem Land zu beschäftigen. Der eine mag sich bestätigt fühlen in seinem Blick auf Hessen, der andere mag widersprechen. Warum eigentlich nicht? Die Auseinandersetzung, der fair ausgetragene Streit hat dieses Bundesland zu etwas Besonderem gemacht und es weitergebracht. Das soll so bleiben.

Im Namen der Autoren danke ich allen Informanten und Ratgebern für ihre Auskunftsfreude und Nachsichtigkeit uns gegenüber. Der Hessischen Landeszentrale für politische Bildung und dem Verleger gilt unser Dank für die Geduld und das Vertrauen, das sie in uns gesetzt haben.

UNESCO-WELTNATURERBE
Grube Messel

WENN URZEITTIERE ERZÄHLEN KÖNNTEN

Wie sich ein Land vor Millionen von Jahren auf die Reise machte und was davon übrigblieb

Hessen hat eine bewegte Geschichte. Im buchstäblichen Sinne. Zum Beispiel befand sich das Terrain, das wir heute Hessen nennen, vor 48 Millionen Jahren in etwa südlich der Alpen, mehr als 500 Kilometer südwestlich seiner heutigen Position. Ähnliches gilt für alle anderen Regionen Deutschlands, doch für Hessen lässt sich die »Strecke« in den Nordosten, die es seitdem zurückgelegt hat, besonders gut nachvollziehen. In der Grube Messel bei Darmstadt, einem erloschenen Vulkan aus dem Erdzeitalter Eozän, haben günstige Umweltbedingungen eine fossile Tropenwelt konserviert. Seitdem dort 1875 das erste vorzeitliche Krokodil geborgen wurde, legen Forscher bis heute ein fast komplettes Ökosystem frei. Als dieser Krater noch Lava ausstieß, glich Europa einem Inselarchipel.[2]

Die Bewegungen der Erdkruste hatten schon Nordamerika und Europa getrennt, nach Süden bildete sich eine riesige Flachwasserzone, aus der die Alpenspitzen wie Inseln herausragten. Über Millionen von Jahren schoben sich die Erdplatten nach Norden. So gesehen ist das, worauf und worin wir heute leben, nur eine Momentaufnahme. Wer weiß, wohin die Reise noch geht.

Die versteinerte Tropenwelt im Ölschiefer der Grube Messel stellt nur einen Ausschnitt dessen dar, was Hessen an erdgeschichtlicher Vielfalt zu bieten hat. Und vor allem: Zu keiner Zeit, so hat der Geograf Alfred Pletsch einmal festgestellt, deckten sich die Konturen seiner Landschaften mit den jeweiligen politischen, also von Menschen gesetzten Grenzen. Anders gesagt, auch hier wird Hessen seinem Ruf gerecht, ein Land der Übergänge zu sein und viele für ganz Deutschland typische Landschaftsformen in sich zu vereinen.[3]

Das einzige vollständige Exemplar eines fossilen Ameisenbären (Eurotamandua joresi) außerhalb von Südamerika, und der mit Abstand älteste und vollständigste Fund dieser Tiergruppe überhaupt, wurde 1974 in der Grube Messel bei Darmstadt gefunden. Das außerordentlich gut erhaltenene Fossil ist rund 48 Millionen Jahre alt.

Die Hinterlassenschaft aus Stein

Wie ein länglicher Kieselstein mit aufgerauter Oberfläche sieht das Stück aus, das uns die junge Frau in die Hand drückt: »Raten Sie mal, was das ist.« Wir drehen das sonnenerwärmte Klümpchen zwischen den Händen, die Farbe wechselt von Weiß auf Grau. Das Rätsel wird uns bei einer Führung durch die Grube Messel gestellt. Wenige Kilometer von Darmstadt entfernt breitet sich auf 700.000 Quadratmetern ein Freilichtmuseum aus, dessen Ursprünge 48 Millionen Jahre zurückliegen. Nadine Weimar ist Geowissenschaftlerin und führt die kleine Gruppe durch das Weltnaturerbe. Sie erzählt von Urpferdchen, die kaum größer waren als eine Ratte, von einem Äffchen mit gebrochenem Handgelenk und von Schildkröten, die sich gerade paaren, aneinandergeschmiegt seit 47 Millionen Jahren, sozusagen in Stein gemeißelt. Damals herrschte im heutigen Hessen ein Klima für Palmen, Kakaobäume und Kolibris, das womöglich bald wiederkehrt. Für Klimaforscher sind die Funde deshalb ebenso interessant wie für Paläontologen, Biologen, Geologen. Um den Vulkansee der Urzeit tummelten sich in einem dichten Urwald unzählige Pflanzen- und Tierarten. Was in den Maar fiel, sank bis auf den fast 400 Meter tiefen Grund, wo kein Sauerstoff mehr den Kadaver zersetzte. Über Jahrmillionen schob sich Schicht auf Schicht aus Sand, Gestein, Pflanzen. Am Ende war die Welt des Eozän in bröseligen Ölschiefer gepresst. Der wurde 100 Jahre lang in Messel abgebaut und verschwelt, ein wertvoller Rohstoff. Seit den Siebzigerjahren des vergangenen Jahrhunderts tobte der Kampf, was aus dem inzwischen unrentablen Tagebau werden sollte. Eine Bürgerinitiative verhinderte per Gerichtsbeschluss, dass dieses Fenster zur Urwelt in eine Mülldeponie verwandelt wurde. Seit 1991 ist die Grube Eigentum des Landes, seit 1995 UNESCO-Weltkulturerbe. Ein Besucherzentrum mit Museum gibt den millionenalten Blick für Interessierte frei, und noch immer bergen Forscher wertvolle Funde. Manchem Besucher drückt die Führerin diesen länglichen Klumpen in die Hand. Der wandert schnell in die Sammlung zurück, nachdem sie des Rätsels Lösung preisgegeben hat: »Das ist Fischkot, 47 Millionen Jahre alt.«

Geprägt ist das Land von seinen Mittelgebirgen. Die Gipfel des Rheinischen Schiefergebirges im Westen konnten sich zur Zeit ihrer Entstehung im Erdzeitalter Devon vor ungefähr 400 Millionen Jahren mit den Alpenspitzen messen. Heute bilden Westerwald, Taunus, Mittelrhein, das Lahn-Dill-Gebiet und das Süderbergland eine sanfte Hügellandschaft, die reich an Bodenschätzen ist. In Osthessen dominiert die waldreiche Rhön mit ihren Hochplateaus, schroffer und karger als der Westen. Der für sie typische Buntsandstein weist auf die erdgeschichtlich jüngere Entstehung im Mesozoikum hin. Was Hessen einzigartig macht, sind seine Vulkanlandschaften. Das größte geschlossene junge Vulkangebiet Mitteleuropas, das zwischen 15 und 18 Millionen Jahren vor unserer Zeit entstanden ist, liegt im Vogelsberg. Mit einer Fläche von 2500 Quadratkilometern gehört es zu einer Bergkette aus der Erdneuzeit, die sich von Westfrankreich und der Eifel über den Westerwald, den Kaufunger Wald, den Knüll und die Rhön bis nach Skandinavien zieht.[4] Ergebnis dieser hochexplosiven Phase der Erdgeschichte sind die für die Region typischen Basaltschichten, die älteres Gestein mit einem bis zu 800 Meter dicken Mantel überzogen haben. Noch ältere von Vulkanen geprägte Landstriche sind der Vordere Spessart und der Vordere Odenwald am Rand des Oberrheingrabens.

In dieser Phase der Erdgeschichte bildeten sich die Beckenlandschaften heraus. Die westhessische Senke zieht sich vom Oberrheingraben über das Rhein-Main-Gebiet, die Wetterau, das Gießener, das Amöneburger und das Schwalmbecken bis zum Kasseler Becken. Unter der osthessischen Senke versteht man die Regionen, die sich von Hanau über die Seligenstädter Senke entlang dem Kinzigtal bis zum Fuldaer Becken erstrecken und ihren Abschluss im Hersfelder sowie Bebraer Becken, dem Werratal und dem Leinetalgraben finden.

Unter den zahlreichen sichtbaren erdgeschichtlichen Bildungen, die man Geotope nennt, ragen vier besonders heraus, die seit 2006 zu den bedeutendsten nationalen Geotopen zählen:

– das Blockmeer am Schafstein in der Rhön
– das Lahnmarmorriff in Villmar bei Limburg
– das Felsenmeer bei Lautertal-Reichenbach im Odenwald
– die Grube Messel bei Darmstadt.

Insgesamt sind für Hessen rund 1500 Geotope bekannt, etwa die Hälfte geht auf menschliche Eingriffe zurück – Steinbrüche, Baggerseen, Straßenanschnitte.[5]

Hessen von oben bis unten vermessen

Das heutige Hessen nimmt eine Gesamtfläche von 21.115 Quadratkilometern ein, damit liegt es an siebter Stelle unter den Bundesländern. Wer das Land einmal umrunden möchte, ist 1410 Kilometer unterwegs und trifft an den Grenzen auf sechs Nachbarländer: Nordrhein-Westfalen, Niedersachsen, Thüringen, Bayern, Baden-Württemberg und Rheinland-Pfalz.

Hessens höchste Spitze bildet die Wasserkuppe in der Rhön, 950 Meter über dem Wasserspiegel. Letzterem nähert man sich am ehesten in Lorchhausen am Rhein, wo der tiefste Punkt des Landes mit 74 Metern über Normalnull gemessen wurde.

Die Ballungszentren im Süden verstellen den Blick darauf, dass 42 Prozent der Landesfläche mit Wald bedeckt sind, in ganz Deutschland sind es weniger als 30 Prozent. Hessen gilt zudem als das Bundesland mit dem höchsten Anteil an sehr naturnahen Wäldern. Fast ebenso viel Raum nimmt die Landwirtschaft (41,9 Prozent) ein, Siedlungs-, Industrie- und Gewerbegebiete kommen auf 9,2 Prozent, haben ihre Fläche aber seit den Fünfzigerjahren mehr als verdoppelt.

Wie man Nachhaltigkeit nachhält

Der Bewahrung der Natur wird zunehmend mehr Aufmerksamkeit geschenkt. Seit 1991 steht der Schutz der naturräumlichen Lebensgrundlagen des Menschen als Staatsziel in der Verfassung des Landes. Zu den Lebensgrundlagen zählen sauberes Trinkwasser, frische Luft, Erholungsräume, der Erhalt von Rohstoffen, fruchtbare Böden und die Klimaregulierung. Das Landeskabinett verabschiedete 2013 eine erste Biodiversitätsstrategie. 2018 entschieden die Hessen bei einer Volksabstimmung, das Prinzip der Nachhaltigkeit in die Verfassung aufzunehmen. Seitdem heißt es in Artikel 26 c: »Der Staat, die Gemeinden und Gemeindeverbände berücksichtigen bei ihrem Handeln das Prinzip der Nachhaltigkeit, um die Interessen künftiger Generationen zu wahren«.[6] Als erstes Bundesland folgte Hessen damit der Empfehlung der Vereinten Nationen für die Übernahme der sogenannten Sustainable Development Goals (SDGs). Die 17 nachhaltigen Entwicklungsziele wollen die 193 Unterzeichnerstaaten bis 2030 erreichen. Hessens Nachhaltigkeitsstrategie besteht aus 22 Leitsätzen, deren Umsetzungsstatus in einem jährlichen Bericht des Umweltministeriums nachgehalten wird.[7]

Der Klimawandel und der Rückgang der Artenvielfalt machen sich an vielen Stellen des Landes bemerkbar. Zwar hat die Menge des Niederschlags im Jahresdurchschnitt nur geringfügig abgenommen, aber eine Verschiebung sorgt dafür, dass in Hessen im Sommer 16 Prozent weniger Regen fällt als noch vor 30 Jahren; im Winter regnet es dafür um fast ein Viertel häufiger. Dies ist abhängig von den jeweiligen Temperaturen. Sie sind im Jahresmittel seit Beginn der Messungen 1881 um 1,6 Grad gestiegen, im bundesweiten Vergleich überdurchschnittlich stark. Extremwetterlagen mehren sich, sollen nach einer Prognose des Hessischen Landesamtes für Naturschutz, Umwelt und Geologie (HLNUG) noch an Zahl und Heftigkeit zunehmen.[8]

In den vergangenen 230 Jahren, so haben Biologen festgestellt, sind mehr als 140 Pflanzenarten auf dem Gebiet des heutigen Hessen verschwunden. Bei der Fauna sind insbesondere Feldvogelarten vom Aussterben bedroht. Rückgänge von bis zu 90 Prozent sind bei Kiebitz, Rebhuhn, Braunkehlchen oder Feldlerche zu verzeichnen. Es ist davon auszugehen, dass die Ergebnisse der *Krefelder Studie* von 2017 auch für Hessen gelten. Demnach hat die Biomasse der Fluginsekten in etwas mehr als einem Vierteljahrhundert um 76 Prozent abgenommen. Ein Beispiel aus Osthessen zeigt eine noch dramatischere Entwicklung.

Der Bestand der Feldlerche geht seit Jahrzehnten stetig zurück – in Deutschland hat er sich bis heute halbiert.

Fast täglich haben Wissenschaftler der Senckenberg Gesellschaft und der Universität München von 1969 an 42 Jahre lang den Zustand des Breitenbachs im Landkreis Hersfeld-Rotenburg gemessen. Das 6,3 Kilometer lange Gewässer fließt durch das Naturschutzgebiet »Breitenbachtal bei Michelsrombach«. Dementsprechend hoch ist die Wasserqualität. Das besondere Interesse galt Wasserinsekten, vor allem Eintags-, Stein und Köcherfliegen. Außerdem notierten die Biologen Abflussmengen und Wassertemperatur. Letztere stieg in den vier Jahrzehnten von 7,3 auf 9,2 Grad. Dramatischer liest sich das Ergebnis der Insektenzählung: Die Zahl der Individuen sank um 81,6 Prozent. Zugleich stieg kurzzeitig die Anzahl der Wasserinsektenarten, nahm aber anschließend wieder ab. Dafür machten die Forscher den deutlich sinkenden Wasserstand verantwortlich, eine Folge der klimabedingten Trockenheit.[9]

Extremwetterereignisse wie Dürre und Stürme führen in Hessen bei allen Baumarten zu Schäden auf großer Fläche.

Patient Wald

Obwohl Hessens Wälder als besonders naturnah gelten, hat sie dies vor den Folgen der Klimaveränderung nicht bewahrt. Ihre Funktion als Wasserspeicher, Luftfilter, Erholungsraum und Hort der Artenvielfalt ist dadurch gefährdet. Die jährlichen Waldzustandsberichte der Landesbehörde Hessenforst erzählen von teils dramatischen Folgen. Es regnet im Sommer immer seltener, das lässt die Wälder austrocknen. Dadurch nimmt der Boden bei Starkregen im Winter nicht genug Flüssigkeit auf, der Boden erodiert stärker.

Der Waldzustandsbericht 2023 nennt eine Kronenverlichtung von 29 Prozent. Sie hat sich seit 2019 um drei Prozentpunkte erhöht und gibt den sicht- und messbaren Verlust an Blättern und Nadeln in Baumkronen an. Die jährliche Absterberate aller Bäume jedes Alters ist auf 1,4 Prozent gestiegen. Besonders stark sind die Wälder in der Rhein-Main-Ebene betroffen. Dort sind etwa 43 Prozent der Kiefern mit Misteln befallen. Die Kronenverlichtung von Eichen und Buchen liegt dort um 20 Prozent höher als in anderen Waldgebieten. Die Baumarten sind unterschiedlich stark von den Klimafolgen betroffen. Seit 2018 haben Waldbrände, Befall durch Borkenkäfer und Trockenheit allein im Staatswald eine Fläche von 20.000 Hektar vernichtet; weitere 39.000 Hektar gelten als geschädigt.[10]

Ähnliche Folgen hat die Intensivierung der Landwirtschaft. In den vergangenen 120 Jahren nahm die landwirtschaftliche Nutzfläche um ein Viertel ab, beim Weinanbau war es sogar ein Drittel. Damit einher ging ein höherer Ertrag je Hektar bewirtschafteter Fläche. Von 1950 bis 2020 hat beispielsweise die Menge des von hessischen Landwirten geernteten Getreides um das Zweieinhalbfache je Hektar zugenommen. Viele Jahre wurde der Boden dafür überdüngt, der Einsatz von Insektiziden führte zu einem Rückgang bedrohter Tier- und Pflanzenarten, Monokulturen machten die Pflanzen anfälliger für Schädlingsbefall.[11]

Die Biber kommen wieder

Um die Folgen des Klimawandels und den Rückgang der Artenvielfalt zu bekämpfen, gab und gibt es in Hessen zahlreiche öffentliche und private Initiativen. Nach einem Beschluss der Landesregierung soll Hessen bis 2045 klimaneutral werden. Das Gesetz sieht vor, dass Treibhausgase schrittweise reduziert werden, ein dazu erlassener Klimaschutzplan wird alle fünf Jahre angepasst.[12]

Zum Schutz der Tier- und Pflanzenwelt wurden Programme aufgelegt. Über den Fortschritt der Maßnahmen gibt ein jährlicher Biodiversitätsbericht des Hessischen Ministeriums für Umwelt, Klimaschutz, Landwirtschaft und Verbraucherschutz Auskunft. Zu dessen wichtigsten Themen zählen die Renaturierung von Gewässern, die Förderung erneuerbarer Energien, die nachhaltige naturnahe Bewirtschaftung von Böden sowie die Pflege und Ausweitung von Schutzflächen. Aufgeführt werden mehr als 100 Einzelmaßnahmen.[13]

Hessen hat früh sogenannte Natura 2000-Gebiete ausgewiesen, die seit 1992 in ein EU-weites Netz von Schutzgebieten eingebunden sind. Sie folgen den Regeln der Fauna-Flora-Habitat-Richtlinie

(FFH), die gemeinsam mit den Vogelschutzbestimmungen strenge Vorgaben für den Erhalt gefährdeter wildlebender heimischer Pflanzen- und Tierarten und ihrer natürlichen Lebensräume macht.[14] Die 637 Natura 2000-Gebiete machen rund ein Fünftel der Landesfläche aus, mit Mecklenburg-Vorpommern belegt Hessen damit deutschlandweit einen Spitzenplatz.

Besonders erhaltenswerte Biotope sind als Naturschutzgebiete ausgewiesen. In den 765 hessischen Reservaten wird durch ein »naturschutzräumliches Management« dafür gesorgt, dass ausgestorbene oder selten gewordene Arten geschützt oder angesiedelt werden. Ende der Achtzigerjahre wurden zum Beispiel im Spessart 18 Biber ausgesetzt; einzelne Exemplare waren dort vor 200 Jahren zum letzten Mal gesichtet worden. 2016 hatte sich deren Zahl auf 250 erhöht, auch im Fuldatal und in der Wetterau werden sie heute beobachtet.[15]

Ein weiteres Beispiel ist das »Grüne Band«, das sich über drei Bundesländer erstreckt. Entlang der ehemaligen DDR-Grenze im Gebiet Eichsfeld-Werratal haben Niedersachsen, Thüringen und Hessen 2009 dieses Projekt mit dem Ziel begonnen, die dort weitgehend unbeeinträchtigt gebliebene Natur zu erhalten und »behutsam weiterzuentwickeln«.

Einen Kompromiss zwischen Naturschutz und Landwirtschaft versucht das Land im Vogelsberg seit 2010. In dem größten Basaltmassiv Europas wurden allein mehr als 225 Arten der Roten Liste Deutschlands und 36 gefährdete Pflanzenarten gezählt. In dieser Mittelgebirgsregion soll die vom Strukturwandel geprägte Landwirtschaft neue Formen entwickeln, um Ökologie und Ökonomie gleichermaßen zu erhalten. Zu den Maßnahmen zählen die Einrichtung von Blüh- und Schonstreifen und die besondere Förderung zum Erhalt von Streuobstwiesen.[16]

Das Beispiel der Klima-Kommunen

Zunehmend spielen Städte und Dörfer als Stätten biologischer Vielfalt und als zentrale Orte bei der Anpassung an die Folgen der Klimaveränderung eine Rolle. Als geeignet für die Ansiedlung seltener und wichtiger Pflanzen- und Tierarten gelten öffentliche Grünflächen und öffentliche Gebäude, private Grünflächen und Außenanlagen von Gewerbegebieten. Die Landesregierung stellt dazu spezielle Förderprogramme auf, die beispielsweise zur Finanzierung und Anlage von Blühflächen, Nisthilfen oder Fassadenbegrünung dienen oder andererseits die sogenannte Lichtverschmutzung eindämmen und zur Bodenentsiegelung beitragen.[17]

Unter dem Titel *Hessen aktiv: 100 Kommunen für den Klimaschutz* gründete sich 2009 eine Initiative, der sich bis März 2024 385 Städte, Gemeinden und Landkreise angeschlossen haben. Seit 2016 nennen sich die beteiligten Gebietskörperschaften *Hessen aktiv: Die Klima-Kommunen*. Sie haben sich verpflichtet, Maßnahmen zur Reduktion von Treibhausgasemissionen umzusetzen und damit einen Beitrag zu leisten, die Klimaschutzziele des Landes zu erreichen. Zusätzlich werden diese Kommunen bei der Klimaanpassung aktiv. Ziel ist, den Energieverbrauch und die Treibhausgasemissionen zu senken und sich an verändernde klimatische Bedingungen anzupassen.[18]

UNESCO-WELTKULTURERBE
Kloster Lorsch

GESCHICHTE(N)

Von der Jungsteinzeit bis zur Ära Zinn

Am 24. Februar 2022 marschierten russische Truppen in der Ukraine ein. Viele Menschen, vor allem Frauen und Kinder, flohen nach Westen in die Länder der Europäischen Union. Auch nach Hessen kamen Zehntausende, die oft ihr gesamtes Hab und Gut verloren hatten. Sie wurden herzlich willkommen geheißen und zunächst in Gemeinschaftsunterkünften versorgt. Das Mitleiden und die Solidarität mit den vom Krieg verjagten Menschen kannte keine Grenzen. Überall fanden Solidaritätsveranstaltungen und Spendensammlungen statt. Eine große Geste wird in besonderer Erinnerung bleiben: Hessinnen und Hessen öffneten die Türen ihrer Häuser und Wohnungen, um die Geflüchteten wie Verwandte oder Freunde in ihren eigenen vier Wänden aufzunehmen und zu bewirten. Familien rückten dafür zusammen. Die ukrainischen Kinder konnten deutsche Schulen besuchen, und für die Erwachsenen wurden Arbeitsmöglichkeiten gesucht. Für die Kommunen und Landkreise bedeutete das eine große finanzielle Belastung, auch weil die Zahl der Asylsuchenden wieder zunahm. Das wurde nicht klaglos hingenommen, aber dass Flüchtlinge aufgenommen werden müssen, stand dabei außer Frage.

Auch wenn nur wenige Helfende es wussten: Sie setzten damit eine Traditionslinie in der hessischen Geschichte fort, die für Toleranz und Integrationsbereitschaft steht. Die Lage mitten im europäischen Kontinent war prädestiniert dafür, immer wieder neue Bevölkerungsgruppen aufzunehmen. Wanderbewegungen prägten und prägen die hessische Geschichte – von Anfang an.

Von Jägern und Sammlern zu Ackerbauern und Viehzüchtern

Die ersten Menschen kamen aus Afrika. Auch auf dem Gebiet des heutigen Bundeslandes Hessen ließen sie sich nieder, vor etwa 500.000 Jahren. Die Männer erlegten Mammut, Bär und Wollnashorn. Die Frauen suchten nach Früchten und Pflanzen, die ihnen die Natur bot. Erst vor 7000 Jahren, zu Beginn der Jungsteinzeit, wurden aus den Jägern und Sammlern sesshafte Ackerbauern und Viehzüchter. Die sogenannte paläolithische Revolution war durch Kulturtransfer aus dem Vorderen Orient ausgelöst worden, sehr wahrscheinlich durch Eingewanderte von dort. Zu den Neuerungen gehörten neben dorfartigen Anlagen mit großen Häusern der Getreideanbau und die Herstellung gebrannter Gefäße. Nach dem bandartigen Muster auf ihrem Geschirr werden die ersten Bauern »Bandkeramiker« genannt. Offenbar hatten sie auch Schafe, Rinder und Ziegen aus ihrer alten Heimat mitgebracht.

Die Idee, Bronze aus Kupfer und Zinn im Verhältnis 9:1 herzustellen, entstand vor rund 5000 Jahren in Vorderasien und Ägypten. Die begehrte Legierung fand mit entsprechender Zeitverzögerung auch den Weg in den Norden. Zinn wurde allerdings auf dem Gebiet des heutigen Hessen nicht abgebaut. »Das bedeutet«, so der Archäologe Lutz Fiedler, »dass auch Hessen in das interregionale Netz einer metallenen Rohstoffversorgung einbezogen war. Dies förderte eine überregionale Kommunikation und technologische Innovation und wirkte sich letztlich in den Bereichen Wirtschaft und Gesellschaft sowie Ideologie aus. Nicht nur deshalb gilt die Bronzezeit als Zeit des Handels«.[19]

Kelten in Hessen

Das änderte sich auch nicht grundlegend, als um 800 v. Chr. die Bronze vom Eisen abgelöst wurde, das härter war und vielfältiger verwendet werden konnte. Die Bevölkerungsgruppen, die eng mit der Eisenzeit in Verbindung gebracht werden, nannten griechische und römische Geschichtsschreiber »Kelten« bzw. »Gallier«. Als ihr Kernland gilt das südliche Mitteleuropa, aber auf ihren Wanderungen und Kriegszügen kamen sie bis nach Spanien, Frankreich und auf die britischen Inseln. Sie bildeten keine Staaten, sondern einzelne Zentren, wie etwa im 5. vorchristlichen Jahrhundert auf dem hessischen Glauberg. Im Innern eines ursprünglich sechs bis sieben Meter hohen Hügels entdeckten Archäologen zwei mit Schmuck und Waffen reich ausgestattete Gräber. Aber die eigentliche Sensa-

1996 wurde die weltweit einzigartige Sandsteinfigur eines keltischen Kriegers gefunden. Heute steht die berühmte, lebensgroße Statue des »Keltenfürsten vom Glauberg« im Museum Keltenwelt am Südhang des Glaubergs.

tion fand sich nordwestlich davon in einem Graben: die lebensgroße aus Sandstein gearbeitete Statue eines keltischen Kriegers mit einer sogenannten Blattkrone. Wissenschaftler deuten die Anlage heute als frühkeltisches Zentralheiligtum. Die eindrucksvollen Funde werden seit 2011 in einem Museum präsentiert, das ein archäologischer Park umgibt.

Nach dem Vorbild der großen Städte im Mittelmeerraum errichteten die Kelten in späterer Zeit ihre »Oppida«, befestigte Stadtanlagen auf Bergen, die wahrscheinlich bis zu 30.000 Menschen beherbergen konnten. Das Heideтränk-Oppidum bei Oberursel, der Dünsberg bei Gießen oder die Milseburg in der Rhön weisen noch heute die Reste von den bedeutenden Stadtanlagen auf, die spätestens im ersten vorchristlichen Jahrhundert verlassen wurden.

Den von der Elbe und der Oder einwandernden Germanen scheint die keltische Bevölkerung wenig entgegengesetzt zu haben. Der Umschwung zur germanischen Prägung, glaubt der Historiker Albrecht Jockenhövel, müsse »sehr kurzfristig, innerhalb einer Generation, erfolgt sein«[20].

An der Grenze des Römischen Reiches

Gemeinhin gelten die germanischen Chatten als »Urhessen«. Aber sie sind erst seit dem ersten nachchristlichen Jahrhundert in dem Gebiet zwischen Eder, Schwalm und Fulda nachweisbar. Sie waren ernsthafte Gegner der römischen Militärmacht. Seit der Eroberung Galliens durch Caesar im Jahr 51 v. Chr. markierte der Rhein die nordöstliche Grenze des Römischen Reiches. In Mainz (Mogontiacum) verfügten die Römer über eine große Militärbasis, die um 85 bis 90 zur Hauptstadt der Provinz Germania Superior (Obergermanien) wurde. Zum Schutz der neuen Provinz, die rechtsrheinisch den Taunuskamm, große Teile der Wetterau und das Gebiet zwischen Main und Neckar umfasste, ließ Kaiser Domitian die Grenze sichern, die in den folgenden Jahrzehnten zum Limes ausgebaut wurde.[21]

Auf dem Gebiet des heutigen Hessen tummelten sich während der Besatzungszeit neben der keltisch-germanischen Bevölkerung auch römische Siedler und Soldaten mit ihren Hilfstruppen aus allen Teilen des Römischen Reiches. Reste dieser kleinen multikulturellen Gesellschaft dürften dort auch geblieben sein, als die römische Rheingrenze zu Beginn des 5. Jahrhunderts unter dem Ansturm verschiedener germanischer Stammesgruppen zusammenbrach.

Hessen im fränkischen Reich

In dem Machtvakuum nach dem Ende der Römerzeit errichteten zunächst die Alamannen und bald darauf andere germanische Stämme, die von den Römern als »franci« bezeichnet worden waren, ihre Reiche. Der hessische Raum lag damit an der Ostgrenze des Frankenreichs, die von den Sachsen bestürmt wurde. Um diese

Karte der Landgrafschaft Hessen, 1579

Gebiete enger an die unterdessen christlichen Frankenkönige zu binden und damit ein Gegengewicht zu den »heidnischen« Invasoren zu schaffen, wurde die Missionierung der Bevölkerung massiv vorangetrieben. Der im englischen Wessex geborene Winfried oder Winfryth erhielt dafür 719 von Papst Gregor II. den Auftrag und einen neuen Namen. Als Bonifatius ließ er 723 die dem germanischen Gott Donar geweihte Eiche bei Geismar fällen. Das war ein symbolischer Akt von höchster Wirkung. Ganz in der Nähe gründete Bonifatius, der 754 im friesischen Dokkum ermordet wurde, sein erstes Bistum Büraberg. In dieser Zeit wurden auch bedeutende Klöster gegründet: in Lorsch, Fulda und Hersfeld. Sie entwickelten sich zu wirtschaftlichen und kulturellen Zentren, in denen das Weltwissen gesammelt und in Handschriften festgehalten wurde. Kaiser Karl der Große hielt sich gern in Lorsch auf, wo die sogenannte Königshalle oder Torhalle von der früheren Bedeutung des Klosters zeugt. Sein aus Mainfranken stammender Biograf Einhard errichtete im heutigen Seligenstadt ein eigenes Kloster. Seine Lebensbeschreibung des 814 gestorbenen Frankenkaisers, der über große Teile Europas herrschte, prägt bis heute das Bild Karls des Großen.

Der Name »Hessen«, der sprachlich auf die Chatten zurückgeht, taucht erstmals 738 in einem Schreiben des Papstes an Bonifatius auf. Der fränkische Hessengau (»pagus Hassorum«) dürfte in dieser Zeit entstanden sein. Er umfasste große Teile des heutigen Nordhessen.

Nach der Teilung des Fränkischen Reiches 843 wurde die Pfalz in Frankfurt unter Ludwig dem Deutschen zu einem zentralen Ort im Ostreich, wo die Konradiner zum mächtigsten Geschlecht aufstiegen. Ihr Kernland lag an der Lahn zwischen Weilburg und Wetzlar. 919 traten die Sachsen ihre Nachfolge im Reich an, als Heinrich I. in Fritzlar zum deutschen König gewählt wurde.

Die Heilige Elisabeth und die Gründung Hessens

Das Ostfränkische und später Deutsche Königreich war in viele kleine Grafschaften aufgeteilt, die von einer adligen Oberschicht beherrscht wurden. Diese führenden Familien wiederum heirateten untereinander, sodass sich vielfältige verwandtschaftliche Beziehungen ergaben. Durch Erbfälle konnte sich so bei einzelnen Adelssippen erheblicher Grundbesitz ansammeln. Ein Beispiel dafür sind die Thüringer Grafen, die im 12. Jahrhundert durch geschickte Heiraten und glückliche Erbschaften nicht nur über ihr Stammland, sondern auch über fast das gesamte nördliche Hessen regierten. Seit 1130 durften sie den Titel »Landgraf« tragen.

1221 heiratete die gerade 14-jährige Elisabeth von Ungarn den Thüringer Landgrafen Ludwig IV., der von der Wartburg aus regierte. Nach dem frühen Tod ihres Mannes zog sich Elisabeth nach Marburg zurück, wo sie sich vom höfischen Leben abwandte und Erfüllung im inbrünstigen Beten und Dienst am Nächsten suchte.

Als sie am 17. November 1231 starb, wurde sie bereits wie eine Heilige verehrt. Drei Tage lang soll ihr Körper allen preisgegeben worden sein, die sich Reliquien davon abtrennen wollten. Die Elisabeth-Verehrung war so groß, dass der Deutsche Orden die Gunst der Stunde nutzte und als Grabstätte die Elisabethkirche errichten ließ, wo ihre Reliquien in einem goldenen Schrein aufbewahrt wurden. Schon 1235, also nur vier Jahre nach ihrem Tod, wurde Elisabeth von Papst Gregor IX. heiliggesprochen.

Neben dem Deutschen Orden und der Kirche nutzte auch ihre Tochter Sophie von Brabant die Popularität Elisabeths. Als 1247 das thüringische Landgrafenhaus erloschen war, setzte sie ihren Sohn Heinrich, den Enkel Elisabeths, als Erbe durch. Als »Kind von Hessen« wurde der gerade vierjährige Heinrich 1248 auf den Thron gehoben. Nach langwierigen Auseinandersetzungen u. a. mit dem Erzbistum Mainz verlieh ihm König Adolf von Nassau am 12. Mai 1292 die Reichsfürstenwürde für die von Thüringen abgetrennte Landgrafschaft Hessen.

Der Aufstieg der Reichsstädte

Unter den Stauferkönigen und -kaisern, vor allem in der Regierungszeit von Friedrich I. »Barbarossa«, wurden in der zweiten Hälfte des 12. Jahrhunderts die Reichsstädte Gelnhausen, Friedberg und Wetzlar gegründet und zu wichtigen Stützpunkten der kaiserlichen Macht ausgebaut. Frankfurt wurde mit seinen beiden

Krönungszug Karls VII. vom Dom zum Römer in Frankfurt am Main am 12. Februar 1742. Kupferstich von Elias Baeck

1240 und 1330 privilegierten Handelsmessen zu einem wirtschaftlichen Zentrum. Waren aus aller Welt wechselten in Frankfurt ihre Besitzer, und mit der Einrichtung einer Buchmesse Mitte des 15. Jahrhunderts traf sich auch die gelehrte Welt am Main. Die Kehrseite dieses Glanzes war, dass die weitgehend entrechteten Juden in einem engen Ghetto leben mussten.

Die besondere Stellung, die Frankfurt im Heiligen Römischen Reich Deutscher Nation einnahm, wurde durch die 1356 erlassene Goldene Bulle dokumentiert, die als »Reichsgrundgesetz« gilt. Sie legte die Modalitäten der Königswahl fest. Der dafür »gebührende Ort« sollte Frankfurt sein, während die Krönung in Aachen zu erfolgen hatte. Aber seit 1562 fand auch die Krönung im Frankfurter Kaiserdom statt.

Wahl und Krönung waren jedes Mal gigantische Spektakel mit Trinkgelagen, Essorgien, Straßentheater mit Gauklern und Bärenführern und nicht zuletzt dem unvergleichlichen Schauspiel des Krönungszuges über den Römerberg.

Erbschaften und Kleinstaaten

Das Gebiet des heutigen Hessen glich über Jahrhunderte einem Flickenteppich, der neben der Landgrafschaft und den Reichsstädten aus einer Vielzahl von Grafschaften und geistlichen Besitzungen bestand.

Die Nassauer Grafen, die zu den ältesten und mächtigsten Adelsgeschlechtern in Europa zählten, hatten 1255 ihr Land geteilt: in Besitzungen nördlich und südlich der Lahn. Daraus entstanden zum Teil sehr kleine Grafschaften, die nur so lange existierten, wie es leibliche Erben gab. War das Grafenhaus ausgestorben, wurde das Erbe mit einer der verbliebenen nassauischen Linien vereinigt.

Die verschiedenen Nassauer Linien sind ein gutes Beispiel dafür, dass die europäische Politik in dieser Zeit von adligen Familien und ihren vielfältigen verwandtschaftlichen Beziehungen bestimmt wurde. So übertrugen Abgesandte der aufständischen niederländischen Provinzen Prinz Wilhelm von Nassau-Oranien am 14. April 1568 in Dillenburg die Führung ihres Kampfes gegen König Philipp II. von Spanien. Der älteste Sohn Graf Wilhelms des Reichen von Nassau-Dillenburg hatte mit dem niederländischen Besitz seines Vetters René auch das Fürstentum Orange in der Provence geerbt. Daher stammt der Name der Oranier. Wilhelm von Oranien war am Hof Kaiser Karls V. in Brüssel aufgewachsen und später Feldherr in spanischen Diensten geworden. Nun aber wurde er zum Wortführer der niederländischen Opposition, deren Aufstand trotz militärischer Rückschläge letztlich erfolgreich war. Auch nach der Ermordung Wilhelms von Oranien im Jahre 1584 blieben die Nassauer weiterhin Erbstatthalter der Niederlande. Mit ihrer Nationalhymne »Wilhelmus von Nassaue« haben die Niederländer dem Heerführer ihres Freiheitskampfes ein Denkmal gesetzt.

Von den verschiedenen Nassauer Linien wurde 1806 das Herzogtum Nassau gegründet, das bis zur preußischen Besetzung 1866 existierte. Der letzte Regent, Adolph von Nassau, wurde 1890 der erste Großherzog von Luxemburg.

Philipp der Großmütige und die Reformation als welthistorisches Ereignis

Auch Philipp von Hessen, der später »der Großmütige« genannt wurde, lebte in einer kriegerischen Zeit. Er war, wie der erste hessische Landgraf, vier Jahre alt, als seine Mutter Anna von Mecklenburg für ihn 1508 die Regierung übernahm. Mit 13 Jahren erklärte ihn der Kaiser für mündig, und er musste zum ersten Mal in einen Krieg ziehen. Auch sein weiteres Leben war von militärischen Auseinandersetzungen geprägt, besonders nachdem er 1526 auf der Homburger Synode die Reformation in seiner Landgrafschaft eingeführt hatte. Die »Reformatio ecclesiarum Hassiae« (Reformation der Kirchen Hessens) war von dem ehemaligen südfranzösischen Franziskanermönch Franz Lambert von Avignon verfasst worden, der in engem Kontakt mit den Schweizer und oberdeutschen Reformatoren stand. Zusammen mit dem sächsischen Kurfürsten setzte sich Philipp an die Spitze des »Schmalkaldischen Bundes«, der zum politischen Widersacher des katholischen Kaisers wurde. Aber die Reformation war nicht nur eine deutsche, sondern bald auch eine europäische und schließlich weltweite religiöse Bewegung, die sich zu einer politisch-militärischen Größe entwickelte. Philipp bekam das am eigenen Leib zu spüren. Seine Doppelheirat lieferte dem Kaiser den Vorwand, ihn gefangen nehmen zu lassen und damit den Protestantismus zu schwächen.

Nach Philipps Tod wurde die Landgrafschaft Hessen in vier selbstständige Territorien aufgeteilt, von denen zwei mit den Residenzen in Kassel und Darmstadt blieben.

Der Dreißigjährige Krieg in Hessen

Die Teilung Hessens schien zunächst friedlich verlaufen zu sein. Aber als der in Marburg residierende Landgraf 1604 starb, kam es zu erbitterten Auseinandersetzungen um sein Erbe, die während des Dreißigjährigen Krieges (1618–1648) andauerten. Als hätte die Bevölkerung in den beiden Landgrafschaften Hessen-Kassel und Hessen-Darmstadt nicht schon genügend Leid von den durchziehenden Söldnergruppen aus allen Teilen Europas erleben müssen, brachte der »Hessische Bruderkrieg« oder »Hessenkrieg« neues Leid. Die Grausamkeiten, die von den angeworbenen Soldaten während des »Großen Krieges« begangen wurden, waren unvorstellbar. Der um 1622 in Gelnhausen geborene Hans Jacob Christoffel von Grimmelshausen schildert sie in seinem Roman *Der Abenteuerliche Simplicissimus* mit schrecklicher Klarheit. Nur vordergründig war der Dreißigjährige Krieg ein Kampf um das »richtige« religiöse Bekenntnis. Vielmehr ging es über religiöse Schranken hinweg und mit wechselnden Konstellationen um die Sicherung und Erweiterung von Macht und damit auch um eine neue europäische Ordnung. Im Kleinen trug Hessen-Darmstadt mit »Oberhessen« den Sieg davon, aber um einen hohen Preis.

Hessen als neue Heimat für Glaubensflüchtlinge

Die Verwüstungen des Dreißigjährigen Krieges waren auch noch zu spüren, als der Kasseler Landgraf Karl am 18. April 1685 seine »Freyheits-Concession und Begnadigung für die fremden Manufacturiers« erließ. In Frankreich hatte zuvor der (katholische) Ludwig XIV. die Protestanten gezwungen, ihrem Glauben abzuschwören. Daraufhin flohen viele der (calvinistischen) Hugenotten und suchten eine neue Heimat. Unter Landgraf Karl gründeten sie 21 Orte, darunter Karlshafen und die Oberneustadt in Kassel. Unter allen deutschen Staaten hat Hessen-Kassel im Verhältnis zur Größe und Bevölkerung des eigenen Landes die meisten Réfugiés aufgenommen. Und nicht zum Schaden des Landes. Als Ärzte, Kaufleute, Unternehmer und qualifizierte Handwerker waren sie ein außerordentlicher Gewinn. Neben den Hugenotten flohen auch Waldenser und Wallonen nach Hessen. In Bad Karlshafen befindet sich heute das Deutsche Hugenotten-Museum.

Neben dem Kasseler Landgrafen nahmen auch andere protestantische Landesherrn Glaubensflüchtlinge auf. Friedrich II. von Hessen-Homburg, der »Prinz von Homburg«, ließ für sie in seiner winzigen Landgrafschaft Friedrichsdorf gründen. In Hessen-Darmstadt waren es vor allem Waldenser, die in den Dörfern Walldorf, Rohrbach, Wembach und Hahn siedeln konnten. Die

Grafen von Isenburg-Büdingen holten Réfugiés in ihre Residenz Offenbach und in das von ihnen gegründete Neu-Isenburg. Auch Ortsnamen wie Waldensberg im Vogelsberg erinnern daran, dass dort ursprünglich Geflüchtete eine neue Heimat fanden.

Glanz und Elend des Barockzeitalters – Junge Hessen als »Mietsoldaten« im Amerikanischen Unabhängigkeitskrieg

Die Glaubensflüchtlinge trugen vor allem in der Landgrafschaft Hessen-Kassel wesentlich zur Modernisierung des Manufakturwesens und des Handwerks bei. Das eröffnete neue Spielräume. Bereits unter Moritz dem Gelehrten, der von 1592 bis 1627 regierte, war Kassel ein Zentrum der Künste und der Wissenschaften. Landgraf Karl setzte architektonische Akzente. Von dem italienischen Architekten Giovanni Francesco Guerniero ließ er den Bergpark umgestalten und mit zahlreichen kleinen Bauwerken ausstatten. Krönender Abschluss des Ensembles ist der unbewohnte Riesenpalast, das Oktogon (1718 vollendet), mit der in Kupfer getriebenen Nachbildung des farnesischen Herkules. An den darunter liegenden Kaskaden beginnen die fast den ganzen Park durchziehenden Wasserspiele.

Für die wenigen Privilegierten gab es französische Schauspiele und Ballettaufführungen, eine italienische Oper, man parlierte Französisch und fühlte sich in der Kasseler Residenz den großen Höfen in Europa – fast – ebenbürtig. Am Collegium Carolinum lehrten angesehene Professoren, die landgräfliche Bibliothek wurde vom Weltreisenden Georg Forster geleitet, der berühmte Mediziner Sömmering wirkte hier ebenso wie Christian Dohm, der Mitbegründer der wissenschaftlichen Statistik und Vorkämpfer der Emanzipation der Juden.

Aber der kulturelle Glanz hatte seinen Preis. Durch seine Heirat mit einer englischen Prinzessin war Landgraf Friedrich II., der von 1760 bis 1785 regierte, zu einem militärischen Verbündeten der britischen Krone geworden. Das bedeutete, dass er England Soldaten stellen musste, was schon sein Vorgänger Wilhelm VIII. getan hatte. In sogenannten Subsidienverträgen wurden dafür Zahlungen an den Landgrafen vereinbart.

Im Jahre 1776 wurde mit England ein neuer Subsidienvertrag geschlossen, ein glänzendes Geschäft für den Landgrafen, aber auch eine moralische Niederlage; denn nun kämpfte nicht ein Heer gegen ein anderes in einem Kabinettskrieg, sondern es handelte sich um den Aufstand der englischen Kolonien in Amerika, und dieser Aufstand berief sich auf allgemeine Menschenrechte und Demokratie. England zahlte für die 12.000 hessischen Soldaten jährlich 450.000 Taler, sodass Friedrich II. bei Kriegsende einer der reichsten Fürsten des Kontinents war. In ganz Europa waren die Ideen der Amerikanischen Revolution populär geworden, nun sprach man von »Menschenschacher für Blutgeld«, und Friedrich Schiller geißelte in seinem Drama *Kabale und Liebe*, das 1784 in Frankfurt uraufgeführt wurde, den Menschenhandel.

Viele der hessischen Soldaten starben, einige blieben in Übersee und bauten sich neue Existenzen auf.

Die Landgrafschaft Hessen-Darmstadt

Auch andere hessische Regenten, wie die Waldecker Fürsten und die Darmstädter Landgrafen, versuchten letztlich erfolglos mit der kostenpflichtigen Überlassung von Soldaten ihre finanziellen Probleme zu lösen.

Die Darmstädter Landgrafen, die für Militär, Jagd, Hofkapelle und die repräsentative Darstellung ihrer Macht große Summen ausgaben, denen keine gleichwertigen Einnahmen gegenüberstanden, mussten ständig mit einer kaiserlichen Exekutionskommission rechnen, um den kleinen Staat vor dem Bankrott zu retten. Selbst der Betrug mit minderwertigen Goldmünzen und die Beschäftigung von Alchimisten, die Gold »machen« sollten, konnte an der finanziell desolaten Situation nichts ändern. Schließlich verweigerten die ansonsten machtlosen Landstände als Vertreter des Adels und der Städte dem Landgrafen die Mittel für den Weiterbau des Darmstädter Schlosses. Erst durch die Einverleibung von aufgelösten geistlichen Fürstentümern zu Beginn des 19. Jahrhunderts verbesserte sich die finanzielle Lage der Landgrafschaft, die von Napoleons Gnaden 1806 zum Großherzogtum wurde.

Friedrichshütte, das Stammwerk der Buderus'schen Eisenwerke um 1820

Elisabetha Magdalena Buderus – Hessens erste Unternehmerin

Die erste Frau, die auf dem Gebiet des heutigen Hessen ein Unternehmen leitete, und dazu noch ein Eisenwerk mit Hochofenbetrieb, war Elisabetha Magdalena Buderus. Sie wurde am 14. März 1707 als Tochter des Pfarrers von Wallau (heute Hofheim) geboren und heiratete 1731 den verwitweten Johann Wilhelm Buderus, der die Friedrichshütte in der kleinen Grafschaft Solms-Laubach leitete. Ihr Mann brachte fünf Kinder mit in die Ehe, beide hatten zusammen weitere sieben. Als Johann Wilhelm Buderus 1753 starb, führte sie das Eisenwerk allein weiter und als eiserne Lady auch durch den Siebenjährigen Krieg mit plündernden und marodierenden Soldaten. Ihrem Sohn und Firmenerbe Johann Wilhelm gab sie einen umfangreichen Aufgaben- und Verhaltenskodex mit auf den Lebensweg, der die Schicksalsgemeinschaft von Arbeitern und Unternehmer betonte. Er solle die Geschäfte »in guter Ordnung« und in »beständige(r) Eintracht« führen, damit »die Seele einer guten Haushaltung erhalten und der gemeinschaftliche Nutzen gefördert werden möge«[22]. Sie selbst behielt sich als eine Art »Aufsichtsrat« vor, bei allen wichtigen Entscheidungen mitzusprechen und die Bücher zu kontrollieren. Ihr Sohn machte aus der Friedrichshütte ein kleines Eisenimperium und legte damit den Grundstein für die spätere Weltfirma Buderus. Elisabetha Magdalena Buderus starb am 24. November 1788. Ohne ihren Mut und ihre Standfestigkeit wäre das Unternehmen nach dem Tod ihres Mannes zerrieben worden.

Jüdisches Leben in Hessen

Juden lebten in hessischen Städten und Landgemeinden seit dem hohen Mittelalter, in Frankfurt und Mainz wahrscheinlich schon seit den Karolingern. Es wird sogar vermutet, dass sie bereits mit den Römern an Rhein und Main gekommen waren. Als religiöse Minderheit wurden sie immer wieder verfolgt, ermordet oder vertrieben. Allein 300 jüdische Gemeinden wurden während der Pestjahre 1348/49 vernichtet. »Damals setzte eine umfangreiche jüdische Wanderungsbewegung ein, die sich insgesamt bis in die östlichen Länder erstreckte: nach Polen, Galizien und in die Ukraine«[23], schreibt Barbara Suchy. Aber einzelnen jüdischen Gruppen sei es gelungen, sich im Vogelsberg, in der Wetterau, im Odenwald und im Fuldaer Raum niederzulassen.

»Viele jüdische Gemeinden entstanden dann später im 16. Jahrhundert und vor allem nach dem Dreißigjährigen Krieg in der zweiten Hälfte des 17. Jahrhunderts. Die Erklärung dafür liegt in der Vielzahl von Patrimonialherrschaften in Hessen: Die vielen ritterschaftlichen Adelsgeschlechter gewährten den Juden Schutz in ihren beharrlich verteidigten, oft kleinen Hoheitsgebieten, wenn die Juden durch die judenfeindliche Politik der Landesherren und Bischöfe oder auch der Reichsstände durch zu hohe Abgaben oder Ausweisungsgebote oder durch antijüdische Aufstände vertrieben wurden. Nach dem Dreißigjährigen Krieg war fast jeder kleine oder große Herr an jedem Untertan interessiert, damit die Zahl der Untertanen wieder vermehrt, die Wirtschaft gefördert und der Schatz wieder gefüllt wurde: Hugenotten, Kalvinisten oder auch Juden wurden ins Land geholt und zur Niederlassung ermuntert.«[24]

Eine rechtliche Gleichstellung der Juden bedeutete das aber nicht. In den Städten mussten sie lange in engen Ghettos leben und gravierende Einschränkungen ihres täglichen Lebens hinnehmen. Nach einer kurzen Phase der Emanzipation unter Napoleons Herrschaft wurde das historische Rad wieder zurückgedreht. Erst im Lauf des 19. Jahrhunderts erhielten Juden gleiche Rechte. Aber der latente und offen zur Schau gestellte Antisemitismus war damit nicht beseitigt.

Gerade dort, wo Juden eine neue Heimat gefunden hatten, in Mittel- und Nordhessen, führten wirtschaftliche Probleme der Landbevölkerung zur neuen Ausgrenzung. Unverhohlen wurde der Antisemitismus mit Kongressen, Wahlveranstaltungen, »Volksfesten« und Flugblättern geschürt. Ein besonders geschickter Agitator war der promovierte Volkskundler Otto Böckel. 1887 gewann er das Reichstagsmandat im Wahlkreis Marburg-Kirchhain-Frankenberg, das er für die von ihm 1890 gegründete »Antisemitische Volkspartei« (ab 1893: »Deutsche Reformpartei«) bis 1903 behielt. Er war damit der erste sich ausdrücklich als antisemitisch bezeichnende Abgeordnete. Die Judenfeindschaft beschränkte sich nicht auf Hessen-Nassau und das Großherzogtum. Sie übersprang leicht die Grenzen. Aber unter Böckels Führung wurden die beiden hessischen Länder zu Zentren des Antisemitismus in Deutschland. Bei der Reichstagswahl 1893 konnten die Antisemiten in Hessen-Nassau fünf von acht Mandaten und im Großherzogtum drei von neun Mandaten gewinnen. Böckel und seine Gefolgsleute hetzten gegen jüdische Vieh- und Getreidehändler, die gerade für die ländliche Bevölkerung besonders wichtig waren. Sie nutzten geschickt immer noch vorhandene Ressentiments und wirtschaftliche Notlagen, um ihr Allheilmittel anzupreisen. Liest man die verschiedenen Publikationen der Antisemiten aus dieser Zeit, dann ist darin schon viel von dem vorweggenommen, was nach 1933 die deutsche Politik bestimmen sollte.

Frankreich als europäische Hegemonialmacht – Hessische Kleinreiche von Napoleons Gnaden und der Wiener Kongress

Nach der Französischen Revolution von 1789 hatte es zunächst so ausgesehen, dass die Losung »Freiheit – Gleichheit – Brüderlichkeit« nicht nur für eine gesellschaftliche Elite, sondern für alle Menschen gelten sollte. Die Ideen der Revolutionäre verbreiteten sich auch im Heiligen Römischen Reich Deutscher Nation, das unter dem Ansturm französischer Truppen, die von dem charismatischen Napoleon Bonaparte angeführt wurden, 1806 zusammenbrach. Bereits 1803 waren im »Reichsdeputationshauptschluss« Bistümer, Klöster und Stifte aufgehoben worden. Der Kasseler Landgraf wurde bei dieser Gelegenheit zum Kurfürsten. Aber der Titel blieb eine leere Hülle, denn einen deutschen König wählten die Kurfürsten nicht mehr. Bereits 1806 musste der frischgebackene Kurfürst Wilhelm I. ins Exil gehen. Wer sich gegen Napoleon stellte, erlitt ein ähnliches Schicksal. Dagegen konnten die Fürsten, die sich seinem »Rheinbund« anschlossen, mit Standeserhöhungen und Gebietsgewinnen rechnen.

So wurde aus der Darmstädter Landgrafschaft ein Großherzogtum. Nassau-Usingen und Nassau-Weilburg vereinigten sich zum Herzogtum Nassau. Und in der ehemals Freien Reichsstadt Frankfurt regierte der letzte Mainzer Kurfürst Carl Theodor von Dalberg ein neugeschaffenes Großherzogtum.

Aus dem Kurfürstentum Hessen wurde unter Napoleons jüngstem Bruder Jérôme Bonaparte das Königreich Westphalen. Die Bürger Kassels und des ganzen Königreichs stöhnten unter den Steuerlasten, der Misswirtschaft und der Rekrutierung von Soldaten für die Grande Armée. Andererseits war das Königreich einer der ersten modernen Staaten auf deutschem Boden. Napoleon selbst hatte die Verfassung ausarbeiten lassen, die, wie Thorsten Smidt und Arnulf Siebeneicker im Katalog zur großen Kasseler Jérôme-Ausstellung feststellen, die Ideen eines Modellstaates beinhaltete. So garantierte die Verfassung »zusammen mit dem aus Frankreich übernommenen Zivilrecht, dem Code Napoléon, die Gleichheit aller Untertanen vor dem Gesetz. Die Religionsfreiheit wurde eingeführt und die rechtliche Diskriminierung der Juden beendet«[25]. Die Widerstände gegen die französische Fremdherrschaft konnten diese politischen und gesellschaftlichen Reformen aber nicht auflösen.

Die Restauration schlägt zurück

Als Napoleons Macht auf dem Schlachtfeld von Waterloo endgültig geendet hatte, wurden auf dem Wiener Kongress 1815 die Karten neu gemischt. Statt die Modernisierungen des Code Napoléon fortzuführen, wurde versucht, an das gesellschaftlich und politisch rückständige Alte Reich anzuknüpfen. Der nach Kassel zurückgekehrte Kurfürst brachte es auf den Punkt, als er anordnete, dass seine Soldaten wieder Zöpfe tragen mussten.

An die Stelle des Heiligen Römischen Reichs Deutscher Nation mit dem Kaiser an der Spitze trat der Deutsche Bund, der kein Oberhaupt mehr hatte, aber von Österreich und Preußen dominiert wurde. Ziel des Bundes war die »Erhaltung der äußeren und inneren Sicherheit Deutschlands und der Unabhängigkeit und Unverletzbarkeit der einzelnen deutschen Staaten«[26]. Die deutsche Einigung stand nicht auf dem Programm. Frankfurt wurde Sitz des Bundestags, der im Palais Thurn und Taxis zusammentrat. In ihm saßen die Vertreter von 35 Fürsten und vier Städten. Mit unserem heutigen demokratisch gewählten Bundestag ist er nicht zu vergleichen. Die Fürsten schickten mehr oder weniger einflussreiche Gesandte, die ihre zum Teil sehr persönlichen Interessen wahren sollten. Von einem Nationalstaat war der Deutsche Bund weit entfernt. Die einzelnen Bundesstaaten waren zwar aufgefordert, »landständische« Verfassungen zu erarbeiten, kamen diesem Ansinnen aber nur schleppend nach.

Die Gründung der auf einen Nationalstaat zielenden Deutschen Burschenschaft 1815 in Jena (mit den Reichsfarben Schwarz-Rot-Gold), das gegen den Deutschen Bund gerichtete Wartburgfest 1817 und schließlich die Ermordung des Dichters August von Kotzebue 1819 durch einen Burschenschafter lieferten den Anlass für massive staatliche Repressionen. Die Rechtsgrundlage schufen die »Karlsbader Beschlüsse« vom August 1819. Sie waren vor allem das Werk eines Mannes, des österreichischen Außenministers und späteren Staatskanzlers Klemens Wenzel Fürst von Metternich. Zusammen mit Preußen und acht weiteren Staaten setzte er im Deutschen Bund einen ganzen Maßnahmenkatalog durch, der »demagogische Umtriebe« verhindern sollte. Presse und Universitäten wurden streng überwacht. Alle Druckschriften unter 320 Seiten (das waren 20 Bögen) mussten vor der Veröffentlichung einer Vorzensur vorgelegt werden. Die Burschenschaften wurden aufgelöst. Und damit sich nirgends unerkannt eine revolutionäre Bewegung bilden konnte, entstand in Mainz eine »Zentraluntersuchungskommission«, die ein Heer von Spitzeln beschäftigte.

Mutige Demokraten im Vormärz

Hessische Demokraten ließen sich davon nicht beeindrucken. Auf dem Wilhelmsbader Fest 1832 in Hanau und in zahlreichen Druckschriften forderten sie die nationale Einheit, eine republikanische Verfassung und die Abschaffung der Zensur. Revolutionäre stürmten am 3. April 1833 die Frankfurter Hauptwache, um den Deutschen Bund dort zu treffen, wo er saß. Aber erfolglos. Denn die Frankfurter waren nicht bereit, den Aufstand zu unterstützen.

Georg Büchner und Friedrich Ludwig Weidig verfassten 1834 den konspirativ verteilten *Hessischen Landboten*, in dem sie zum revolutionären Umsturz aufriefen. Weidig bezahlte seinen Mut mit dem Leben. Büchner musste, wie viele andere Demokraten, ins Exil gehen.

Die gewaltsamen Proteste gegen die staatliche Willkür und die damit verbundenen Gegenmaßnahmen der Regierungen in Hessen hatten eine bis dahin nicht gekannte Fluchtwelle ausgelöst. Erstes Ziel war meistens Straßburg. Wer nicht dort blieb, der zog weiter in die Schweiz, nach England oder in die USA. Vor allem in den Vereinigten Staaten trafen die Flüchtlinge auf Landsleute, die aus ganz unterschiedlichen Gründen ihre Heimat verlassen hatten.

Zunächst waren es vor allem religiös Verfolgte gewesen, die ihren Glauben frei leben wollten. Aber bald verließen immer mehr Menschen Haus und Hof, weil sie in den hessischen Feudalstaaten kein Auskommen mehr finden konnten oder allzu frei ihre politische Meinung gesagt hatten. Große Kriege und fehlende wirtschaftliche Impulse hatten die Bevölkerung verarmen lassen. Missernten und Pflanzenkrankheiten wie die Kartoffelfäule verursachten Hungersnöte. Und mancher musste sogar auswandern, weil er heiraten wollte. Denn ohne den Nachweis eines kleinen Vermögens wurde die Heiratserlaubnis nicht erteilt. Und wer keins hatte, dem blieb nur die Möglichkeit, die Heimat zu verlassen. Viele Wege führten dabei in die Vereinigten Staaten, nach Russland, Brasilien oder Australien.

Die Deutsche Nationalversammlung von 1848

Bereits 1847 trafen sich in Deutschland politische Zirkel, um die Voraussetzungen für eine deutsche Nationalversammlung zu schaffen. In Offenburg versammelte der badische Abgeordnete Friedrich Hecker im September die Demokraten, die zunächst mit gemäßigten Forderungen an die Öffentlichkeit traten. Später kämpften sie dafür, die Adelsherrschaft abzuschaffen und durch eine parlamentarische Demokratie zu ersetzen. Die Liberalen mit dem Darmstädter Oppositionsführer Heinrich von Gagern und dem nassauischen Kammerpräsidenten August Hergenhahn wollten die Macht der Fürsten nur beschränken und von einem gewählten Parlament kontrollieren lassen. Sie kamen am 10. Oktober 1847 in dem Heppenheimer Gasthaus »Zum halben Mond« (dem heutigen Hotel gleichen Namens) zusammen, um ihr weiteres Vorgehen festzulegen.

Die Opposition hatte sich damit formiert. Sie wartete nur auf ein politisches Signal. Und das kam erneut aus Frankreich. Ähnlich wie im Juli 1830 brachen in Paris im Februar 1848 wieder soziale Unruhen aus. Der Bürgerkönig Louis Philippe, dem das Großbürgertum zur Macht verholfen hatte, musste abdanken und damit der Republik Platz machen, die allerdings nur kurze Zeit Bestand haben sollte.

Das revolutionäre Signal erreichte nur wenig später auch die hessischen Staaten. Angesichts landesweiter Demonstrationen und Ausschreitungen sahen sich die bis dahin unangefochtenen Regenten gezwungen, politische Zugeständnisse zu machen. Die breite, alle Bevölkerungsschichten erfassende Bewegung führte schließlich zur Wahl der »Deutschen Nationalversammlung«, die am 18. Mai 1848 in der Frankfurter Paulskirche zusammentrat.

Die 585 Abgeordneten entstammten der bürgerlichen Elite. Nur drei von ihnen waren Bauern. Während das »Professorenparlament« über Reich, Reichsgewalt, Reichsoberhaupt, Reichstag, Reichsgericht und die Grundrechte des deutschen Volkes debattierte, setzte sich in Berlin und Wien teilweise in blutigen Kämpfen die Gegenrevolution durch. Noch waren die Abgeordneten voller Hoffnung, als sich am 12. Juli 1848 der österreichische Erzherzog Johann zum provisorischen Staatsoberhaupt ausrufen ließ. Aber der »Reichsverweser«, wie er genannt wurde, war kein wirklich mächtiger Mann. Schon bald zeigte sich, dass die Nationalversammlung nur einen Teil der Deutschen repräsentierte. Als der preußische König Friedrich Wilhelm IV. die ihm angebotene deutsche Kaiserkrone ablehnte, war auch das Schicksal der Nationalversammlung besiegelt. Ihr wichtigstes Ergebnis war die Reichsverfassung, die zwar keine Gültigkeit erlangte, aber Vorbild für spätere Verfassungen wurde. Vor allem der Teil über die Grundrechte hat das demokratische Denken in Deutschland entscheidend mitgeprägt.

Industrialisierung und Gründerzeit – die Anfänge der Globalisierung

Die Industrialisierung entwickelte sich in den hessischen Staaten mit unterschiedlicher Geschwindigkeit. Während in Kurhessen lediglich die Maschinenfabrik Henschel eine nennenswerte wirtschaftliche Bedeutung besaß, wurde die Industrialisierung im Großherzogtum Hessen und im Herzogtum Nassau mit Macht vorangetrieben. Diese dynamische Entwicklung vor allem des Rhein-Main-Gebietes wurde nach 1866 noch verstärkt, als sich Preußen nach dem Krieg gegen Österreich Kurhessen, das Herzogtum Nassau und die ehemals Freie Stadt Frankfurt einverleibte. Sie hatten auf der Seite Österreichs gestanden. Aber das war nur das Vorspiel für die Reichsgründung 1871 nach dem erfolgreich beendeten Krieg gegen Frankreich. Für den europäischen Hochadel blieben die hessischen Bäder ein beliebtes Ziel. Er traf sich regelmäßig in Wiesbaden, Bad Homburg, Bad Nauheim oder auf dem Schloss Heiligenberg in Seeheim-Jugenheim, dem »Stammschloss« der Battenbergs/Mountbattens.

Ende der politischen Bescheidenheit

Emma Herwegh, Revolutionärin und frühe Vorkämpferin der Frauenrechtsbewegung

Frauen waren 1848 nicht wahlberechtigt für die Nationalversammlung und konnten auch nicht als Abgeordnete in die Paulskirche einziehen. Aber politisch engagiert waren trotzdem viele von ihnen. Die Bekanntesten sind Amalie Struve und Emma Herwegh, die an der Seite ihrer Männer kämpften und mit ihnen ins Exil gingen.
In Frankfurt führte Clotilde Koch-Gontard einen politischen Salon, wo sich oft täglich Abgeordnete und sogar der Parlamentspräsident Heinrich von Gagern trafen und miteinander diskutierten. Von März bis Dezember 1848 verfasste sie als Besucherin auf der »Damengalerie« ein Parlamentstagebuch aus weiblicher Perspektive.
Als am 18. September 1848 zwei konservative Abgeordnete von einer aufgebrachten Menge erschossen worden waren, wurde als Rädelsführerin die Bornheimerin Henriette Zobel verhaftet. Sie hatte mehrfach mit ihrem Regenschirm auf einen der Abgeordneten eingeschlagen und wurde zu 16 Jahren Zuchthaus verurteilt. Das Corpus Delicti, ihr Schirm, befindet sich im Historischen Museum in Frankfurt. Heute gilt sie als »eine der Frauen jener Zeit, die, von Märzrevolution und Nationalversammlung politisiert, aus ihrer häuslichen Rolle auszubrechen begannen, um Anteil am politischen Geschehen zu nehmen«[27].
Nur mit Worten kämpfte die Schwester von Georg Büchner, die Darmstädterin Luise Büchner, für die Gleichberechtigung von Frauen. So setzte sie sich bereits 1856 in ihrem Buch *Die Frauen und ihr Beruf* für eine bessere Schulbildung von Mädchen und die Möglichkeit für Frauen ein, selbstständig einen Beruf auszuüben. An sie erinnert heute die Luise Büchner-Gesellschaft und ein nach ihr benannter Preis für Publizistik.

Das konnte aber nicht darüber hinwegtäuschen, dass Staaten wie das Fürstentum Waldeck und das Großherzogtum Darmstadt ihre Eigenständigkeit weitgehend eingebüßt hatten. Der Darmstädter Großherzog Ernst Ludwig wurde mit der Gründung der Künstlerkolonie 1901 auf der Mathildenhöhe zu einem bedeutenden Mäzen mit durchaus wirtschaftlichen Ambitionen. Die Frankfurter, die sich nur höchst widerwillig unter die Fittiche des preußischen Adlers begeben hatten, profitierten in hohem Maß von dem Verlust ihrer Selbstständigkeit. Die Mainmetropole entwickelte sich zu einem internationalen Finanz- und Handelszentrum.

Hessen in der Weimarer Republik

Mit dem Thronverzicht Kaiser Wilhelms II. am 9. November 1918 endete nicht nur der Erste Weltkrieg, sondern auch die Adelsherrschaft in Deutschland. In der ersten deutschen Demokratie, der Weimarer Republik, entstand auf hessischem Boden neben der preußischen Provinz Hessen-Nassau der Volksstaat Hessen als Nachfolger des Großherzogtums. Die französische Besatzung, die bis zum 1. Juli 1930 andauerte, bedeutete für den Volksstaat eine erhebliche Schwächung von Industrie und Handel. Verkehrsadern waren durchschnitten. Wichtige Städte wie Mainz, Worms oder Groß-Gerau konnten nur umständlich mit Passierscheinen erreicht werden; in den besetzten Gebieten galt das Kriegsrecht, und Einquartierungen waren an der Tagesordnung. Trotzdem gelang es der Regierung unter Carl Ulrich in der Bildungs- und Kulturpolitik Zeichen zu setzen.

Die Geldentwertung, die mit dem Weltkrieg zunächst schleichend begonnen hatte, erreichte bis zum November 1923 astronomische Höhen und vernichtete die Ersparnisse weiter Bevölkerungskreise. Erst mit einer grundlegenden Währungsreform stabilisierte sich der Finanzmarkt.

Hauptstadt der preußischen Provinz und Sitz des preußischen Oberpräsidenten blieb Kassel, das daraus aber keinen nachhaltigen Gewinn schlagen konnte. Die größte und wirtschaftlich stärkste Stadt in Hessen-Nassau war weiterhin Frankfurt. In nur fünf Jahren wurden unter dem Architekten Ernst May 15.500 Sozialwohnungen, das »Neue Frankfurt«, gebaut. Neben der so entstandenen Römerstadt prägten Großbauten das Frankfurter Stadtbild, der Verwaltungsbau der Farbwerke Hoechst, das I. G. Farben-Hochhaus und die Großmarkthalle. Bereits 1925 setzten die Planungen für einen internationalen Großflughafen ein.

Aber die dramatische Verschlechterung der wirtschaftlichen Lage während der Weltwirtschaftskrise begünstigte seit 1930 den Aufstieg der NSDAP unter ihrem Führer Adolf Hitler.

Hessen und der Holocaust

Am 30. Januar 1933 übernahmen die Nationalsozialisten, die bei den Reichstagswahlen u. a. mit einem gigantischen Arbeitsbeschaffungsprogramm geworben hatten, die Macht in Deutschland. Adolf Hitler wurde Reichskanzler. Innerhalb weniger Wochen konnten die Nationalsozialisten durch ein beispiellos brutales Vorgehen gegen ihre politischen Widersacher und durch die »Gleichschaltung« von öffentlichen Institutionen ihre Macht festigen.

Nachdem es schon vorher zu einzelnen Übergriffen gekommen war, machte die NS-Regierung am 1. April 1933 mit dem ohne größeren Widerstand durchgeführten Boykott jüdischer Geschäfte, Anwaltsbüros und Arztpraxen unmissverständlich deutlich, dass sie es nicht bei den verbalen Attacken belassen würde. In allen größeren Städten Hessens wurden Juden misshandelt und verhaftet, Schaufenster beschmiert und Menschen, die sich nicht vom Einkauf oder dem Gang zum Arzt abhalten lassen wollten, beschimpft und bedroht. Auf dem Kasseler Opernplatz legte die SA sogar ein symbolisches Konzentrationslager für »Staatsbürger, die ihre Einkäufe bei Juden tätigen« an. In Kassel und Darmstadt waren schon vorher Kaufhäuser mit jüdischen Besitzern boykottiert worden. Das »Gesetz zur Wiederherstellung des Berufsbeamtentums«, das am 7. April 1933 verabschiedet wurde, war ein weiterer Schritt auf dem Weg, die deutschen Juden zu isolieren und ihnen ihre Lebensgrundlagen zu entziehen. Mit dem Erlass der »Nürnberger Gesetze« am 15. September 1935 wurden Juden in Deutschland zu »Staatsangehörigen« ohne politische Rechte herabgestuft.

Wer die Zeichen der Zeit richtig deutete, floh ins Ausland. Der Frankfurter Maler und Kunstprofessor Max Beckmann zum Beispiel, der nach Amsterdam übersiedelte, oder der Generalintendant des Darmstädter Landestheaters, Gustav Hartung, der in der Schweiz seine neue Heimat fand. Zu den prominenten Emigranten zählten auch der Philosoph Theodor W. Adorno, der Theologe Paul Tillich, der Religionswissenschaftler Martin Buber, der Verleger der renommierten *Frankfurter Zeitung*, Heinrich Simon, und ein gerade vier Jahre altes Mädchen, das später durch sein Tagebuch weltberühmt werden sollte: Anne Frank.

Auf dem Gebiet des heutigen Hessen hatten 1933 ca. 70.000 Menschen gelebt, die sich zum jüdischen Glauben bekannten. 1945 waren es noch 600. Die Vertreibung der Juden stieß in Hessen – wie überall – auf wenig Widerstand. Ganz im Gegenteil. In der Nacht vom 9. auf den 10. November 1938 brannten überall in Hessen die Synagogen, angesteckt nicht nur von Männern der nationalsozialistischen SA, sondern auch von »ganz normalen« Bürgern. Mit der nur wenige Tage nach der Pogromnacht erlassenen »Verordnung über die Ausschaltung der Juden aus dem deutschen Wirtschaftsleben« war der sogenannten Arisierung Tür und Tor geöffnet. Jüdische Vermögen mussten zu Schleuderpreisen veräußert werden.

Im Oktober 1941 begannen die Deportationen aus hessischen Städten. Frankfurt machte den Anfang. 1200 Bürger wurden zum angeblichen Arbeitseinsatz in das Ghetto Litzmannstadt gebracht, bald darauf 1000 Menschen von Kassel in das Ghetto Riga. Bis zum Sommer 1943 fuhren die Züge aus Frankfurt, Kassel, Wiesbaden und Darmstadt. Insgesamt 15.000 Menschen, darunter allein 9500 aus Frankfurt, wurden in den Osten verschleppt. Kaum einer von ihnen überlebte. Auch von den Sinti und Roma, die seit Mai 1940 über das »Zigeunerlager« in Frankfurt-Riederwald zunächst in polnische Ghettos und schließlich nach Auschwitz-Birkenau gebracht wurden, sind nur wenige zurückgekehrt. Die

Transporte fanden nicht bei Nacht und Nebel, sondern in der Öffentlichkeit statt.

Selbst die Ermordung von Menschen hielten die Nationalsozialisten nicht geheim. Ein Beispiel dafür ist die Landesheil- und Pflegeanstalt in Hadamar, wo zwischen 1941 und 1945 fast 15.000 psychisch Erkrankte und Menschen mit Behinderungen ermordet wurden. An sie wird in der Gedenkstätte Hadamar erinnert. Sie ist die größte und wichtigste Gedenkstätte für NS-Opfer in Hessen.

Die Morde geschahen unter den Augen der Hadamarer Bürger. Die Rauchsäule des Krematoriums war kilometerweit zu sehen gewesen. Mutiger kirchlicher Protest konnte die Mordaktionen nur kurzzeitig aufhalten.

Die Anzettelung des Zweiten Weltkriegs, die Ermordung von Millionen Menschen und die dauernde Misshandlung von Zwangsarbeitern rächte sich bitter. Im Sommer 1942 begann die systematische Bombardierung deutscher Städte, großer Industrieanlagen und wichtiger Versorgungseinrichtungen. Am 17. Mai 1943 zerstörten britische Bomber die Staumauer des Edersees. In der Flutwelle, die bis nach Kassel reichte, starben mindestens 70 Menschen. 6000 Opfer forderte der Luftangriff auf Kassel in der Nacht vom 22. auf den 23. Oktober 1943. Die gotische Altstadt von Frankfurt ging am 18. und 22. März 1944 in Flammen auf. Auch Darmstadt, Gießen, Hanau und andere Städte versanken in Schutt und Asche.

Während in Deutschland die Städte im Feuersturm verglühten, versuchten mutige Politiker und Widerstandskämpfer, das Steuer herumzureißen, Hitler zu beseitigen und zu einem Frieden mit den Alliierten zu kommen. Eine der wichtigsten Gruppierungen war der »Kreisauer Kreis«, benannt nach dem Gut von Helmuth James Graf von Moltke in Niederschlesien. Dort trafen sich die Vertreter aller weltanschaulichen Richtungen, um über einen Umsturz in Deutschland nachzudenken. Darunter waren der Diplomat Adam von Trott zu Solz, der Jesuit Alfred Delp, der Pädagoge Adolf Reichwein und der ehemalige Innenminister des

Volksstaats Hessen Wilhelm Leuschner. Sie wurden nach dem gescheiterten Attentat vom 20. Juli 1944 von den Nationalsozialisten hingerichtet.

Die Besetzung Hessens Ende März 1945 durch amerikanische Truppen ging rasch. Das letzte Aufgebot, der Volkssturm, war den alliierten Soldaten in jeder Hinsicht unterlegen. Trotzdem starben auch noch in aussichtsloser Situation Menschen, die nicht aufhören wollten, an Hitler, die Wunderwaffe und den Endsieg zu glauben.

Integration von Vertriebenen und »Displaced Persons«

Der Neuaufbau nach der Kapitulation am 8. Mai 1945 begann mit Menschen, die das andere Deutschland verkörperten, die als Juden und Regimegegner in Konzentrationslagern gesessen hatten oder im Exil gewesen waren.

Auf der Potsdamer Konferenz wurden im Sommer 1945 von Amerikanern, Briten und Sowjets weitreichende Beschlüsse über die Zukunft Deutschlands gefasst. Neben der Einrichtung von Besatzungszonen wurden die Entnazifizierung der deutschen Bevölkerung, die Zahlung von Reparationen, die Prozesse gegen deutsche Kriegsverbrecher, die Abtretung von deutschen Gebieten und die Ausweisung der deutschen Minderheiten in den osteuropäischen Ländern beschlossen. Die gewaltige Fluchtbewegung erreichte auch Hessen. Bis 1954 wurden rund 1.265.000 Vertriebene aus den früheren deutschen Siedlungsgebieten in Hessen aufgenommen. Zusätzlich mussten noch Menschen untergebracht werden, die unter dem Begriff »Displaced Persons« zusammengefasst wurden. Das waren vor allem befreite Insassen der Konzentrationslager und ehemalige Zwangsarbeiter aus der Sowjetunion, Polen, Frankreich oder anderen von deutschen Truppen besetzten Ländern, die nicht in ihre Heimat zurückkehren wollten. Diese große Integrationsleistung ist in Hessen gelungen.[28]

Von der politischen Umerziehung zum weltoffenen Bundesland

Unter Aufsicht der amerikanischen Besatzungsmacht hatte die hessische Bevölkerung am 1. Dezember 1946 für die neue Verfassung gestimmt. Damit war ein wichtiger Schritt in Richtung Demokratie vollzogen. Aber noch gab es gewaltige Hürden, die überwunden werden mussten. Die Entnazifizierung von fast einer Million Menschen in Hessen markiert das bürokratische Ende der NS-Herrschaft. Aber in vielen Köpfen spukten noch die Nazi-Parolen. Mit umfangreichen »Reeducation«-Programmen, in die auch die lizenzierten Zeitungen und der Frankfurter Radiosender eingebunden waren, sollten Gegner und Zweifler der neuen Demokratie mehr oder minder sanft gewonnen werden. Das ließ sich aber erst durch eine gelebte Demokratie verwirklichen.

Bereits am 19. September 1945 war durch den Obersten Befehlshaber der amerikanischen Streitkräfte in Europa, Dwight D. Eisenhower, die Bildung von Groß-Hessen bekanntgegeben worden. Dieses Groß-Hessen, das bald nur noch Hessen hieß, setzte sich aus der ehemaligen preußischen Provinz Hessen-Nassau und dem früheren Volksstaat Hessen zusammen, allerdings waren Rheinhessen und die Kreise Oberwesterwald, Unterwesterwald, Unterlahn und Sankt Goarshausen abgetrennt worden.

Erster Ministerpräsident wurde am 16. Oktober 1945 in Wiesbaden der parteilose Wirtschaftsprofessor Karl Geiler. Bei der Rekrutierung ihrer deutschen Mitarbeiter legte die Militärregierung besonderen Wert darauf, »unbelastete« Personen zu finden. Sie selbst hatte dafür sogenannte Weiße Listen angelegt, die Namen von Nazigegnern enthielten, und sie verließ sich auf Empfehlungen von Vertrauenspersonen. Geiler gelang es mit seinem Allparteien-Kabinett, die Voraussetzungen für funktionierende Strukturen auf allen politischen Ebenen zu schaffen. Am 1. Dezember 1946 votierten 76,8 Prozent der Hessinnen und Hessen für ihre neue Verfassung. Mit der Abstimmung wurde auch der erste hessische Landtag gewählt. Die SPD wurde mit 42,7 Prozent die stärkste Partei, gefolgt von der CDU mit 30,9 Prozent. Dieses Kräfteverhältnis sollte Jahrzehnte die hessische Politik prägen. Die beiden Parteien bildeten eine große Koalition, die von dem SPD-Politiker und bisherigen Präsidenten der Landesversicherungsanstalt Christian Stock angeführt wurde. In seinem Kabinett saß als Justizminister ein Mann, der später lange Zeit die Geschicke Hessens bestimmen sollte: Georg August Zinn.

Mit der Gründung der Bundesrepublik Deutschland 1949 wurde Hessen Bundesland.[29] Die Offenheit der Hessinnen und Hessen, Menschen aus anderen Kulturen und Ländern aufzunehmen, prägt auch die Jahrzehnte seit 1949. Zuerst waren es die Vertriebenen und »Displaced Persons«, dann die Flüchtlinge aus der DDR, die Arbeitsmigranten aus Südeuropa, der Türkei und Nordafrika, die deutschen Spätaussiedler aus Osteuropa, die Asylsuchenden und seit 2022 die Kriegsflüchtlinge aus der Ukraine. Viele von ihnen sind Neubürgerinnen und Neubürger geworden.

UNESCO-WELTKULTURERBE
Obergermanisch-Raetischer Limes

INFRASTRUKTUR

Ein Land mobilisiert die Zukunft

Weil jeder in Hessen vorbeikommt, kommt an Hessen keiner vorbei

Für eine Reise mit dem Auto, zum Beispiel von Weimar nach Wiesbaden, nennt der digitale Routenplaner eine Fahrtzeit von zwei Stunden und 51 Minuten über die Autobahnen A4, A5 und A66 – vorausgesetzt, es gibt keinen Stau. Die Entfernung wird mit 299 km angegeben. Die schnellste Zugverbindung dauert drei Stunden und 20 Minuten (zweimal umsteigen). Hessen liegt in der Mitte Deutschlands und ist gut angebunden.

Das gilt besonders für das Rhein-Main-Gebiet mit Frankfurt im Zentrum. Hier sammeln sich die Superlative. Das kleeblättrige Autobahnkreuz überqueren täglich durchschnittlich 370.000 Fahrzeuge, es gilt als meistbefahrener Knotenpunkt Deutschlands. Dieses Prädikat verleiht die Deutsche Bahn ebenso dem Frankfurter Hauptbahnhof.

Ebenfalls auf Platz eins landet der Flughafen Frankfurt Rhein-Main (FRA). Das Luftverkehrskreuz meldete vor der Covid-19-Pandemie knapp 70 Millionen Passagiere pro Jahr. Zusätzlich werden zwei Millionen Tonnen Fracht jährlich umgeschlagen. Mit knapp 81.000 Beschäftigten ist »Fraport« die größte lokale Arbeitsstätte in Deutschland.

Ein Stück den Main hinunter, kurz vor der Mündung in den Rhein, komplettiert die Schleuse Kostheim mit ca. 19.000 Güterschiffen jährlich und einer Gesamtladung von rund 16 Mio. Tonnen sowie etwa 900 Fahrgastkabinenschiffen den Anspruch der Region, die Drehscheibe Deutschlands zu sein.[30]

Wie dramatisch sich der Reiseverkehr beschleunigt hat, zeigt der Vergleich mit den Reisedaten eines prominenten Frankfurters. Am 29. Juli 1814, um elf Uhr in der Nacht, erreichte die Kutsche des Geheimrats Johann Wolfgang von Goethe die Stadt Wiesbaden. Eine beschwerliche Reise lag hinter dem damals 64-Jährigen. Fünf Tage hatte seine Fahrt von Weimar in die Kurstadt gedauert.[31]

Die Verkehrswende ist multimodal und datengetrieben

Nach jüngsten Untersuchungen zur Mobilität in Hessen sind 85 Prozent der Menschen täglich unterwegs, je städtischer die Umgebung, umso höher steigt die Quote. Die zurückgelegte durchschnittliche Strecke liegt bei etwa 40 Kilometern und hat sich seit 2002 von 34 gesteigert. Die dabei verbrachte Zeit ist auf eine Stunde und 21 Minuten gestiegen (von einer Stunde, 13 Minuten). Hessen liegt damit im Bundestrend, beim modalen Split, der Nutzung der Verkehrsmittel, entpuppen sich die Hessen als unterdurchschnittlich begeisterte Radfahrer; sonst weicht das Nutzungsverhalten so gut wie nicht ab. Das hessische Verkehrsministerium vermutet, dass die hessische Topografie für den geringeren Anteil des Radverkehrs verantwortlich sei. Die Radnutzung in einer Metropole wie Frankfurt reicht mit einem Anteil von 16 Prozent an vergleichbare deutsche Städte heran.

Der Öffentliche Personennahverkehr deckt in der Kombination mit Fußweg und Radnutzung in der Metropole 43 Prozent der Verkehrsleistung ab, in dörflichen Strukturen nur 13 Prozent. Entsprechend hoch ist die Pkw-Nutzung in den ländlichen Regionen sowie im Stadtumland.

Verkehrsexperten messen der Multimodalität besondere Bedeutung bei, also der Verschränkung und Ergänzung der Verkehrsmittel untereinander. Daneben spielt für eine Verkehrswende der Einsatz digitaler Hilfsmittel eine Rolle, zum Beispiel die Nutzung mobiler Endgeräte bei der Routenplanung und beim Kauf von Fahrkarten. Zur Verkehrssteuerung sammelt das Landesunternehmen Hessen Mobil Daten. Das geschieht über in die Fahrbahn eingelassene Messinstrumente, Radarsensoren in Schilderbrücken und Kameras. Tagesbaustellen müssen in Hessen via GPS (Global Positioning System) ihren Standort übermitteln.[32]

Drei Verkehrsverbünde organisieren seit 1995 den öffentlichen Personennahverkehr: Rhein-Main-Verkehrsverbund (RMV), Nordhessischer VerkehrsVerbund (NVV), Verkehrsverbund Rhein-Neckar (VRN). Allein der RMV transportiert nach eigenen Angaben mehr als 800 Millionen Passagiere jährlich. Die Aufgabenträger des ÖPNV (Landkreise und kreisfreie Städte und Gemeinden über 50.000 Einwohner) sind für die Planung, Organisation und Finanzierung zuständig. Sie nehmen diese Aufgabe über die drei Verbünde wahr. Das Land stellt diesen die vom Bund geleisteten Regionalisierungsmittel zur Verfügung, mit denen die Schienen- und regionalen Busverkehre finanziert werden.[33]

Ein Königsweg zwischen Handelsmetropolen

Durch das Gebiet des heutigen Hessen führen seit Menschengedenken Wege und Straßen, die Zentren im Osten und Westen Europas sowie die Küsten im Norden mit dem Alpenrand verbinden. Die ersten unbefestigten Trassen waren Höhenwege und verliefen entlang natürlicher Wasserscheiden und Mittelgebirgskämme. Später nutzten Händler, Kaufleute und Soldaten die Täler, als sich dort an Furten und Kreuzungen die ersten Siedlungen bildeten.

Die bekanntesten Straßen auf dem Terrain des heutigen Hessen sind dem Namen nach bekannt, ihre Streckenführung hat sich im Laufe der Jahrhunderte verändert. Eine wichtige Route war die Via Antiqua oder Rechte Nidderstraße. Über sie soll 754 der Leichenzug mit den sterblichen Überresten des ermordeten Bischofs Bonifatius von Mainz nach Fulda gezogen sein. Jüngere Funde verweisen darauf, dass diese Verbindung schon in der Latène-Zeit um 500 v. Chr. von den Kelten genutzt wurde. Ähnliches gilt für die Via Regia. Seit der Steinzeit wissen wir von einer Landverbindung zwischen Atlantik und dem Dnjepr-Fluss in der heutigen Ukraine. Der Name Via Regia (Königsweg) stammt aus dem Mittelalter, als strategisch wichtige Straßen unter königlichem Schutz standen. Die Via Regia führte seit dem 12. Jahrhundert durch das Kinzigtal. Sie verband die Handelsmetropolen Frankfurt und Leipzig.

Reste der Via Regia, in Steinau an der Straße

Die Römer nutzten bei der Besetzung germanischer Gebiete bestehende Wegeverbindungen, begradigten, befestigten und sicherten sie aber entlang des Limes. So entstanden Kastelle wie in Marköbel an der Hohen Straße (auch »Antsanvia«) oder in Butzbach an der alten Weinstraße. Letztere diente dem Fernverkehr vom Rhein-Main-Gebiet nach Norddeutschland und in den Süden. Die Wege führten durch die Wetterau über Gießen oder den hinteren Taunus über Wetzlar nach Paderborn.

Die »Heidenstraße« verband Köln mit Breslau, sie führte durch das Sauerland und Kassel ins Eichsfeld. Der Überlieferung nach wanderten in karolingischer Zeit Missionare Richtung Osten, um die heidnischen Sachsen zu christianisieren.[34]

Beinahe wär's Bad Hersfeld geworden

Mitte des 19. Jahrhunderts revolutionierte ein Verkehrsmittel die Mobilität. Schon bald nach der Eröffnung der ersten Eisenbahnlinie von Nürnberg nach Fürth 1835, bildeten sich in den hessischen Kleinstaaten »Eisenbahn-Comites«. Sie setzten sich für den Bau des neuen Verkehrsmittels ein. Der Bahnpionier Friedrich List entwarf schon 1833 ein Eisenbahnnetz für Deutschland, dessen zentraler Knoten bei Bad Hersfeld lag.

Karikatur über die erste Probefahrt der Taunus-Eisenbahn

Die erste Eisenbahnstrecke auf hessischem Boden wurde am 26. September 1839 eröffnet und führte von Frankfurt nach Höchst, ab 1840 bis Wiesbaden. Die »Taunus-Eisenbahn« war mit privatem Kapital finanziert. Erst danach förderten Regierungen und Behörden den Ausbau. Die Begeisterung für das Projekt hielt sich anfangs in Grenzen. Herzog Wilhelm von Nassau, dessen Hauptstadt Wiesbaden immerhin von der Verbindung profitierte, meinte: »Nur Proleten können sich in solchen Kästen zusammenpferchen lassen.«[35]

Im Großherzogtum Hessen gründete sich 1836 eine Aktiengesellschaft zum Bau von Eisenbahnen. Die erste Bahnstrecke der Großherzoglich Hessischen Staatseisenbahn wurde 1846 als hessischer Teil der Main-Neckarbahn eröffnet. Die 1845 entstandene private Hessische Ludwigs-Eisenbahn-Gesellschaft hatte ihren Sitz in Mainz, das zum Großherzogtum Hessen(-Darmstadt) gehörte. 1858 ließ sie eine Verbindung von Mainz über Darmstadt nach Aschaffenburg bauen. Zehn Jahre zuvor hatte der erste Zug Cassel (damals mit »C«) in Richtung Carlshafen (heute Bad Karlshafen) verlassen. 1852 konnte die »Main-Weser-Bahn« über Marburg und Gießen nach Frankfurt durchgehend genutzt werden. Als letzter deutscher Staat erhielt das Fürstentum Waldeck 1884 einen Anschluss an das Eisenbahnnetz.

Wer hat's erfunden oder erste Pläne für die Autobahn

Nicht ahnen konnte man damals, welche Anforderungen ein abermals bahnbrechendes Verkehrsmittel, das Automobil, an die Infrastruktur des Landes stellen würde. Zwar zählte man 1925 erst knapp 100.000 Kraftfahrzeuge, doch deren Geschwindigkeit und die zunehmende Zahl an Verkehrsunfällen machte den Bau von kreuzungsfreien Straßen erforderlich. Schon 1926 plante in Frankfurt ein Verein den Bau einer Straße für den Kraftwagen-Schnellverkehr von Hamburg über Frankfurt nach Basel (HaFraBa), der sich 1928 in »Verein zur Vorbereitung der Autostraße Hansestädte-Frankfurt-Basel« umbenannte. Lange bevor die Nationalsozialisten das Projekt »Autobahn« für sich reklamierten, hatten Unternehmer und Kommunalpolitiker diesen Begriff geprägt. Das HaFraBa-Projekt scheiterte an Einsprüchen des Reichsverkehrsministeriums und der Reichswehr. Als Reichskanzler Adolf Hitler im Juni 1933 das »Gesetz über die Errichtung eines Unternehmens Reichsautobahnen« verkündete, stellten die Autobahn-Planer der HaFraBa den neuen Machthabern ihre Pläne und Berechnungen zur Verfügung. Mit einer großen Propagandashow wurde das erste Autobahn-Teilstück zwischen Frankfurt am Main und Darmstadt mit einer Länge von 23 Kilometern am 19. Mai 1935 dem Verkehr übergeben. Nordhessen zog früh nach: Von 1937 an verband ein Autobahnteilstück Kassel und Göttingen, das bald bis nach Homberg (Efze) verlängert wurde.[36]

Ebenso alt wie die Pläne der HaFraBa sind die Überlegungen zu einem Frankfurter Autobahnkreuz. Es sollte 30 Jahre dauern, bis 1956 der Verteiler in unmittelbarer Nähe des Rhein-Main-Flughafens freigegeben wurde. Der Bau des Kleeblattes kam voran, als 1953 Verkehrszählungen 5000 Fahrzeuge am Tag auf westdeutschen Autobahnen festhielten, vier Mal so viel wie 1936.

Das Autobahnnetz in Hessen wird heute mit 1000 Kilometer Länge angegeben. Die hessischen Teilstücke haben schwer zu tragen: Sie sind vom Schwerlastverkehr stärker betroffen als der Durchschnitt. Je Autobahnkilometer wurden 2021 knapp 3,4 Millionen und für Deutschland knapp 2,6 Millionen LKW-Bewegungen gezählt. Der Statistik nach verlaufen im Bundesland 3000 km Bundesstraßen, 7200 km Landesstraßen und 5000 km Kreisstraßen. Die Straßenbauwerke werden vervollständigt durch neun Tunnel (Streckenlänge 4140 Meter). Der Ausbau des Autobahnnetzes geschah nicht ohne Widerstände. So kam es 2020 bei der geplanten Rodung des Dannenröder Forstes für ein 30 Kilometer langes Teilstück der A49 von Kassel in Richtung Gießen zu monatelangen Auseinandersetzungen mit Gegnern.

Zu Beginn des Jahres 2023 waren insgesamt 3,85 Millionen Pkw in Hessen zugelassen. Der Anteil der Fahrzeuge mit Elektroantrieb hatte sich auf 17 Prozent gesteigert. Nach Antriebsarten stehen aber immer noch Benziner deutlich an der Spitze. Obwohl die Anzahl öffentlich zugänglicher Ladepunkte für Elektrofahrzeuge deutlich zugenommen hat, bis Ende 2023 auf 7236, liegt Hessen damit unter den Flächenländern nur auf einem hinteren Platz. Ein Grund: Hier sind viele Pkw zugelassen, die Autovermietungen gehören und bundesweit im Einsatz sind.

Brücken in Hessen

Eisenbahnbrücken

Auf hessischem Boden stehen 2133 Brückenbauwerke der Deutschen Bahn. »Alle Brücken der DB sind in einem betriebssicheren Zustand und werden regelmäßig überwacht.«[37] Der Zustand der Brücken ist in vier Kategorien eingeteilt:

Zustand		Anzahl
Betriebssichere Brücken		2133
ZK1	Keine Maßnahmen erforderlich	799
ZK2	Instandsetzungsmaßnahmen sind zu planen	838
ZK3	Erneuerungsmaßnahmen sind zu prüfen	432
ZK4	Erneuerungsmaßnahmen sind zu planen*	64
* heißt: auf Dauer wird eine Reparatur teurer als ein Neubau		

Landesbrücken

In Hessen finden sich insgesamt 4424 Brücken, die je nach Bauart und Brückenquerschnitt in Teilbauwerke untergliedert sind. Insgesamt werden daher 4825 Brücken-Teilbauwerke von der Landesbehörde Hessen Mobil betreut. Jonas Tresbach, stellvertretender Pressesprecher: »Brücken, die nicht genutzt werden dürfen, gibt es im Zuständigkeitsbereich von Hessen Mobil nicht.« 195 Teilbauwerke sind in einem Zustand, der kurz- oder mittelfristig eine Instandsetzung erforderlich macht.[38]

Bezeichnung	Anzahl (jeweils ca.)	Sanierung	Ersatzneubauten
Bundesstraßen	2317	38	5
Landesstraßen	2063	17	11
Kreisstraßen	445	6	2

Das Frankfurter Kreuz, ein Autobahnkreuz in Kleeblattform und einer der meistbefahrenen Straßenknotenpunkte Europas

Autobahnbrücken

Die Anfrage bei der Pressestelle der Autobahn GmbH West (Bundesverwaltung) blieb unbeantwortet.

Aus anderen Veröffentlichungen geht hervor:

Rund 1500 Autobahnbrücken gibt es allein in Hessen, viele davon sind in einem Zustand, der eine ständige Überwachung und in den meisten Fällen in absehbarer Zeit einen vollständigen Neubau erforderlich macht. In Hessen befinden sich 2022 laut Hessen mobil 341 Brückenbauwerke in einem kritischen Zustand, von diesen werden 50 ständig überwacht, davon gehören 41 zu den Autobahnen. Die wichtigsten aktuellen Projekte:

- Salzbachtalbrücke/Wiesbaden (A 66)
- Schiersteiner Rheinbrücke (A 643)
- Wiesbadener Kreuz (A 66/A 3)[39]

Fahren ohne Fahrer

In eine neue Dimension bei der Antriebsart Elektromobilität soll das Projekt ELISA (Elektrifizierter, innovativer Schwerverkehr auf Autobahnen) führen. Auf rund zwölf Kilometern Strecke der Autobahn A5 zwischen Langen/Mörfelden und Darmstadt fahren in einem Langzeitversuch Oberleitungs-Hybrid-Lkws, die über eine Oberleitungsanlage mit Strom versorgt werden.

Ein erster Versuch mit einem autonom fahrenden Lastwagen verlief laut der Verkehrsbehörde Hessen mobil positiv. Damals befuhr ein unbemannter Lkw einen Autobahn-Seitenstreifen und sicherte eine Tagesbaustelle ab. Weitere Tests laufen in Frankfurt und Wiesbaden mit Kleinbussen.[40]

Hessen dreht am Rad

Inzwischen existieren im Land rund 3300 Kilometer Radfernwege. Das sogenannte Rad-Hauptnetz Hessen verbindet alle Oberzentren untereinander sowie die Mittelzentren mit ihrem nächsten Oberzentrum bis zu einer Entfernung von rund 30 Kilometern. Rund 370 Kilometer sind noch als Netzlücke identifiziert.[41]

Neuer Stoff für schnelle Züge

Die Intercity-Express-Hochgeschwindigkeitszüge der Deutschen Bahn (ICE) haben seit 1991 in Hessen für eine Beschleunigung des Bahnverkehrs gesorgt. Allein von Frankfurt aus gehen Schnellbahnlinien in acht Landeshauptstädte, außerdem nach Paris, Amsterdam, Brüssel, Mailand und Zürich. Mit Einführung der ersten Schnellfahrstrecke Hannover-Würzburg wurde 1991 der Bahnhof Kassel-Wilhelmshöhe eröffnet. Damit endete die Isolation, in der sich Kassel während der Zeit des Eisernen Vorhangs befunden hatte. Geplant ist ein Ausbau der ICE-Strecken auf den Linien Rhein-Main/Rhein-Neckar, Hanau-Fulda und Fulda-Gerstungen. Umweltverbände warnen bei grundsätzlicher Zustimmung vor Waldrodung, einem zu hohen Flächenverbrauch und neuen Bahnhöfen auf der Grünen Wiese.

Ein visionäres Projekt ist der Bau eines Fernbahntunnels mit vier zusätzlichen Bahnsteiggleisen unter dem weiter komplett zu nutzenden Frankfurter Hauptbahnhof, der 2040 abgeschlossen sein soll.

In Hessen ist noch immer etwa ein Drittel der Bahnstrecken nicht elektrifiziert. Seit 2004 laufen im Rhein-Main-Gebiet Versuche mit Brennstoffzellenfahrzeugen. Aus dem europäischen Projekt Zero Regio entstand 2006 die erste hessische Wasserstofftankstelle in Frankfurt-Höchst. Auf der Schiene testet der Rhein-Main-Verkehrsverbund den Einsatz der weltweit größten Flotte von Nahverkehrszügen mit Brennstoffzellen. Dazu hat der RMV über eine Tochtergesellschaft 27 Brennstoffzellenzüge angeschafft. Wasserstoff fällt im Industriepark Höchst in größeren Mengen als Nebenprodukt an, er soll für den ÖPNV genutzt werden.[42]

Kontrolle über den Wolken

Längst ist der Himmel nicht mehr grenzenlos, auch in der Luft gibt es Straßen. Damit dort alles mit Recht und Ordnung zugeht, kontrolliert und dirigiert die Deutsche Flugsicherung GmbH (DFS) mit Hauptsitz in Langen den Luftverkehr. 1953 entstand ihre Vorläuferin als staatliche Bundesanstalt für Flugsicherheit, seit 1993 wird die DFS privatwirtschaftlich geführt und überwacht mit Filialen in Bremen, Karlsruhe und München den gesamten Luftraum über Deutschland mit bis zu drei Millionen Flugbewegungen jährlich. Außerdem regelt die DFS mit ihren 5600 Mitarbeiterinnen und Mitarbeitern an 15 deutschen Verkehrsflughäfen die An- und Abflüge.[43]

Hessen geht in die Luft

Der Flughafen Frankfurt am Main zählt zu den größten Passagier- und Frachtflughäfen der Welt. Der Ausbau mit einem Terminal 3 im Süden des Geländes hat sich verzögert, seine Eröffnung ist für das Jahr 2026 vorgesehen. Der ICE-Bahnhof am Flughafen komplettiert seit 1999 das Angebot eines intermodalen Verkehrs.

Luftfahrt hat in Hessen Tradition. Einen Monat nach der ersten Internationalen Luftschifffahrt-Ausstellung in Frankfurt entstand dort am 16. November 1909 die Deutsche Luftschifffahrts-Aktiengesellschaft (DELAG), die erste Fluggesellschaft der Welt. Aus ihr ging der Flughafen Frankfurt-Rebstock hervor. Als dessen Kapazitäten erschöpft waren, wurde der Betrieb auf das Gelände des heutigen Flughafens Rhein-Main verlagert, der 1936 offiziell eröffnet wurde. Nach der fast völligen Zerstörung der Anlagen im Zweiten Weltkrieg nutzte zuerst die US Air Force den Flughafen als Luftwaffenstützpunkt. Der errang welthistorische Bedeutung, als die Amerikaner seit dem 26. Juni 1948 von hier aus den wesentlichen Teil der Luftbrücke nach Berlin abwickelten, mit der sie während der Berlin-Blockade durch die Sowjetunion die Versorgung der Bevölkerung aufrechterhielten.

Der Ausbau des Flughafens für zivile Zwecke führte bei wachsendem Umweltbewusstsein zu Klagen von Anrainergemeinden und Einzelpersonen vor den Verwaltungsgerichten. Die Auseinandersetzungen um den Bau der späteren Startbahn 18 West gelten als eine der größten von Bürgerinitiativen getragenen sozialen Gegenbewegungen in der Geschichte der Bundesrepublik.[44]

Fließende Übergänge

In Hessen breiten sich 24.000 Kilometer fließende Gewässer aus, die Flüsse werden als Transportwege intensiv genutzt. 2019 wurden auf hessischen Wasserstraßen Güter von insgesamt 12,1 Millionen Tonnen umgeschlagen, etwa doppelt so viel wie zehn Jahre zuvor. Neben Straße und Schiene ist die Binnenschifffahrt der drittwichtigste Verkehrsträger. Besondere Bedeutung haben bei den Schüttgütern Sand und Kies als Baustoffe. Häfen wie Frankfurt oder Gernsheim nehmen als Logistikzentren in einem kombinierten Verkehr eine wichtige Rolle ein.

Der längste Fluss in Hessen ist die Fulda, die sich 220 Kilometer lang durch das Land schlängelt. Sie bildet im Norden zum Teil die Grenze zu Thüringen und Niedersachsen. Die Werra fließt 95 Kilometer durch Hessen, bevor sie nach der Vereinigung mit der Fulda kurz hinter der hessischen Landesgrenze in Hannoversch Münden zur Weser wird. Die Fulda ist oberhalb des Zusammenflusses auf knapp 31 Kilometern schiffbar. Bevor die Eder südlich von Kassel in die Fulda mündet, verläuft sie 176 Kilometer lang durch Nordrhein-Westfalen und Hessen. Bei Waldeck ist sie zu Deutschlands zweitgrößtem Stausee gestaut. Der Rhein bildet eine mehr als 107 Kilometer lange natürliche Grenze zum Nachbarland Rheinland-Pfalz und ist der wichtigste wirtschaftlich genutzte Wasserweg. Der Main gehört mit nur 77 von seinen insgesamt 527 Kilometern Länge zu Hessen. Mit Hilfe von insgesamt 34 Staustufen und einer Vertiefung der Fahrrinne ist er zu einer der wichtigsten deutschen und seit der Eröffnung des Main-Donau-Kanals gesamteuropäischen Wasserstraßen geworden. Auch die Lahn kommt nicht ausschließlich aus Hessen, fließt aber über eine Länge von 165 Kilometern durch das Bundesland, bevor sie in den Rhein mündet. In Weilburg strömt sie 195 Meter lang durch den spektakulären Schifffahrtstunnel.[45]

UNESCO-WELTKULTURERBE
Oberes Mittelrheintal

NICHTS IST SO BESTÄNDIG WIE DER WANDEL

Zur demografischen Entwicklung in Hessen

Hessen wächst. Nicht in der Fläche, aber in der Einwohnerzahl. Zum Stichtag 31. Dezember 2022 lebten 6.391.360 Menschen in Hessen. Das waren rund 1,5 Prozent mehr als ein Jahr zuvor.

Direkt nach dem Ende des Zweiten Weltkriegs, 1946, hatte die Zahl noch bei knapp unter vier Millionen gelegen. So gesehen, hat Hessen nach seiner Gründung durch die amerikanische Besatzungsmacht mehr als die Hälfte an Einwohnern gewonnen.

Die Zu- und Abnahme einer Bevölkerung ist nicht nur von der Zahl der Geburten abhängig, sondern auch von einer Reihe äußerer Faktoren wie Nahrungsangebot, Ein- und Auswanderung, Krieg, Vertreibung, Flucht und medizinische Versorgung.

Über einen längeren Zeitraum betrachtet hat die Bevölkerung auf dem Gebiet der heutigen Bundesrepublik seit Beginn der geschichtlichen Aufzeichnungen stark zugenommen. Nach Schätzungen lebten im bedeutend größeren Gebiet des Heiligen Römischen Reichs Deutscher Nation um 1500 etwa zwölf Millionen Menschen. Heute sind es in Deutschland über 83 Millionen. Die Entwicklung verlief allerdings nicht kontinuierlich aufwärts. Große Epidemien wie die Pest im späten Mittelalter, der Dreißigjährige Krieg und die beiden Weltkriege im 20. Jahrhundert forderten Millionen Opfer. Unter der nationalsozialistischen Herrschaft wurden die europäischen Juden aus den Ländern, in denen sie jahrhundertelang gelebt hatten, vertrieben und sechs Millionen von ihnen ermordet.

Aufnahme von Vertriebenen

Drei Wochen nach der deutschen Kapitulation, am 29. Mai 1945, veröffentlichten die britischen und amerikanischen Besatzungsbehörden eine Schätzung, nach der sich in ihren beiden Zonen 4,25 Millionen Menschen aufhielten, die als Zwangsarbeiter, Kriegsgefangene, KZ-Überlebende, Häftlinge oder aus anderen Gründen nach Deutschland verschleppt worden waren. Die meisten davon waren Russen, Franzosen und Polen.[46] Sie wurden als DPs, Displaced Persons, bezeichnet. Viele von ihnen waren froh, dass ihr Martyrium geendet hatte, und wollten so schnell wie möglich in ihre Heimatländer zurückkehren. Aber viele jüdische Überlebende der Vernichtungslager und ehemalige Zwangsarbeiter aus Osteuropa zogen es vor, in Deutschland zu bleiben, weil die Länder, aus denen sie kamen, unterdessen kommunistisch regiert wurden. So lebten im Sommer 1946 noch 6000 Juden in den DP-Sammellagern in Eschwege, Frankfurt-Zeilsheim und Lampertheim, von denen einige später in die USA und nach Palästina/Israel auswanderten. Allein in Hanau hatten sich zu dieser Zeit 7000 Polen und Litauer niedergelassen, von denen die meisten eine Rückführung durch die Weltflüchtlingsorganisation UNRRA ablehnten und sesshaft wurden.[47] Im Oktober 1948 lebten noch 82.000 Displaced Persons in Hessen. Die meisten von ihnen waren ehemalige russische Kriegsgefangene, die fürchteten, in der Sowjetunion bestraft zu werden,[48] weil Stalin die Gefangennahme als Verrat ansah. Ganz anders war es bei den ehemaligen deutschen Soldaten. Sie wollten möglichst schnell zu ihren Familien zurückkehren. Knapp elf Millionen deutsche Soldaten saßen am Ende des Krieges in britischer, amerikanischer, sowjetischer und französischer Gefangenschaft, etwa 350.000 waren in anderen Ländern wie Jugoslawien, Polen oder Belgien interniert. Während sich Amerikaner und Briten um eine zügige Rückführung bemühten, hatten Sowjets und Franzosen andere Interessen. Erst im Dezember 1948 kehrten die letzten ehemaligen deutschen Soldaten aus französischer Kriegsgefangenschaft zurück. Die Sowjetunion erklärte sich gar erst nach dem Besuch von Bundeskanzler Adenauer in Moskau bereit, die letzten deutschen Kriegsgefangenen im Januar 1956 zu entlassen.

Die DPs, die in Hessen bleiben wollten, und die ehemaligen Soldaten, die nach Hessen zurückkehrten, verschärften den Mangel an Wohnraum und Nahrungsmitteln.

Im Winter 1945/46 wurde überall gehungert, und im Winter 1946/47 litt ganz Europa unter einer Kältewelle mit zahlreichen Toten. Die großen Städte in Hessen lagen mit Ausnahme von Wiesbaden in Schutt und Asche. Unzerstörte Wohnungen gab es fast nur noch auf dem Land.

Die größte Herausforderung für die Verwaltung, die Nahrungsmittelversorgung und die gesamte Infrastruktur waren aber die Vertriebenen, die sich vor allem aus den abgetrennten deutschen Ostgebieten, aus der Tschechoslowakei, Ungarn und Rumänien in die Westzonen geflüchtet hatten. Bis Mitte 1949 stieg ihre Gesamtzahl auf über 650.000. Sie machten damit gut fünfzehn Prozent der hessischen Bevölkerung aus. Hinzu kamen über 200.000 evakuierte Menschen aus anderen deutschen Ländern und 48.000 Zuwanderer aus der Sowjetischen Besatzungszone (SBZ). Hessen lag jetzt direkt am Eisernen Vorhang, der den kapitalistischen Westen vom kommunistischen Osten trennte. Der Flüchtlingsstrom aus der Sowjetischen Besatzungszone (bzw. der 1949 gegründeten DDR) sollte auch später nicht abreißen. Ende 1949 wurden in Hessen fast eine Million neue Einwohner gezählt, die essen mussten, nicht frieren sollten, Kleidung und ein Dach über dem Kopf benötigten. Im Schnitt lebten zwei Menschen in einem Raum. Familien, die über genügend Platz verfügten, mussten zusammenrücken und Flüchtlinge aufnehmen. Das sorgte für böses Blut. Kaum jemand wollte freiwillig etwas abgeben. Die Solidarität stieß da an ihre Grenzen, wo es nur notdürftig für die eigene Familie langte.

»Niemand glaubte uns, dass wir mal etwas besessen, mal eine Heimat hatten, obwohl wir sogar Deutsche waren«, erinnerte sich der Schriftsteller Peter Härtling, der als 12-Jähriger aus dem mährischen Olmütz geflohen war. »Wir kamen eben aus anderen Ländern, waren Fremde, Flüchtlinge. Einmal wurde ich von einem Hund angefallen, der von seinem ›Herrn‹ auf Flüchtlinge abgerichtet worden war. Ich habe das nie vergessen.«[49]

Trotz der negativen Erfahrungen von Peter Härtling ging die Integration der Vertriebenen erstaunlich reibungslos vonstatten.

Der Historiker Rolf Messerschmidt führt das auf die Zwangseinweisungen in die privaten Haushalte zurück.

»Über diese Form der Unterbringung wuchs letztlich das Verständnis der einheimischen Bevölkerung für die Situation der Neubürger, auch wenn man sie nicht auf Dauer im eigenen Haus oder in der eigenen Wohnung haben wollte. Ferner wurde jedem Einheimischen gerade durch die Flüchtlingseinquartierungen und die klaren gesetzlichen Vorgaben nach gleichberechtigter Behandlung der Neubürger unmissverständlich deutlich gemacht, dass Weigerungen und Böswilligkeiten gegen die Flüchtlinge als Delikt geahndet wurden.«[50]

Trotz allem hielten sich die Vorurteile und das Misstrauen gegen die neu-hessischen Familien lange. Hessens Ministerpräsident Georg August Zinn setzte sich in seinen Amtszeiten mit Nachdruck für die Integration der Vertriebenen ein. Auch seine Reden bei Großveranstaltungen der Vertriebenenverbände und Landsmannschaften zeugen von seiner Zuwendung. 1954 ging er sogar eine Koalition mit dem Gesamtdeutschen Block/Bund der Heimatvertriebenen und Entrechteten (GB/BHE) ein, der im Parteienspektrum eher rechts angesiedelt war.

Die Integrationspolitik der Regierung Zinn galt schon in ihrer Anfangsphase als vorbildlich. Ein Höhepunkt war die Einführung des Hessentags als Heimatfest für alle Hessen. Neu- und Altbürger sollten gemeinsam feiern. Zum Abschluss des ersten Hessentags, der vom 30. Juni bis zum 2. Juli 1961 in Alsfeld stattfand, hielt Zinn eine programmatische Rede, deren Schlüsselsatz bis heute nachklingt.

»Hesse ist, wer Hesse sein will. Es ist kein Partikularismus, den wir treiben, wenn wir den Heimatgedanken pflegen. (…) Wir alle wissen, wie schwer der Verlust der Heimat ist, und empfinden deshalb mit unseren Flüchtlingen und Heimatvertriebenen, die hier bei uns in Hessen ein neues Zuhause fanden, nämlich dort, wohin das Schicksal den Menschen stellt, das Leben in der Gemeinschaft und für die Gemeinschaft zu meistern.«[51]

Trutzhain, ein Lernort deutscher und hessischer Geschichte

»Wann ich mir das erste Mal bewusst wurde, dass ich in einem ehemaligen Kriegsgefangenenlager aufwuchs, kann ich nicht sagen. Die Baracken waren für mich als Kind eine selbstverständliche Umgebung.«[52] Das schreibt der Schriftsteller Martin Grzimek in seinem Erinnerungsbuch *Trutzhain*. Seine Familie war aus Oberschlesien geflüchtet. In der ehemaligen Gemeinde, die heute mit ihren rund 700 Einwohnern zu Schwalmstadt gehört, ist er 1950 geboren worden und wuchs dort auf. Trutzhain war im Zweiten Weltkrieg das größte Kriegsgefangenenlager auf dem Gebiet des heutigen Hessen (STALAG IX A Ziegenhain) mit zeitweise mehr als 53.000 Gefangenen, unter ihnen auch der spätere französische Staatspräsident François Mitterrand. Nach der Befreiung internierten die Amerikaner dort deutsche NS-Funktionäre und Wehrmachtssoldaten. Im August 1946 wurde Trutzhain zum DP-Lager. Seit 1948 wies der Kreis Ziegenhain die Unterkünfte Flüchtlingen und Vertriebenen zu. Die meisten von ihnen blieben, wie die Eltern von Martin Grzimek. Aus dem Übergangslager entwickelte sich 1951 die Gemeinde Trutzhain. 2003 wurden in der ehemaligen Wachbaracke eine Gedenkstätte, ein Museum und ein Archiv eingerichtet.

Frühe Arbeitsmigration

Mitte der Fünfzigerjahre, als der Wiederaufbau zum Wirtschaftswunder geführt hatte, wurde jede Arbeitskraft gebraucht. Hessen hatte die niedrigste Arbeitslosenquote seit Kriegsende, und überall fehlten ausgebildete Facharbeiter und Hilfskräfte. Die Stimmen, die den Einsatz von ausländischen Arbeitskräften forderten, wurden immer lauter, und schließlich unterzeichnete die Bundesregierung 1955 ein erstes Anwerbeabkommen mit Italien, dem bald ähnliche Verträge mit Spanien, Griechenland, Portugal und anderen Ländern folgten. Parallel dazu, so der Wirtschaftshistoriker Gerd Hardach, warben einzelne Unternehmen selbstständig Arbeitskräfte im Ausland an.

»Die Bundesregierung nahm zunächst an, dass die ausländischen Arbeitskräfte nach einem kurzen Aufenthalt von ein bis zwei Jahren in ihre Heimatländer zurückkehren würden. Die Unternehmen, die einen längerfristigen Arbeitskräftebedarf hatten, sollten nach dem Rotationsprinzip jeweils neue Mitarbeiter einstellen. Daher kam der Begriff ›Gastarbeiter‹ auf, der den temporären Aufenthalt betonte und zugleich auch jeden Anklang an die unfreiwilligen ›Fremdarbeiter‹ der nationalsozialistischen Diktatur vermeiden sollte.«[53]

Die ersten »Gastarbeiter« in Hessen wurden 1956 von der Odenwälder Hartstein-Industrie in Ober-Ramstadt und von landwirtschaftlichen Betrieben eingestellt. Es folgten vor allem Unternehmen der Autoindustrie, des Baugewerbes und der Eisenverarbeitung. In Hessen waren im Juni 1966 fast 150.000 Erwerbstätige aus dem Ausland beschäftigt.[54] Und die Zahl stieg weiter. Ende Oktober 1971 schlossen die Bundesrepublik und die Türkei einen Vertrag zur Anwerbung türkischer Arbeitskräfte. Als die Ölkrise Ende 1973 die wirtschaftliche Entwicklung bremste, wies das Bundesarbeitsministerium seine Auslandsdienststellen an, keine weiteren Arbeitnehmer zu vermitteln. Dieser Anwerbestopp bedeutete das Ende der staatlich organisierten Arbeitsmigration, aber nicht das Ende der Beschäftigung von ausländischen Arbeitnehmerinnen und Arbeitnehmern, die zum Teil nicht mehr zurückkehren wollten und ihre Familien nach Deutschland holten oder neue Familien in Deutschland gründeten.

Flüchtlinge aus der DDR, Spätaussiedler und Asylsuchende

Weil sie nicht unter kommunistischer Herrschaft leben wollten oder als ehemalige Nationalsozialisten harte Strafen fürchten mussten, flohen schon kurz nach Kriegsende viele Deutsche aus der Sowjetischen Besatzungszone in die drei Westzonen. Die Fluchtbewegungen nahmen noch zu, als SPD und KPD zur Sozialistischen Einheitspartei Deutschlands, der SED, zwangsfusioniert wurden, große politische Schauprozesse mit hohen Haftstrafen oder gar der Todesstrafe endeten, sowjetisches Militär den Volksaufstand vom 17. Juni 1953 blutig niederschlug und sich schließlich die Anzeichen mehrten, dass die DDR-Führung die Grenze zu West-Berlin und der Bundesrepublik schließen würde. Aber auch noch nach dem Mauerbau und der martialischen Aufrüstung der Grenzanlagen verließen Menschen unter Lebensgefahr die DDR oder durften legal übersiedeln. Prominente Regierungsgegner wie Rudolf Bahro oder Wolf Biermann wurden ausgewiesen oder duften nicht mehr in die DDR zurückkehren. Die Wanderungsbewegung von der DDR in die Bundesrepublik war enorm. So hält es Ralf Ulrich von der Hochschule für Ökonomie in Berlin in seiner Untersuchung für »halbwegs realistisch«, von über drei Millionen Menschen zu sprechen, die vor 1945 ihren Wohnsitz auf dem Gebiet der späteren DDR hatten und bis August 1961 in die heutige Bundesrepublik übergesiedelt sind. »Nach dem Bau der Mauer bis 1988 weist die Statistik des Bundesausgleichsamtes eine Gesamtzahl von 616.066 Übersiedlern aus der DDR aus. Im Jahre 1989 sind 343.854 Menschen aus der DDR in die Bundesrepublik übergesiedelt: die höchste Zahl in der Geschichte der DDR. Damit ergibt sich von 1949 bis 1989 ein Verlust von vier Millionen Menschen für die DDR.«[55] Allerdings sind wahrscheinlich rund 400.000 wieder zurückgekehrt.

Vom Notaufnahmelager zum Ankunftszentrum – die hessische Erstaufnahmeeinrichtung in Gießen[56]

Wie viele Übersiedler aus der DDR sich Hessen als neue Heimat ausgesucht haben, ist statistisch nicht erfasst. Ein großer Teil von ihnen durchlief zunächst das Gießener »Notaufnahmelager«, das 1946 als vorübergehende Bleibe für Displaced Persons gegründet worden war. Gießen war zunächst eins von drei Lagern, die beiden anderen wurden nach dem Mauerbau geschlossen. Bis zur deutschen Vereinigung war Gießen für 900.000 Flüchtlinge und Übersiedler die erste Anlaufstelle im Westen.

Mit der deutschen Vereinigung fiel diese Funktion weg. Kurzzeitig wurden in der Einrichtung Kriegsflüchtlinge aus Jugoslawien betreut. Eine neue Aufgabe erhielt die »Hessische Ersteinrichtung für Flüchtlinge in Gießen« 1993, als sie zur zentralen Anlaufstelle für Spätaussiedler wurde. Unter dem Begriff Spätaussiedler werden alle Deutschstämmigen aus den ehemaligen Ostblockstaaten erfasst, die nach dem 31. Dezember 1992 im Rahmen eines gesetzlichen Aufnahmeverfahrens in die Bundesrepublik kamen und die deutsche Staatsbürgerschaft erhalten haben. Aussiedler vor diesem Stichtag gelten als Vertriebene und waren Deutsche im Sinn des Grundgesetzes.

Seit 1979 sind rund 270.000 Aussiedler und Spätaussiedler nach Hessen gekommen, davon rund 180.000 aus der Sowjetunion oder ihren Nachfolgestaaten. Viele von ihnen hatten in Kasachstan gelebt. Dorthin hatte Stalin die Wolgadeutschen 1941 deportieren lassen, aus Angst, die 400.000 deutschstämmigen Menschen könnten sich auf die Seite der Nationalsozialisten schlagen. Die Wolgadeutschen zählten zu den Auswanderern, die im 18. und 19. Jahrhundert ihre deutsche Heimat aus purer Not verlassen hatten, weil sie sich und ihre Familien nicht mehr ernähren konnten. Wirtschaftsflüchtlinge würden sie heute heißen. Unterdessen liegt die Zahl der pro Jahr in Hessen ankommenden Spätaussiedler bei unter 1000.

Eine Frau in der hessischen Erstaufnahmeeinrichtung (HEAE) in Gießen, 2023. Hier sind derzeit rund 3500 Menschen aus unterschiedlichen Ländern untergebracht, die von hier aus auf kommunale Einrichtungen verteilt werden.

Rund 30 Prozent aller Hessinnen und Hessen stammen heute aus Familien mit einer Vertriebenengeschichte oder einem Aussiedlerschicksal.[57] Für die Erstaufnahmeeinrichtung in Gießen bedeutete der starke Rückgang der Spätaussiedlerzahlen, dass sie sich heute vor allem um Menschen kümmert, die in Deutschland Asyl begehren. 2016 wurde das »Ankunftszentrum Gießen« eröffnet, in dem Bundes-, Landes- und kommunale Behörden zusammenarbeiten. 154.000 Menschen haben in der Aufnahmeeinrichtung des Landes Hessen zwischen 2015 und 2021 vorläufige Unterkunft gefunden.

Von Gießen aus werden die Asylsuchenden, die vorläufig in Hessen bleiben sollen, durch das Regierungspräsidium Darmstadt auf die 26 Landkreise und kreisfreien Städte verteilt, wo sie in Gemeinschaftsunterkünften versorgt werden. Für traumatisierte und psychisch belastete Geflüchtete sind vier Psychosoziale Zentren mit einem niedrigschwelligen Beratungs- und Betreuungsangebot eingerichtet worden. Über die Finanzierung von Versorgung und Unterbringung ist 2023 gestritten worden, nachdem die Zahl der Asylsuchenden seit 2020 wieder zugenommen hatte. Für die Landkreise und die Kommunen bedeuten die Errichtung von Gemeinschaftsunterkünften und ihr Betrieb, trotz staatlicher Mittelzuweisungen, eine erhebliche finanzielle Belastung. 2023 wurden knapp 23.000 Asylsuchende neu registriert, nach fast 18.000 im Jahr 2022.[58] Wie viele Asylsuchende ein Bundesland aufnehmen muss, wird nach dem sogenannten Königsteiner Schlüssel berechnet, der 1949 in Königstein beschlossen wurde, zunächst um die Kosten von überregional bedeutenden Forschungseinrichtungen gemeinsam zu tragen. Der Schlüssel berechnet sich zu einem Drittel nach der Bevölkerungszahl und zu zwei Dritteln nach dem Steueraufkommen des jeweiligen Landes. Er regelt heute generell die Länderanteile bei gemeinsamen Finanzierungen. Seit 2006 dient er auch für die Verteilung von Asylsuchenden. 2023 betrug der hessische Anteil 7,43709 Prozent.

Über 60 Prozent der Asylsuchenden in Hessen kamen 2022 aus Syrien, Afghanistan, der Türkei und dem Irak. Auf dem Flüchtlingsgipfel zwischen Bund und Ländern im Mai 2023 wurde die vom Bund gezahlte Pauschale um eine Milliarde Euro erhöht. Im Gegensatz zu anderen Bundesländern, in denen zum Teil heftig gegen den Bau von Gemeinschaftsunterkünften für Asylsuchende protestiert wurde, blieb es in Hessen weitgehend ruhig. Sorgen und Ängste besonders von Bewohnern kleiner Gemeinden, in denen Containerdörfer errichtet werden sollen, versuchen rechtsradikale Aktivisten für ihre politischen Ziele zu nutzen. Aber das sind Ausnahmen.

Auf eine überaus freundliche Aufnahme in Hessen stießen Kriegsflüchtlinge aus der Ukraine, nachdem das Land im Februar 2022 von russischem Militär überfallen worden war. Sie sind keine Asylsuchenden, sondern wollen meist nach Kriegsende wieder in ihre Heimat zurückkehren. Bis Ende 2022 kamen rund 88.000 Kriegsflüchtlinge aus der Ukraine nach Hessen, vor allem Frauen und Kinder, für die spezielle schulische Angebote entwickelt wurden. Als Kriegsflüchtlinge durchlaufen sie ein vereinfachtes Aufnahmeverfahren und können bei Verwandten, Freunden und Bekannten wohnen. Im Gegensatz zu Asylsuchenden dürfen Kriegsflüchtlinge einer Beschäftigung nachgehen. Sie werden dabei von den Arbeitsagenturen unterstützt.

Stadtleben – Landleben

Die Folgen der nationalsozialistischen Gewaltherrschaft mit Krieg und Vertreibung belastete das junge Bundesland Hessen sehr. Ausgebombte wollten in ihre Städte zurückkehren, und Geflüchtete mussten über Städte und Gemeinden so verteilt werden, dass keine neuen Konflikte entstanden.

1951 stellte Ministerpräsident Georg August Zinn in seiner Regierungserklärung den ersten seiner »Hessenpläne« vor, der vor allem auf die Heimatvertriebenen in Nordhessen zielte. Rund 100.000 von ihnen sollten in die südhessischen Ballungsräume umgesiedelt werden, wo die Industrieproduktion langsam, aber stetig anlief. Gleichzeitig wurde die Gründung von neuen Betrieben in Nordhessen gefördert. Um die ländlichen Regionen attraktiver zu machen und die nicht gewünschte Abwanderung der eingesessenen Bevölkerung zu verhindern, wurde im April 1952 ein Programm zur »Sozialen Aufrüstung des Dorfes« verabschiedet. In vielen Gemeinden gab es noch keine Kanalisation, Straßen waren nicht befestigt, und auch mit der Trinkwasserversorgung stand es nicht zum Besten. Das sollte sich nun ändern.

Das Dorfgemeinschaftshaus

Mit der Flurbereinigung entstanden wirtschaftliche Ackergrößen, und neue Gemeinschaftseinrichtungen wie Kindergärten, Jugendräume, Büchereien, Kühlhäuser, Backstuben, Waschküchen oder Obstmostereien stärkten das Zusammengehörigkeitsgefühl der Dorfbewohner.
Eine zentrale Rolle nahmen dabei die Dorfgemeinschaftshäuser ein. Hier sollte sich alles bündeln, was Haushalten auf dem Land noch fehlte: Waschräume, Schlachtmöglichkeiten, auch kulturelle Angebote. Das anfangs schleppende Vorhaben entwickelte sich zum Bestseller. Die Bürgermeister stünden Schlange, hieß es im zuständigen Sozialministerium. Schließlich beteiligte sich der Staat mit 50 Prozent der Kosten, aber gebaut wurden die Häuser in der Regie der Gemeinden, am besten im Eigenbau, um die Gemeinschaft zu fördern. So die Idee. 1977 wurde das 1000. Haus eröffnet, bis 1987 lief das Programm.
Zu diesem Zeitpunkt hatte sich der Zweck gewandelt. Die Gemeinschaftshäuser dienten als Jugendclub, Versammlungsort oder Kino. Das Europäische Institut für interkommunale Beziehungen und Studien fand die Idee so gut, dass es dem Europarat empfahl, das hessische Beispiel in anderen Ländern nachzuahmen. Allerdings war die Idee zwar in Deutschland einmalig, stammte aber aus Skandinavien, wo sie schon seit 100 Jahren bekannt war. Flankiert wurde die Offensive vom Bau von Kindergärten, Mittelpunktschulen und Landmaschinengemeinschaften.[59]

Den sozialen Wandel in den Dörfern, den Georg August Zinn als Ministerpräsident massiv vorangetrieben hatte, beschrieb er im März 1961 auf der Frühjahrstagung der Agrarsozialen Gesellschaft in Michelstadt so:

»Das idyllische Spitzwegzeitalter mit seiner nicht immer lebenswahren Dorfromantik geht zu Ende oder liegt schon hinter uns. In unseren Dörfern, ja man kann sagen, in den Dörfern aller europäischen Industrieländer spielt sich heute eine soziale und ökonomische Umwälzung ab wie kaum zuvor in der abendländischen Geschichte. [...] Schneller als erwartet und einschneidender als befürchtet wird das Altgewohnte, all das, was sich durch Generationen erhalten und bewährt hat, in Frage gestellt. Und so müssen wir uns mit neuen Vorstellungen vertraut machen. Wir haben die Aufgabe, eine neue Agrarpolitik zu entwickeln, um dem Dorf den ihm zukommenden Platz in einer sich rasch ändernden gesellschaftlichen Ordnung zu verschaffen und dem Lande die Chance zu geben, bestehen zu können.«[60]

Die neue Agrarpolitik, von der Zinn sprach, hatte erhebliche Folgen für die Land- und Forstwirtschaft in Hessen. Durch die Flurbereinigung entstanden größere Betriebe, während kleinere, unwirtschaftliche aufgeben mussten. Bis 1970 gingen so zwei Drittel der Arbeitsplätze verloren – mit gravierenden Folgen für die Bevölkerungsentwicklung auf dem Land. Der industrielle Sektor legte zunächst stark zu, aber auch er war spätestens seit der Ölkrise 1973 vom Strukturwandel betroffen. Bergbau und Eisenverarbeitung, traditionelle Industrien in Hessen, verloren stark an Gewicht. Dafür wuchs der Dienstleistungsbereich.

Frankfurt mit Börse, Großbanken und der Deutschen Bundesbank stieg zum unbestrittenen Finanzzentrum der Bundesrepublik Deutschlands auf. Die größte Stadt Hessens war auch der Mittelpunkt des wirtschaftlich dominierenden Rhein-Main-Gebiets, mit dem die Industrieregionen Kassel und Lahn-Dill nicht konkurrieren konnten. Wirtschaftliches und politisches Sorgenkind blieb das Zonenrandgebiet, das schwer darunter litt, nicht mehr über ein einwohnerstarkes Hinterland zu verfügen.

Durch den Bedeutungsverlust der Landwirtschaft und den Abbau von Arbeitsplätzen gerieten besonders die kleinen Landgemeinden und die wirtschaftsschwachen Landkreise in finanzielle Probleme.

Zankapfel Gebietsreform

Zu Beginn der Siebzigerjahre gab es in Hessen 2682 Gemeinden und Städte, neun kreisfreie Städte und 39 Landkreise. Für eine effektive, kostengünstige und zukunftsorientierte Verwaltung waren diese zum Teil Klein- und Kleinstgebilde nicht geeignet. Dafür hatten sie tiefreichende historische Wurzeln und eine unübertroffene Bürgernähe. Als die Landesregierung daran ging, die kommunale Struktur in Hessen grundlegend zu straffen, unterschätzte sie die lokalen Befindlichkeiten der Bürger, denen das Vertraute und Überschaubare wichtiger war als die wirtschaftliche Vernunft. So geriet die Gebietsreform zum Zankapfel. In manchen Dörfern entstanden kleine Bürgerbewegungen, die den Zusammenschluss mit anderen Gemeinden oder die Angliederung an eine benachbarte Stadt verhindern wollten. Die Landesregierung ignorierte diese Bedenken und setzte ihre Pläne rigoros um. Am Ende blieben 421 Gemeinden (und Städte), fünf kreisfreie Städte und 21 Landkreise übrig. Zusätzlich entstand der neue Regierungsbezirk Gießen.

Folgen der deutschen Vereinigung

Einen weiteren gravierenden Einschnitt für Hessen brachte der Beitritt der ehemaligen DDR zur Bundesrepublik und die damit verbundene Errichtung von fünf neuen Bundesländern. Mit der Wiedervereinigung verbanden sich große Hoffnungen. Nord- und Osthessen waren in das Zentrum Deutschlands gerückt. Aber der mächtige wirtschaftliche Schub, den die Menschen in den strukturschwachen Regionen erwartet hatten, blieb zunächst aus. Denn statt des Aufschwungs kam der Abbau, als die Förderung von Firmen in dem ehemaligen Zonenrandgebiet eingestellt wurde. Betriebe gaben ihre Produktionsstätten auf oder mussten wie die renommierte Strickwarenfabrik Bode in Wanfried Konkurs anmelden.

1990 hatte Wanfried 1323 Arbeitsplätze, 2005 nur noch 660. Für die Gemeinden und kleinen Städte war der Verlust von Arbeitsplätzen eine Katastrophe, denn er bedeutete, dass gerade Jüngere mit ihren Familien wegzogen.

Es dauerte lange, bis diese Entwicklung nicht nur bejammert wurde, sondern Konzepte entstanden, wie gegengesteuert werden konnte. Auf dem ehemaligen Firmengelände von Bode in Wanfried zum Beispiel ist ein Gewerbepark entstanden. Die Stadt wirbt mit einem niedrigen Gewerbesteuersatz, Investitionszuschüssen und einer guten Verkehrsanbindung. Ende der Achtzigerjahre hatte Wanfried noch 5000 Einwohner, heute sind es 4200. Aber die Bürger stemmten sich gegen diese Entwicklung, renovierten Fachwerkhäuser und vermittelten sie an Neubürger.

Land hat Zukunft

2018 hat die hessische Landesregierung unter dem Titel »Land hat Zukunft« eine »Offensive für die ländlichen Räume« gestartet. Grundlage ist der Aktionsplan »Starkes Land – Gutes Leben«, der kontinuierlich fortgeschrieben wird. Ziel ist es, wichtige Einrichtungen der Bildung und Erziehung, der medizinischen Versorgung, der Verwaltung und der wirtschaftlichen Infrastruktur zu erhalten und weiterzuentwickeln. Dazu gehören auch der Ausbau von schnellem Internet, Fragen der Mobilität und spezielle Programme für kulturelle Aktivitäten. Um Synergien zu fördern, wurde 2022 das »Kompetenznetzwerk Ländliche Räume« gegründet, das Institutionen, Organisationen und Verbände zusammenbringt.

Das Geld dafür scheint gut angelegt, denn das Leben auf dem Land in Hessen ist attraktiver geworden. Das belegt eine Studie des Berlin-Instituts für Bevölkerung und Entwicklung, die im Mai 2023 veröffentlicht wurde. Die Forschergruppe verglich die Wanderungsbewegungen in Hessen in den beiden Zeiträumen 2009 bis 2011 und 2019 bis 2021. Ihr Fazit: »In Nord-, Mittel- und Südhessen findet sich überall der gleiche Trend im Wanderungsgeschehen: Die Landgemeinden und Kleinstädte legten im Saldo im Untersuchungszeitraum am meisten zu, während die Großstädte verloren.

In Nord- und Mittelhessen stiegen die Bilanzen der Landgemeinden am stärksten: Sie hatten 2009 bis 2011 noch Wanderungsverluste von knapp fünf Personen pro tausend Einwohner und Einwohnerinnen zu verzeichnen – im Zeitraum 2019 bis 2021 gewannen sie fast so viele Personen durch Umzüge hinzu.«[61]

Ein wesentlicher Grund dafür sind die stark gestiegenen Mieten und Preise für Wohneigentum in den Großstädten. »So kostete eine Mietwohnung in Frankfurt am Main im Jahr 2022 im Schnitt pro Quadratmeter mehr als doppelt so viel wie in manchen ländlichen Landkreisen wie dem Werra-Meißner-Kreis oder dem Vogelsbergkreis.«[62] Flexible und mobile Arbeitsmodelle bieten eine größere Freiheit bei der Wahl des Wohnorts als ein Jahrzehnt zuvor. Dieser Trend wurde durch die Corona-Pandemie noch verstärkt. »Bei einer Befragung des Deutschen Innovationsinstituts für Nachhaltigkeit gaben im Jahr 2022 ganze 85 Prozent der teilnehmenden Unternehmen aus Hessen an, dass sie ihren Angestellten weiterhin mobiles Arbeiten ermöglichen wollen.«[63] Zudem war während des Lockdowns mit den Beschränkungen auf die eigene Wohnung bei vielen Familien in den größeren Städten der Wunsch nach mehr Naturnähe aufgekommen.

Bei genauer Betrachtung der Untersuchung ergibt sich ein sehr differenziertes Bild. Denn obwohl mehr Menschen in Hessen aufs Land gezogen sind, schrumpfen zahlreiche Landgemeinden und Kleinstädte weiterhin »aufgrund der natürlichen Bevölkerungsentwicklung«. Das heißt: Es sterben mehr Menschen als geboren werden. Das gilt vor allem für Nord- und Mittelhessen. Großstädte wie Frankfurt oder Kassel verlieren zwar Einwohner durch die Binnenwanderung innerhalb Deutschlands, gewinnen aber neue durch die internationale Zuwanderung.

»Von 2019 bis 2021 zogen pro Jahr [in Hessen] durchschnittlich etwa 25.500 Personen mehr aus dem Ausland zu als über die Grenzen Deutschlands abwanderten.«[64] So hatte Frankfurt 1995 rund 650.000 Einwohner, 2022 waren es fast 768.000. Die Stadt Kassel, die 1997 unter die 200.000er-Grenze gerutscht war, erreichte 2022 mit knapp 208.000 Einwohnern den höchsten Wert seit fast 50 Jahren. Wiesbaden steigerte seine Einwohnerzahl von 267.000 im Jahr 1995 auf 296.000 im Jahr 2022. Einen großen Sprung machte in diesem Zeitraum auch Darmstadt von 139.000 auf 164.500. Offenbach wuchs von 116.500 auf über 134.000. Das Beispiel Offenbach mit einem Anteil von 41,4 Prozent »Nichtdeutscher« (wie es in der Statistik heißt) macht deutlich, woher der Zuwachs kam. In der Stadt sind über 150 Nationen vertreten. Hessens jüngste Großstadt ist Hanau, die 2020 die 100.000er Marke überschritt.

Die ländlichen Regionen gewinnen Neubürgerinnen und -bürger vor allem durch innerdeutsche Umzüge, vorrangig von Familien. Gleichzeitig ziehen junge Menschen zum Studium oder Berufsstart seltener vom Land weg. »Während ein Viertel der Landbevölkerung Hessens im Ruhestandsalter ist, waren nur sieben Prozent der Personen, die 2021 neu in eine hessische Landgemeinde zogen, 65 Jahre und älter. Stattdessen zogen vor allem 30- bis 50-Jährige zu – sie haben oft bereits Kinder oder wollen auf dem Land eine Familie gründen.«[65] Die jüngeren Familien sorgen nicht nur für Kaufkraft, sondern entwickeln auch neue Ideen vor allem für das soziale Miteinander. Der Zuzug und das Bleiben können die Alterung auf dem Land aber nur abmildern. Es bestehen weiterhin große Unterschiede in der Altersstruktur zwischen Gemeinden und Städten. Die »jüngste« Stadt Hessens ist, auch wegen der Universität, Gießen mit einem Durchschnittsalter von 38,2 Jahren. Die im Schnitt ältesten Hessinnen und Hessen mit genau 50 Jahren leben in Grebenau im Vogelsbergkreis.

In Hessen waren Ende 2022 14,4 Prozent der Bevölkerung unter 15 Jahren, 64,5 Prozent zwischen 15 und 65 Jahre und 21,1 Prozent über 65. Die Landkreise mit den meisten über 65-Jährigen sind mit 26,1 Prozent der Werra-Meißner-Kreis, mit 25,5 Prozent der Vogelsbergkreis, mit 25,3 Prozent der Landkreis Kassel und mit 24,8 Prozent der Odenwaldkreis, während es zum Beispiel in Frankfurt nur 15,8 Prozent sind.[66]

Gravierende Unterschiede gibt es auch bei der Bevölkerungsdichte. Im Vogelsbergkreis kommen, statistisch gesehen, nur 72,4 Einwohner auf einen Quadratkilometer, während es im Main-Taunus-Kreis, dem am dichtesten besiedelten Landkreis in Hessen, 1075,3 sind. In Frankfurt und Offenbach drängen sich sogar um die 3000 Menschen auf einem einzigen Quadratkilometer.[67]

Ständiger Wandel

Beim Blick auf die hessische Bevölkerungsstatistik fällt ein Trend besonders auf. Von 1990 bis Ende 2021 hat sich der Anteil der Ledigen von 37,8 auf 44,6 Prozent erhöht, während im gleichen Zeitraum der Anteil der verheirateten Hessinnen und Hessen (inklusive Lebenspartnerschaften) deutlich abnahm und nur noch bei 41,6 Prozent liegt. Bei Familien mit Kindern gibt es über einen längeren Zeitraum gesehen keine eindeutige Entwicklung. Im Vergleich zu 2010 haben die Familien mit einem Kind im Jahr 2022 leicht abgenommen (ca. 452.000), und die Zahl der Familien mit zwei Kindern ist etwa gleichgeblieben (ca. 333.000). Stark gewachsen, von 103.000 auf 128.000, ist aber die Zahl der Familien mit drei und mehr Kindern. Die Geburtenrate, die zwischen 1997 und 2009 kontinuierlich gesunken war, stieg wieder und erreichte 2021 mit 61.546 Geburten den höchsten Stand seit 1997, sank aber 2022 wieder auf 57.400. Diese Zahlen sind weit von dem geburtenstärksten Jahrgang 1964 entfernt, als 88 170 Kinder das Licht der hessischen Welt erblickten. Dagegen hat sich die Lebenserwartung deutlich erhöht. 1952 lag sie für Frauen bei 69 Jahren und für Männer bei 66 Jahren. 2020 konnte ein Neugeborenes damit rechnen, 83 bzw. 79 Jahre alt zu werden.

Dass die Geburtenrate wieder zunahm, ist vor allem der nichtdeutschen Bevölkerung zu verdanken. Ende 2022 lebten rund 1,3 Millionen Ausländerinnen und Ausländer in Hessen. Das waren 126.800 oder 11 Prozent mehr als ein Jahr zuvor. Rund 511.000 davon kamen aus EU-Mitgliedsstaaten. Die größte ausländische Bevölkerungsgruppe waren türkische Staatsangehörige mit knapp 159.600 Personen. Stark erhöht hat sich die Zahl der Ukrainerinnen und Ukrainer, und zwar um 700 Prozent auf über 88.000. Der Grund dafür ist der Krieg, den Russland gegen das Land begonnen hat. Auf den weiteren Plätzen folgen Personen aus Rumänien (82.000), Polen (80 400), Italien (74.100), Syrien (60.700) und Kroatien (57.300). Fast ein Fünftel aller Ausländerinnen und Ausländer lebte in Frankfurt.[68]

Die Bevölkerungsentwicklung in Hessen hat auch Auswirkungen auf die Religionszugehörigkeit. In Hessen sind rund fünf Prozent Muslime. Ende 2020 bekannten sich 31,6 Prozent der Hessinnen und Hessen zur evangelischen Kirche (in Hessen und Nassau, im Rheinland und von Kurhessen-Waldeck) und 21,2 Prozent zur katholischen Kirche mit den Bistümern Fulda, Limburg und Mainz. Durch zahlreiche Austritte (nach den bekannt gewordenen Skandalen über sexuellen Missbrauch und Misshandlungen in Kinderheimen, aber auch aus anderen Gründen) sind unterdessen nur noch knapp über 50 Prozent Mitglieder einer christlichen Kirche in Hessen, etwa ein Prozent gehört einer sonstigen Religionsgemeinschaft an. Allein die Evangelische Kirche von Hessen und Nassau verlor 2022 etwa 30.000 Gläubige.

Anders sieht es bei den jüdischen Gemeinden in Hessen aus. Nach der Verfolgung und Ermordung der meisten in Hessen lebenden Juden durch die Nationalsozialisten entstanden schon kurz nach Ende des Krieges in Hessen jüdische Gemeinden neu. Der Landesverband der Jüdischen Gemeinden in Hessen wurde am 3. Juni 1948 in Frankfurt gegründet. Nur wenige Juden, die den Holocaust überlebt hatten, wollten in Deutschland bleiben und beteiligten sich aktiv an den Neugründungen. Die jüdischen Gemeinden nahmen vor allem Juden aus den osteuropäischen Ländern auf,

Die 1988 zum 50. Jahrestag der Reichspogromnacht eingeweihte Neue Synagoge in Darmstadt

die kommunistisch geworden waren. Dem Landesverband gehören heute die jüdischen Gemeinden in Bad Nauheim, Darmstadt, Fulda, Gießen, Hanau, Kassel, Limburg-Weilburg, Marburg, Offenbach und Wiesbaden an. Die Mitgliederzahl der Gemeinden wuchs von 1563 im Jahr 1971 auf 4269 Mitte 2023. Die größte jüdische Gemeinde in Hessen ist die Frankfurter. Sie gehört nicht dem Landesverband an. Bereits im Juli 1945 wurde sie im Auftrag der amerikanischen Militärbehörde gegründet, von Frankfurter Juden und von polnischen Überlebenden des Holocaust, die in DP-Lagern untergebracht waren. Im Januar 1947 wurde der erste Gemeindevorstand gewählt. Starke Zuwächse bekam die Gemeinde nach dem Aufstand in Ungarn 1956, dem Prager Frühling 1968 und antisemitischen Ausschreitungen in Polen. Nachdem Juden 1989 die Ausreise aus der Sowjetunion erlaubt worden war, hat sich die jüdische Bevölkerung in der Bundesrepublik mehr als verdreifacht. Die jüdische Gemeinde in Frankfurt ist heute nach Berlin die zweitgrößte in Deutschland und »ein fester Bestandteil der Stadtgemeinschaft«[69]. Das heißt auch, dass Mitglieder der jüdischen Gemeinde die Auseinandersetzungen in der Stadtpolitik nicht scheuen, so 1985 über die Frage, ob das Theaterstück *Der Müll, die Stadt und der Tod* von Rainer Werner Fassbinder aufgeführt werden dürfe, 1987 bei den Ausgrabungen am Börneplatz oder 1998 nach der umstrittenen Friedenspreisrede von Martin Walser.[70]

2022 stieg die Mitgliederzahl aller jüdischen Gemeinden in Hessen auf 11.600. Großen Anteil daran hatte die jüdische Gemeinde in Frankfurt mit 543 Neumitgliedern, allein 344 aus den ehemaligen Staaten der Sowjetunion.

Perspektiven

Die Altersstruktur der Bevölkerung in Hessen hat sich in den letzten Jahrzehnten stark gewandelt. 1970 war fast jeder dritte Einwohner jünger als 20 Jahre. Heute ist es nicht einmal jeder Fünfte. Der Anteil der über 65-Jährigen stieg im selben Zeitraum von 13 auf 21 Prozent. Mit 44,1 Jahren lag das Durchschnittsalter der hessischen Bevölkerung allerdings noch unter dem Bundesdurchschnitt. Es ist wahrscheinlich, dass das Durchschnittsalter in den nächsten Jahren noch steigen wird. Denn Hessen hat ein leistungsstarkes Gesundheitswesen mit 151 Krankenhäusern, in denen 2019 über 15.000 Ärztinnen und Ärzte arbeiteten, sowie über 11.000 niedergelassenen Ärztinnen und Ärzten. Jeder Hausarzt und jede Hausärztin ist für etwa 1670 Einwohner zuständig. Für ländliche Gebiete gibt es unterdessen eine Ansiedlungsförderung und weitere Vergünstigungen, um auch dort die Versorgung zu sichern. Fachkräfte fehlen allerdings überall, in den Krankenhäusern, Arztpraxen und den Pflegeheimen. Denn wenn die Bevölkerung immer älter wird, steigt der Bedarf an Pflegepersonal. In Hessen haben 2021 über 368.000 Menschen Leistungen aus der sozialen Pflegeversicherung erhalten. Das waren 19 Prozent mehr als 2019.[71] Für 2035 wird mit einem Mehrbedarf an Pflegekräften von über 22 Prozent gerechnet.[72] Zudem gehen die geburtenstarken Jahrgänge der Fünfziger- und Sechzigerjahre langsam in den Ruhestand oder sind bereits dort angekommen. Die Alterspyramide wird sich damit in der jetzigen Spitze zwischen 50 und 65 Jahren abflachen und erst bei 80 Jahren langsam abfallen.

Im März 2023 veröffentlichte das Statistische Landesamt eine regionalisierte Bevölkerungsvorausberechnung für Hessen bis 2070. Danach wird die Zahl der Menschen in Hessen bis 2037 auf knapp 6,5 Millionen ansteigen und danach kontinuierlich absinken bis auf rund 6,4 Millionen im Jahr 2070. Die Prognosen decken sich mit der Studie des Berlin-Instituts. Durch den demografischen Wandel werden besonders in den Gemeinden und Städten Nord- und Mittelhessens die Wanderungsgewinne nicht mehr ausreichen, um die Sterbefallüberschüsse auszugleichen. Da auch das Durchschnittsalter in den Großstädten moderat und in den ländlichen Kreisen stärker ansteigen wird, dürfte der Mangel an Arbeitskräften noch stark zunehmen.[73]

Nach einer im Februar 2023 vom Hessischen Ministerium für Soziales und Integration veröffentlichten Studie werden bis 2028 178.470 Arbeits- und Fachkräfte fehlen. Das entspricht sechs Prozent der sozialversicherungspflichtig oder geringfügig Beschäftigten im Jahr 2021. In der Studie wird ein ganzes Bündel von Handlungsansätzen benannt. Die relevanteste Zielgruppe sind dabei junge Menschen in oder vor der betrieblichen Berufsausbildung, denen u. a. bereits während der Schulzeit gezielt notwendige Kompetenzen für den Arbeitsmarkt vermittelt werden sollen. Als »große und besonders relevante Zielgruppe« werden die Frauen genannt, »deren Potentiale für den Arbeitsmarkt noch immer nicht vollständig erschlossen sind. Frauen in Hessen wiesen im Jahr 2021 im Durchschnitt eine niedrigere Erwerbsquote auf als Männer (Frauen 69,4 Prozent, Männer 78,0 Prozent), sind häufiger in Teilzeit beschäftigt (Frauen 41,9 Prozent, Männer 11,8 Prozent) und nehmen seltener Führungspositionen in Betrieben oder der öffentlichen Verwaltung ein«[74]. Um das kurz- bis mittelfristig ändern zu können, macht die Studie konkrete Vorschläge. Weitere relevante Gruppen »mit Potentialen für den hessischen Arbeitsmarkt seien u. a. ältere Beschäftigte, Menschen mit Behinderung, »Studienzweiflerinnen und Studienzweifler«, Quereinsteigerinnen und -einsteiger sowie Menschen in Arbeitslosigkeit. Geflüchtete und Menschen mit Migrationshintergrund könnten »einen wertvollen Beitrag zur Abschwächung des Fachkräftemangels in den kommenden Jahren leisten, insbesondere da diese Zielgruppen durch ihre vergleichsweise junge Altersstruktur aktiv der Alterung der deutschen Gesellschaft entgegenwirken und so den demografischen Wandel mildern können«.[75]

Um die Umsetzung der in der Studie vorgestellten Ideen voranzutreiben, hat die Landesregierung die Initiative »Zukunftsgerecht und regional: Fachkräftesicherung in Hessen« ins Leben gerufen und 2023 »Zukunftswerkstätten vor Ort« eingerichtet, in denen sich alle regional relevanten Institutionen und Unternehmen miteinander vernetzen können.

UNESCO-WELTKULTURERBE
Bergpark Wilhelmshöhe

VON MÄRCHENSAMMLERN, STORYTELLERN UND HIMMELSSTÜRMERN

Hessen und seine Regionen

Hessens Norden

Im Februar 2022 genehmigte das Regierungspräsidium Kassel den Bau von 18 Windkraftanlagen im nordhessischen Reinhardswald. Das Projekt ist ein ambitionierter Schritt in Richtung Klimaschutz und Energiewende, und könnte Hessens größter Windpark werden. Bei 241 Metern Gesamthöhe und Rotorköpfen mit 150 Metern Durchmesser sollten die Windräder ab Ende 2023 rund 300.000 Megawattstunden regenerative Energie im Jahr produzieren, genug für die Versorgung von 75.000 Haushalten.[76] Der Genehmigung war ein umfangreiches Beteiligungsverfahren vorausgegangen, und so wähnte man sich in Nordhessen auf einem guten Weg beim Ausbau der Windenergie.

Doch dann erwachte im Boden des Reinhardswaldes die Haselmaus aus dem Winterschlaf, krabbelte auf die Bühne des behördlichen Geschehens – und sorgte für einen Baustopp. Den Lebensbedürfnissen des streng geschützten Nagers sei nicht ausreichend Genüge getan, entschied Hessens oberstes Verwaltungsgericht in Kassel, die Tiere fänden kein Ausweichquartier in angemessenem Abstand zu den Anlagen. Das Gericht legte das Windparkvorhaben auf Eis, Anwohner und Naturschützer jubelten. Bei aller Einsicht für den Klimaschutz hatten sie schon lange auf die Gefährdung bedrohter Arten hingewiesen und gemeinsam mit etlichen Gemeinden um die touristische Qualität der Region gefürchtet.

Das Beispiel zeigt: Nordhessen balanciert auf dem mitunter schmalen Grat zwischen Zukunftsfähigkeit und Bestandswahrung. Innovare und konservare, erneuern und erhalten, das sind die Pole, zwischen denen sich die regionale Entwicklung bewegt – und zugleich die beiden Faktoren, die das Tempo bestimmen. Bisweilen liegen sie so nah beieinander wie Klima- und Naturschutz.

Ein ähnliches Spannungsfeld zwischen Bestandspflege und Erneuerung bietet sich allen, die sich von Norden her aus dem Ostwestfälischen über die Autobahn A44 oder aus Niedersachsen über die A7 Hessens nördlichster Großstadt nähern. Schon kurz hinter der Landesgrenze öffnet sich ein herrlicher Blick auf eine sanft gewellte Ebene. Drumherum wie ein grüner Kranz die bewaldeten Höhen mehrerer Mittelgebirgsausläufer – der Reinhardswald im Norden und, im Uhrzeigersinn, der Kaufunger Wald, Söhre, die Langenberge und der Habichtswald. Inmitten des beschaulichen Beckens liegt Kassel – mit gut 200.000 Einwohnern[77] drittgrößte Stadt Hessens nach Frankfurt und Wiesbaden.

Gestern und Morgen im Blick: die Stadt Kassel

Kassel brummt. Hier wird gern und gut gelebt, gearbeitet und gewirtschaftet, regelmäßig attestieren City-Rankings wie das der Deutschen Wirtschaft der Stadt gute Plätze im vorderen Mittelfeld.[78] Auf die Geschichte der einstigen Residenzstadt verweisen zahlreiche prachtvolle Gebäude und Anlagen. Buchstäblich herausragend: der Bergpark Wilhelmshöhe mit dem gleichnamigen Schloss, den bis heute ohne Pumpen funktionierenden barocken Wasserspielen und dem begehbaren Herkules-Monument; seit 2013 gehört das europaweit einmalige Ensemble zum UNESCO-Weltkulturerbe.

Bei aller Geschichtspflege hat Kassel stets die Zukunft im Blick, im Kleinen wie im Großen. 1953 installierte die Stadt mit der Treppenstraße die erste Fußgängerzone Deutschlands. Seit 1955 wird sie mit der documenta, der weltweit größten Ausstellung für zeitgenössische Kunst, alle fünf Jahre zum Ziel und Debattenzentrum der internationalen Kulturszene. 1961 brachte die Stadt der Bundesrepublik die Parkscheibe. 1971 eröffnete das Land in der Stadt die bundesweit erste Gesamthochschule.

Letztere, seit 2003 die Universität Kassel, ist Motor für Innovationen, mit Nutzen für die Welt – und für die Region Nordhessen. So forscht am Standort Witzenhausen der Fachbereich »Ökologische Agrarwissenschaften« praxisnah zur Nachhaltigkeit im Landbau. Mit dem Leuchtturmprojekt »Agroforst« etwa, einer alten

Man walking to the sky, auch Himmelsstürmer genannt, Skulptur von Jonathan Borofsky am Kulturbahnhof in Kassel

Bewirtschaftungsform, die Feldkulturen gezielt mit exotischen Bäumen und Sträuchern kombiniert, machen Agrarwissenschaftler aus dem Umfeld der Hochschule und des Landes Hessen heimische Landwirte fit für den Klimawandel.[79] Kunststoff-Experten der Kasseler Uni entwickeln gemeinsam mit regionalen Unternehmen neue Anwendungen für Polymere.[80] Ein Team von Biologen geht der Frage nach, wie der allsommerliche Blaualgenbefall vieler Seen im Land zur umweltfreundlichen Energiequelle umgenutzt werden kann.[81]

Zwei Wissenschaftlern von Weltruhm hat die Stadt Kassel 2015 mit der »Grimmwelt« ein Denkmal gesetzt – und sie zugleich ins Hier und Jetzt geholt. Das auch architektonisch sehenswerte museale Erlebnishaus präsentiert das gesamte Schaffen der Brüder Jacob und Wilhelm Grimm, ihre Sprachforschung, die Entstehung ihres fundamentalen Deutschen Wörterbuchs, ihre Bedeutung für die Germanistik und die deutsche Sprache sowie ihre berühmte Märchensammlung. Ihr persönliches Handexemplar der *Kinder- und Hausmärchen*, ebenfalls in der Grimmwelt zu bestaunen, zählt seit 2005 zum UNESCO-Weltdokumentenerbe.

Unterwegs im Märchenland

Auf die Leidenschaft des Märchensammelns konzentriert sich die aktuelle Karriere der Brüder Grimm, in ihrer Rolle als Markenbotschafter der »Grimmheimat Nordhessen«. Unter diesem Label vermarktet die Region sich und ihre pittoresken Fachwerkstädtchen, Burgen und Ruinen touristisch – und vereint so aufs Schönste das Märchenerzählen von einst mit dem Storytelling von heute. Roter Faden der regionalen Märchen-PR sind jene Orte, an denen sich die meist mündlich überlieferten Geschichten zugetragen haben könnten.

So gelangt man östlich von Kassel, im Werra-Meißner-Kreis, ins Reich der Frau Holle. Schüttelte sie ehedem oben auf dem Hohen Meißner – ihrem Hausberg unweit Eschwege[82] – die Betten aus, stoben die Federn wie Schnee. Kochte sie, stiegen die Wasserdämpfe wie Nebelschwaden gen Himmel. Wenig erstaunlich, dass aus Meteorologen-Sicht am Hohen Meißner der Schnee öfter fällt und länger liegt, und sein Gipfel bisweilen wolkenumhüllt ist. Im HOLLEUM, dem Frau-Holle-Museum in Hessisch-Lichtenau, ist außerdem zu erfahren, dass die resolute Märchenfrau eitle Mädchen in die Meißnerhöhle »Kitzkammer« verbannte und man sie selbst zuweilen heute noch um die Mittagsstunde im Holle-Teich am Fuß des Meißners baden sehen kann.[83]

Auch weitere Gegenden Nordhessens lassen sich derart märchenhaft erkunden. Vom Turm der Trendelburg etwa, ganz im Norden des Landkreises Kassel, könnte Rapunzel ihr Haar hinabgelassen, in der Sababurg im dichten Reinhardswald Dornröschen hundert Jahre verschlafen haben. Wolfhagen, wo der jüngste Grimm-Bruder Ludwig Emil 1814 als Leutnant stationiert war, reklamiert den Wolf und die sieben Geißlein für sich, und Rotkäppchens Schicksal führt in den Schwalm-Eder-Kreis. Zur dort üblichen Schwälmer Frauentracht gehörte immer schon eine Kappe; war sie rot, wies sie die Trägerin als ledig aus.

Da stört es die regionale Erzählfreude wenig, dass die Literaturwissenschaft das Märchen vom Rotkäppchen inzwischen als französischen Import verifiziert hat[84], mitgebracht von den Hugenotten, die in Nordhessen vielerorts und insbesondere in der eigens für sie gegründeten Gemeinde Karlshafen Zuflucht und Bleibe fanden.

Hinter rund sieben Bergen westlich könnten die Einraumhäuser der Siedlung Bergfreiheit in Bad Wildungen frühe Tiny-House-Herberge für Schneewittchen und die sieben Zwerge gewesen sein. Zu seinem Namen kam das mittelalterliche Bergwerksdörfchen 1561, als Graf Samuel von Waldeck den Bergleuten als Dank für die harte und gefährliche Arbeit in der Erzmine die sogenannten Bergfreiheiten gewährte – vor allem die Versorgung mit Bau- und Brennholz sowie besondere Steuer-, Gewerbe- und Wahlrechte. Heute beherbergt das Örtchen Hessens ältestes Bergamt mit Informationen zur nur gut 30 Jahre währenden Bergwerksgeschichte der Region sowie einen Besucherstollen, in dem einst auch Kinder zur Arbeit herangezogen wurden.

Im Nordwesten ein UNESCO-Weltnaturerbe …

Das selbsternannte Schneewittchendorf Bergfreiheit liegt im Nationalpark Kellerwald-Edersee. Nach seiner jüngsten Erweiterung 2020 erstreckt sich dieses natürliche Schutzgebiet »besonderer Eigenart«, wie Nationalparks im Bundesnaturschutzgesetz definiert sind, über eine Fläche von 76,88 Quadratkilometer (7688 Hektar). Ein gigantisches Ökosystem, soweit das Auge reicht. Dicht bewaldete Mittelgebirgshöhen, Täler und mehr als 800 Quellen, die zu Bächen, Flussläufen und Seen zusammenlaufen. Herzstück des Nationalparks ist ein Rotbuchenwald, der seit 2011 zum UNESCO-Weltnaturerbe »Alte Buchenwälder und Buchenurwälder der Karpaten und anderer Regionen Europas« gehört. Durch diese über Jahrhunderte gewachsene und bewusst sich selbst überlassene Naturlandschaft führen Ranger – Forstexperten und Naturpädagogen, die Einblicke in Flora und Fauna sowie die Notwendigkeit von Naturschutz vermitteln.

Im nördlichen Nationalpark bietet der Edersee vor allem im Sommer eine Fülle von Freizeitaktivitäten wie Schwimmen, Segeln oder – ganzjährig – Wandern auf dem 68 Kilometer langen Urwaldsteig Edersee. Bei Niedrigwasser kann man auf dem Grund des zweitgrößten deutschen Stausees spazieren gehen und die vierbogige Aseler Brücke, Friedhofssteine oder mystisch anmutende Relikte von Dörfern entdecken, die vor mehr als 100 Jahren beim Bau des Ederstauwerks überflutet wurden.

… und viel Neues

Nordhessens Paradies für Wintersportler war traditionell das Upland. Der westlichste Zipfel der im frühen 13. Jahrhundert entstandenen einstigen Grafschaft Waldeck – mit mehr als 800 Jahren Bestand das langlebigste Kleinterritorium Hessens[85] – gilt mit der Stadt Willingen und der Nähe zum nordrhein-westfälischen Hochsauerland als beliebtes Ziel für Skilangläufer, -wanderer und das alljährliche Skispringen.

Doch auch hier treibt der Klimawandel die regionale Entwicklung. Schneesicherheit schafft bereits seit 2007 in und um Willingen allein die Beschneiungsanlage. Angesichts immer wärmer werdender Winter ist es nur eine Frage der Zeit, bis die ökonomischen und ökologischen Kosten für die künstliche Winterlandschaft untragbar werden.

Das Umdenken im regionalen Tourismus, Haupteinnahmequelle der Naherholungs- und Urlaubsgebiete im Landkreis Waldeck-Frankenberg, hat längst begonnen. Weg vom Saisonalen ist das Ziel, zu den Schlüsselbegriffen lokaler Handlungskonzepte gehören der Erhalt der Biodiversität, Landschaftspflege und nachhaltiger Tourismus.[86] Aktuelle Vorzeigeprojekte Willingens sind das neue Lagunen-Erlebnisbad[87] sowie – als imposante Ganzjahresattraktion – die 2023 eröffnete Mega-Hängebrücke »Skywalk«, mit 665 Metern nach Betreiberangaben die längste Hängebrücke Deutschlands und eine der längsten ihrer Art weltweit.[88]

Hessens Mitte und der Osten

Kurz hinter ihrer Quelle im Rothaargebirge plätschert die Lahn über die Grenze nach Hessen und prägt fortan über 165 Kilometer dessen westlichen Teil landschaftlich und namentlich als Lahntal. Anfangs schlängelt sich der Fluss geruhsam durch die weite

Auelandschaft und versammelt zunehmend Wander- und Fahrradwege neben sich, die am rechten Lahnufer direkt in Hessens jüngsten Nationalpark führen, den 2007 eröffneten Naturpark Lahn-Dill-Bergland. Ein Paradies für alle, die die Wälder, Seen, Steinbrüche, Heide- und Felslandschaften zwischen Biedenkopf, Marburg und Dillenburg behutsam erobern wollen, zu Fuß, per Rad oder auf dem Pferd. Ein dichtes Netz aus nachhaltig geplanten Rund- und Fernwanderwegen spannt sich über den Park, darunter der 86 Kilometer lange »Lahn-Dill-Berglandpfad«, vom Deutschen Wanderinstitut mit dem Gütesiegel »Premium« ausgezeichnet und noch kaum entdeckt.[89]

Stadt-Land-Fluss entlang der Lahn

Falls die Füße weiter tragen, lässt sich die Tour auf dem 2010 eingeweihten »Lahnwanderweg« fortsetzen. Wer die insgesamt rund 295 Kilometer entlang des Flusses komplett zur Strecke bringt, der wird am Ende auch eine Städtetour gemacht haben: Mit Marburg, Gießen, Wetzlar und Limburg liegen vier besonders sehenswerte Städte Mittelhessens auf der Route.

Ein Besuch in Marburg beginnt nicht selten im Aufzug. Gleich zwei Lifte erleichtern den Aufstieg zur historischen Oberstadt der achtgrößten Stadt Hessens. Verwinkelte Gässchen, liebevoll restaurierte Fachwerkhäuser, ein stündlich krächzender Blechhahn im Rathausturm und buntes Geschäftsleben laden zum Luftholen auf den rund 100 treppenreichen Höhenmetern bis zum landgräflichen Schloss. Am Fuße der Oberstadt gelegen: die Elisabethkirche, Deutschlands älteste rein gotische Hallenkirche. 2024 präsentiert sich der 1235 begonnene Sakralbau nach zweijähriger Renovierung erstmals wieder in seiner ursprünglichen Innengestaltung, mit Rosa statt Grau an der Wand. Errichtet wurde die Kirche auf dem Grab der Heiligen Elisabeth von Thüringen, die als Frau des Landgrafen und Wohltäterin der Armen eng verbunden ist mit der Stadtgeschichte. Letztere währte 2022 exakt 800 Jahre, was Marburg das ganze Jahr über feierte, auch auf der eigens dafür gesperrten Stadtautobahn.

Gleichermaßen eng verknüpft mit Marburg ist die Philipps-Universität. 1527 von Landgraf Philipp gegründet, ist sie die älteste noch existierende protestantisch gegründete Hochschule der Welt.[90] Ihre Gebäude sind über die Stadt verteilt, ihre rund 26.000 Studierenden beleben das Stadtbild. Zu den berühmtesten Marburger Studiosi gehören, wen wundert's, Jacob und Wilhelm Grimm. Ab 1802 und 1803 widmeten sich beide hier der Rechtswissenschaft. Erstaunlicherweise erst 2009 besann sich die Stadt auf diesen Schatz – mit der Einweihung des »Grimm-Dich-Pfads«, einer Tour zu künstlerisch gestalteten Märchenobjekten, plus multimedialer App. »Ich glaube, es sind mehr Treppen auf den Straßen als in den Häusern«, soll Jacob Grimm einmal über Marburg geseufzt haben.[91] Wahrscheinlich würde auch er heute den Aufzug nehmen.

Zu ebener Erde geht es weiter Richtung Gießen. Unermüdlich arbeitet die Stadt am Verschwinden aus den Rankings der hässlichsten Orte Deutschlands.[92] Dabei ist einer der Gründe für das böse Klischee, das »Elefantenklo«, eine verkehrsplanerisch denkwürdige Überbauung einer Straßenkreuzung, mit Pflanzkästen und temporärem Food-Truck längst zum Gießener Must-see geworden. Ebenso wie das 2002 vom damaligen Gießener Mathematik-Professor und Zahlenerzähler Albrecht Beutelspacher gegründete »Mathematikum«, nach eigenen Angaben das erste mathematische Mitmachmuseum der Welt[93], herrlich spielerisch für Groß und Klein. Die Lage an der Lahn hat Gießen als Sitz des jüngsten (gegründet 1981) und kleinsten der drei hessischen Regierungsbezirke mit dem »Lahnfenster« geadelt. 2014 anlässlich der Landesgartenschau eröffnet, bietet das Gewässerinformationszentrum durch unterirdische Spezialfenster direkte Blicke in den Fluss. Zum Beispiel auf die Fischwanderung von Barben, Flussbarschen oder Gründlingen; die 2,30 Meter Höhenunterschied der Lahn am Gießener Wehr können die Unterwasserreisenden per Fischtreppe überwinden.

Zum »Sehnsuchtsort« auf Zeit wurde Gießen mehrfach in den vergangenen 70 Jahren durch die »Erstaufnahmeeinrichtung des Landes Hessen«, wie das in den 1950ern eingerichtete »Notaufnahmelager Gießen« heute heißt. Als Eingangstor in die

Bundesrepublik für zahllose Heimatvertriebene, DDR-Bürger und Asylbewerber steht es bis heute auch für das Thema Flucht und die stete Hoffnung von Menschen auf Freiheit, Heimat, Teilhabe und Neubeginn.[94] Über ihre Schicksale wird ab 2025 am Standort Meisenbornweg der landeseigene »Lern- und Erinnerungsort Notaufnahmelager Gießen« informieren.[95] Der neue Geschichtsort erweitert den Kanon von Gedenkstätten in Hessen, mit denen das Land an die Opfer des Nationalsozialismus und des DDR-/SED-Regimes erinnert und zunehmend auch Aspekte positiver Demokratiegeschichte in den Fokus rückt. Vergegenwärtigung, die vor allem jungen Menschen Impulse zur Demokratie-Bildung liefert.[96]

Nach einem letzten Blick auf die erhabenen Burgruinen Vetzberg, Gleiberg und Staufenberg geht es über den Lahnwanderweg nach Wetzlar. Unterwegs berichtet der Fluss mit zwei Episoden jüngeren Datums Bemerkenswertes vom Regionalbewusstsein seiner Anwohner.

Episode I: Stadt Lahn

1977 wurden im Zuge der Gebietsreform knapp 20 Gemeinden im Lahntal zur kreisfreien Stadt »Lahn« zusammengeführt. Die beiden größten Teilgemeinden waren Wetzlar und Gießen, außerdem beteiligte Umlandgemeinden wie Lützellinden, Heuchelheim, Blasbach und Waldgirmes. Nach dem Willen der damaligen hessischen Landesregierung unter Ministerpräsident Albert Osswald sollte die Stadtfusion die Region Mittelhessen gegenüber den beiden Zentren Kassel und Frankfurt stärken. Doch die Bürger fühlten sich von dem kommunalen Kunstgebilde überrollt, vermissten vor allem Ideen zur Identitätsbildung und schalteten auf Protest. Mit Erfolg: Nach nur 31 Monaten wurde Stadt Lahn wieder aufgelöst.

Episode II: Jede Menge Kies

Dem Nein von Naturschützern ist zu verdanken, dass rund um Heuchelheim und Dutenhofen ein Naturschutzgebiet mit Freizeitwert für Wassersportler und Camper entstanden ist. Die dortigen Seen sind Relikte der Kiesindustrie, die ab den 1960er-Jahren die damals grünen Flächen durch vollständige Auskiesung zu vergolden suchte. Durch den erwähnten Widerstand schrumpfte der Plan, ebenso wie die angedachte Umgestaltung zum olympiatauglichen Wassersportzentrum mit Ruderregattastrecke. Stattdessen kann man heute südlich von Heuchelheim Wasserski und Wakeboard fahren – parallel zur Lahn-Aue.[97]

Zwei große L's stehen für die Lahn-Stadt Wetzlar: L wie das Optikunternehmen Leitz, und L wie Lotte, die einem jungen Gerichtspraktikanten namens Goethe einst den Kopf verdrehte. Beide erweitern den Katalog der städtischen Sehenswürdigkeiten um das entscheidende Herzklopfen.

Im Leitz-Park kann man am Beispiel ihres bedeutendsten Vertreters in die Geschichte der Wetzlarer Optikindustrie eintauchen, von der Kamera-Leidenschaft Oskar Barnacks hören und die von ihm in Wetzlar entwickelte »Leica I (A)« bewundern, die erste Kleinbildkamera der Welt und Kultobjekt für Fotografieliebhaber. 2022 machte der Leitz-Chefentwickler posthum abermals mit einem Rekord von sich reden: In Wetzlar wurde ein Prototyp seiner ersten Leica für sagenhafte 14,4 Millionen Euro versteigert – als teuerste Kamera der Welt.[98]

Das Leiden Goethes an der jungen Wetzlarerin Charlotte Buff und die in der Folge literarisch verarbeiteten Leiden seines jungen Werther sind hinlänglich bekannt, lassen sich aber im detailreich ausgestatteten »Lottehaus« in Wetzlars Altstadt noch einmal nachvollziehen.

Über Weilburg geht es weiter lahnabwärts, neben oder auch auf dem Wasser. Ab Roth (hinter Marburg) ist die Lahn befahrbar für nicht motorisierte Wasserwanderer; oberhalb Gießens ist sie Binnenwasserstraße, ab Wetzlar Bundeswasserstraße und damit in beiden Bereichen der Wasser- und Schifffahrtsverwaltung des Bundes unterstellt. Genutzt wird die Wasserstraße fast ausschließlich touristisch, mit Motor-, Ruder- und Paddelbooten, deren Steuerleute an zahllosen Schleusen ihr Geschick unter Beweis stellen können.

Wanderer und Touristen fasziniert Weilburg mit seinem Schloss, das mit einer Länge von 400 Metern fast die Hälfte der hochgelegenen Altstadt einnimmt. Das zur Zeit der Renaissance erbaute Hochschloss wurde zu Beginn des 18. Jahrhunderts aufwändig erweitert und gilt heute als eine der bedeutendsten barocken Schlossanlagen Hessens.

Den Flusswanderern bietet die Schlossstadt Weilburg einen einzigartigen Nervenkitzel: den Weilburger Schiffstunnel. Der mit 195 Metern längste Schifffahrtstunnel in Deutschland wurde zwischen 1844 und 1847 in den Mühlberg-Felsen unterhalb der Altstadt geschlagen, zur Vermeidung eines zwei Kilometer langen Lahnbogens mit zwei Wehren. Noch heute macht die schmale dunkle Felsröhre ein wenig schaudern beim Warten auf die Durchfahrt der am Südportal liegenden Schleuse. Die gibt den Weg frei Richtung Limburg, vorbei an Fachwerk, Lahnmarmor und romantischen Burgruinen, etwa in Villmar, Runkel, Schadeck und Dehrn.

Auf diesem Weg verengt sich das Lahntal. Streckenweise windet sich der Wasserlauf canyonartig durch die Landschaft und umfließt schließlich demutsvoll den Limburger Dom. Wie eine Gottesburg thront das Wahrzeichen der Stadt hoch oben auf dem Lahnfels. Errichtet ab etwa 1180/90[99] ist der spätromanische Bau mit den deutlich frühgotischen Elementen, seinen sieben Türmen und der markanten Zweifarbigkeit seit 1827 Kathedralkirche des Bistums Limburg. Architektur- und Kunsthistoriker fasziniert bis heute die reiche Symbolik und Bemalung des Innenraums. Auch seine weltlichen Besucher umfängt das Bauwerk: 2011 wurde der Limburger Dom in einer Online-Umfrage des Hessischen Rundfunks zur schönsten Kirche Hessens gewählt.[100] Ansonsten ist Limburg bekannt für einen früheren Bischof, der mit einer Luxusbadewanne und sonstig weltlichem Prunk dem Ansehen der katholischen Kirche gar nicht gut tat, sowie für den berüchtigten Westerwälder Räuber Schinderhannes, bürgerlich Johannes Bückler, der 1802 auf einem Acker vor den Toren der Stadt verhaftet und in einem der heute ältesten Häuser der Limburger Altstadt eingekerkert wurde. Das winzige Gewölbeverlies in der Rütsche 5 lässt sich besichtigen – als eine Art Event-Dessert beispielsweise nach dem Genuss eines »Schinderhannes-Schnitzels« im darüber liegenden Restaurant.

Ehe das blaue Band der Lahn südlich von Limburg nach Rheinland-Pfalz entschwindet, lenkt es den Blick auf ein dunkleres Kapitel dieser Region. Im hessischen Westerwald nördlich der Bischofsstadt liegt Hadamar, das mit der Bundesfachschule des Glaserhandwerks und der Staatlichen Glasfachschule als Zentrum der nationalen Glaserausbildung gilt. In die Geschichte eingegangen ist das 12.000-Einwohner-Städtchen mit seiner Landesheilanstalt, die ab 1940 eine der sechs Tötungsanstalten für das sogenannte Euthanasie-Programm der Nationalsozialisten war. Eine Gedenkstätte in einem Nebengebäude der Klinik erinnert an die fast 15.000 Menschen, die von 1941 bis 1945 hier systematisch auf Befehl umgebracht wurden.

Manches brodelt noch: der Vogelsberg

Im Westen schließt sich ans Lahntal der Vogelsberg an. Geologisches Zentrum ist das gleichnamige Mittelgebirge, Teil des Osthessischen Berglandes und durch seine vulkanischen Aktivitäten in der Erdvergangenheit heute Europas größtes geschlossenes Massiv aus Basalt. Steingewordene Belege der feurigen Brodelei vor rund 15 Millionen Jahren sind die bizarr geformten Basaltgipfel, die vielerorts wie von Riesenhand verstreut aus der hügeligen Wiesen- und Waldlandschaft ragen. Diese einmalige Naturgestaltung hat der Vogelsbergkreis – als zentrale Verwaltungseinheit der Region – in den vergangenen Jahren touristisch und naturkundlich aufbereitet. Der »Nationale Geopark Vulkanregion Vogelsberg« bietet Tagesausflüglern aus dem nur gut eine Stunde entfernten Rhein-Main-Gebiet oder Durchreisenden auf der »Deutschen Ferienroute Alpen-Ostsee« zahlreiche Gelegenheiten zu Freizeitaktivitäten, Muße und Information über den besonderen Grund und Boden. Das Wanderparadies »Naturpark Vulkanregion Vogelsberg« umfasst 883 Quadratkilometer des Oberwaldes rund um den höchsten Vogelsberggipfel Taufstein (773 Meter) und reicht bis in die Nachbarkreise Gießen, Main-Kinzig- und Wetteraukreis. Der Buchenwald im Naturpark darf schon seit dem 19. Jahrhundert frei wuchern. Verschiedene Radrouten bieten Abstecher an den Nidda-Stausee, in die Kreisstadt Lauterbach, die gern so genannte »romantische Burgenstadt« Schlitz oder die Schäferstadt Hungen.

Was die Besiedlung angeht, ist der Vogelsbergkreis mit 72 Einwohnern pro Quadratkilometer der am spärlichsten bevölkerte Kreis Hessens; 106.833 Einwohner verteilten sich 2022 auf die gut 1400 Quadratkilometer große Fläche des Vogelsbergkreises.[101] Die Tendenz ist rückläufig: 1996 waren es noch mehr als 119.000 Menschen; das statistische Landesamt geht davon aus, dass die Einwohnerzahl bis zum Jahr 2040 um ein Viertel weiter schrumpfen wird. Der Kreis muss also für immer weniger Menschen immer mehr Infrastruktur vorhalten; dazu gehört auch die in manchen Vogelsbergorten immer noch ausstehende Versorgung mit schnellem Internet.

Gleichwohl zeigen sich die Menschen, die im Vogelsberg und den angrenzenden Kreisen leben, heimatverbunden und, wie anderswo in Hessen auch, entschieden zum Erhalt der regionalen Identität. Neben dem einerseits erhofften und andererseits umstrittenen Weiterbau der Autobahn A49 bei Kirtorf beschäftigt vor allem das Thema Wasser die Gemüter im Vogelsbergkreis. Nach mehreren viel zu heißen Sommern in Folge ist das qualitativ hochwertige Wasservorkommen der Mittelgebirgsregion gefährdet; nach Angaben des Hessischen Landesamtes für Naturschutz, Umwelt und Geologie sinken die Grundwasserstände seit 2018 kontinuierlich.[102] Umdenken bei der Wasserentnahme fordert deshalb seit mehr als 30 Jahren die »Schutzgemeinschaft Vogelsberg«, eine der größten gemeinnützigen Naturschutzinitiativen in Hessen[103], auch in Richtung Frankfurt, denn die 70 Kilometer entfernte Großstadt bezieht über Fernleitungen einen großen Teil ihres Trinkwassers aus dem quellreichen Vogelsberggebiet.

Mit Weitsicht: die Rhön und Hessens Osten

Verlässt man den Vogelsberg Richtung Osten, was jeden Morgen viele Pendler tun, erreicht man nach Durchfahrt des Fuldaer Beckens die Rhön. Ebenfalls Mittelgebirge vulkanischen Ursprungs und grenzüberschreitend ausgedehnt nach Thüringen und Bayern.

Etliche der Rhön-Gipfel sind über 800 Meter hoch, die »Wasserkuppe« ist mit 960 Metern die höchste Erhebung Hessens. Durchzogen von Berg- und Feuchtwiesen, Hochmooren und dichten Waldabschnitten ermöglicht die abwechslungsreiche Landschaft sommers wie winters spektakuläre Blicke über die Hügelketten und die darin eingebetteten Rhön-Örtchen – eine Ganzjahreseinladung für Erholungssuchende und Aktivsportler. Neben den Vorzügen der Landschaft rückt der regionale Tourismus gleich auch den Himmel darüber ins beste Licht. Treffender gesagt, ins beste Dunkel. Im »Sternenpark« – diese Auszeichnung erhielt die Rhön 2014 von der »Dark Sky Association«, einer internationalen Organisation gegen die Lichtverschmutzung – kann man von »Himmelsschauplätzen« und »Himmelsliegen« des Nachts die Sterne funkeln sehen. Ein hübscher Nebeneffekt, denn in der Hauptsache geht es ganz seriös um den Schutz der nachtaktiven Natur.[104]
Dem Himmel näher kommt man auf der Wasserkuppe. Segelflieger und Paraglider schätzen die besondere Thermik des Berges, per Motorflieger kann man die Region Osthessen von oben erkunden, und einen Platz auf Wolke sieben sichert eine Eheschließung in Hessens höchstem Standesamt im »Radom«, einer ehemaligen Antennenkuppel bei Gersfeld.

Mit solchen Angeboten kommt die Region ihrer besonderen Verantwortung nach: 1991 wurde die Rhön länderübergreifend als UNESCO-Biosphärenreservat anerkannt. In aller Kürze heißt das: Landwirtschaft, Naturschutz, Tourismus, Gewerbe und Bewohner der Region sichern die Vielfalt und Qualität der Landschaft – und ihres Lebensraums. Im hessischen Teil des Biosphärenservates, 64 828 Hektar groß, arbeiten rund 45 700 Rhöner vor allem im Tourismus und im Gesundheitssektor.[105]

Die Rhön ist dünn besiedelt und hat wie andere ländliche Regionen Hessens mit Bevölkerungsrückgang und der Abwanderung junger Menschen zu kämpfen. Dazu hat in Osthessen auch das Sackgassen-Image als Zonenrandgebiet beigetragen. Bis 1989 bedeuteten die 269,6 Kilometer Grenze zwischen Hessen und Thüringen das jähe Ende des Westens. 269,6 Kilometer Grenzzaun, gegen

Durchbrüche martialisch gesichert durch einen Todesstreifen, mit schussbereitem Wachpersonal, Bodenminen, Sperrgräben und Selbstschussanlagen. Bis zu 500 Meter breit war das Niemandsland der innerdeutschen Grenze. Wie eine Ausradierung teilte es auch in Hessen eine gewachsene Region in die BRD und die DDR, in zwei politische Systeme, zerschnitt im Herzen Deutschlands zahlreiche Gemeinden und trennte zahllose Familien. Heute erinnern mehrere Gedenkstätten in Osthessen an die Tragödie der deutschen Teilung. Das Grenzmuseum in Schifflersgrund bei Bad Sooden-Allendorf etwa. Oder Point Alpha bei Rasdorf, das wohl einzige Museum Deutschlands, durch das eine Landesgrenze verläuft, weil es exakt auf der Linie zwischen Hessen und Thüringen platziert ist – auf jenem deutsch-deutschen Einschnitt, von dem der vormalige Präsident der Europäischen Kommission Jean-Claude Juncker 2019 sagte, er »stehe gern an einer Grenze, die es nicht mehr gibt«[106].

Aktuelle Fotoprojekte halten auch mehr als 30 Jahre nach der Wiedervereinigung die Erinnerung an die Versehrtheiten der Region Osthessen durch die gewaltsame Teilung wach. Heute noch sichtbare Relikte wie das Flusssperrwerk Göringen, Kolonnenwege, Metallgitterzäune oder die ehemalige Grenzübergangsstelle (GÜST) zwischen Wartha und Herleshausen, heute die Autobahnraststätte Eisenach, dokumentieren die Bilder von Siegfried Wittenburg in *Spurensuche entlang der Grenze*.[107] Von den Löschungen ganzer Dörfer, ihren Leerstellen in der Grenzlandschaft und vom Heimatverlust ihrer Bewohner berichten die Fotokünstler Göran Gnaudschun und Anne Heinlein in ihrem von 2014 bis 2016 entstandenen Textarchiv-Bild-Projekt *Wüstungen*, das seit seiner Entstehung immer wieder in ganz Deutschland ausgestellt wird.[108]

Der Weg von Hessen nach Thüringen ist inzwischen längst wieder frei, ob im Grünen, auf Schienen, Landstraßen oder Autobahnen. Nun sind bei vielen osthessischen Gemeinden Fantasie und Findigkeit gefragt, um nicht als Mauerblümchen im Durchreiseland unentdeckt auf der Strecke zu bleiben. Beispielhaft die Kleinstadt Wanfried bei Eschwege: Nachdem dort 21 altehrwürdige Fachwerkhäuser im Zentrum hartnäckig leer standen, bewarb die

Stadtspitze den Ort und die Immobilien in feiner Lage weiträumig, auch über deutsche Grenzen hinweg. Mit Erfolg, wie eine Bilanz der Neubelebung gut zehn Jahre später zeigt: Der Zuzug von Neueinwohnern stieg an, die Schulklassen sind gewachsen, Städter aus Frankfurt, Wiesbaden, Freiburg und eben auch aus den Niederlanden haben ihren Wohnsitz nach Wanfried verlegt.[109]

Bad Hersfeld, das nach der Gründung der »Bad Hersfelder Festspiele« (1951) als Kulturstandort mit sehenswerten Freiluftinszenierungen lange Zeit bundesweites Publikum anzog, setzt nun auch auf das Bespielen großer Logistikflächen. Gleich zwei XXL-Immobilien, errichtet nach Kriterien der »Deutschen Gesellschaft für nachhaltiges Bauen«, können seit 2024 nahe der Autobahn A 4 in und bei Bad Hersfeld sogenannte temperaturgeführte Lebensmittel lagern.[110]

Da hat es Fulda leichter. Die Verkehrsanbindung der größten Stadt in Osthessen ist mit ICE-Bahnhof und den Autobahnen A7 und A66 sehr gut, die Zahl der Menschen, die es in das Oberzentrum zieht, steigt kontinuierlich – 2022 meldete die Stadt erstmals 70.000 Einwohner[111] und kletterte in Hessens Stadt-Statistik auf Platz neun. Fuldas Wirtschaft wächst, große Arbeitgeber sorgen für Jobs; die Arbeitslosenquote im Kreis Fulda ist seit Jahrzehnten die niedrigste in Hessen. Die Stadt am gleichnamigen Fluss hat sich als Musical-Standort etabliert, als Bühne für große Show-Stars und als jährlicher Treffpunkt für die Deutsche Bischofskonferenz. Fulda punktet mit seinem sehenswerten Dom, seiner Geschichte als Bonifatius- und Barockstadt, mit dem ältesten Kindermuseum Deutschlands zum Mitmachen, und als Hochschulstandort. 2023 hatten Touristen einen Grund mehr, nach Fulda zu reisen, als die Stadt mit der siebten Landesgartenschau Hessens noch ein bisschen mehr aufblühte.

Ballungsraum und Beletage: Die Region Rhein-Main

Betrachtet man das Land Hessen als Bürgerhaus, dann ist die Region Rhein-Main seine Beletage, das schöne Geschoss, wie es übersetzt heißt. Wie in der Architektur erstreckt sich Hessens Beletage über die gesamte Landesbreite, zieht sich vom Rhein als seiner westlichen Grenze zu Rheinland-Pfalz den Main entlang bis in den Main-Kinzig-Kreis und Spessart, südlich der Rhön. Ein hoher, weiter Raum mit Platz für zahlreiche Menschen verschiedenster Herkunft und Tätigkeit.

Rein organisatorisch ist die hier beschriebene Region Rhein-Main das Herzstück der »Metropolregion FrankfurtRheinMain«, die mit einer Fläche von etwa 14.800 Quadratkilometern und rund 5,8 Millionen Einwohnern – in sieben kreisfreien Städten und 18 Landkreisen – zu den wirtschaftlich stärksten Regionen und treibenden Kräften in Deutschland und Europa gehört.[112] In Gänze allerdings erstreckt sie sich über Hessens Landesgrenzen hinaus bis nach Rheinland-Pfalz und Bayern. Der »Ballungsraum Frankfurt/Rhein-Main«, ein ebenfalls gern genutzter Begriff, bezeichnet das Gebiet des »Regionalverbandes RheinMain«, der qua Gesetz die Verwaltungsaufgaben für 75 Städte und Gemeinden rund um Frankfurt und Offenbach sowie rund 2,4 Millionen Menschen im Kern der Region Rhein-Main wahrnimmt.[113]

Aus den Tiefen der Bürokratie zurück in die Wirklichkeit. Raum für Repräsentation und Empfänge – das ist die Region Rhein-Main allein schon durch die Landeshauptstadt Wiesbaden. Zudem feierten 2023 außer der Stadt Frankfurt auch Landes- und Bundesregierung 175 Jahre Nationalversammlung in der Paulskirche und damit das Baudenkmal als Wiege der Demokratie. Von politischen und repräsentativen Ereignissen in allen Epochen der hessischen Geschichte könnten auch die majestätischen Burgen und Schlösser der Region künden, herrschaftliche Klöster wie die ehemalige Benediktinerabtei in Seligenstadt oder die aus der Stauferzeit stammende Kaiserpfalz in Gelnhausen. Zeitsprung zu Repräsentations-Ritualen der Gegenwart: Am 19. Mai 2022 wurde die Bundesstraße 43 zwischen dem Frankfurter Flughafen und der Innenstadt zur regionalen Empfangsstrecke, als gefühlt ganz Hessen seine Frankfurter Eintracht nach dem fulminanten Gewinn der UEFA Europa League auf dem Weg zum Frankfurter Römer frenetisch bejubelte.

Wie in der Beletage die kristallenen Lüster leuchten in der Region Rhein-Main die Städte. Mittendrin als Zentrum: Frankfurt am Main, mit rund 770.000 Einwohnern[114] die fünftgrößte Stadt Deutschlands, die größte Hessens und zugleich seine weltläufigste.

Frankfurt: Hoch hinaus mit Bodenhaftung

Hauptstadt des ostfränkischen Reichs war Frankfurt für eine Weile im 9. Jahrhundert, nachdem die Söhne Ludwigs des Frommen im Vertrag von Verdun (im Jahre 843) das Karolinger Reich unter sich aufgeteilt hatten. Beinahe-Hauptstadt der jungen Bundesrepublik Deutschland war Frankfurt nur eine kurze Hoffnung lang, ehe dann im Mai 1949 die Wahl auf Bonn fiel. Weil aber der damalige Oberbürgermeister Walter Kolb bereits während des Wartens auf die Entscheidung mit dem Bau eines Plenarsaals für das Parlament begonnen hatte, verfügt der Hessische Rundfunk, für den der Rohbau dann umgenutzt wurde, über ein in Teilen staatstragend repräsentatives Funkhaus.

Heute ist Frankfurt Hauptstadt in vielerlei anderer Hinsicht. Internationaler Finanzplatz, wichtiger Knoten im nationalen und europäischen Verkehrsnetz und Gatekeeper auch auf der digitalen Datenautobahn dank des weltweit größten Internetknotens.[115]

»Es will merr net in mein Kopp enei: Wie kann nor e Mensch net von Frankfort sei!« – den augenzwinkernden Lokalstolz des Frankfurter Mundartdichters Friedrich Stoltze hat die Stadt inzwischen ganz selbstbewusst für die Gegenwart adaptiert. »In Frankfurt ist die Welt zuhause« berichtet die amtliche Website[116] – und das gilt nicht nur fürs Big Business. Menschen aus 177 Nationen leben in der Mainmetropole, prägen mit ihren Kulturen, Religionen und alltäglichen Gewohnheiten den kosmopolitischen Geist der Stadt – in »friedlichem Miteinander«, wie politische Repräsentanten bei offiziellen Anlässen immer wieder betonen, allen voran SPD-Politiker Mike Josef, den die Frankfurter im Frühjahr 2023 zu ihrem ersten Oberbürgermeister mit Migrationshintergrund gewählt haben.

Frankfurt ist die Stadt der Gegensätze und des Wandels. Vergangenheit und Zukunft, Tradition und Innovation trifft man hier stets Hand in Hand. Hoch hinaus mit Bodenhaftung eben. Ein paar Beispiele: Als Ende 2022 die größte Flotte innovativer Wasserstoffzüge im Frankfurter Hauptbahnhof aufs Gleis Richtung Taunus gesetzt wurde[117], ratterte nur wenige Meter von dieser Weltpremiere der historische Ebbelwei-Expreß vorbei. Seit 1977 bringt der rotbunte Tram-Oldtimer – letztes Exemplar der damals ausrangierten zweiachsigen Straßenbahnen – Touristen- und Privatgruppen zu Sehenswürdigkeiten kreuz und quer in der Stadt, auf Wunsch mit Apfelwein an Bord. Freitagsmittags auf dem Wochenmarkt in der Schillergasse genießen gleich neben Bulle, Bär und Deutscher Börse Anzugträger und Frankforter Schlippche (Mundart für echte Frankfurter) ihre Grie Soß einträchtig am selben Tisch. Stadtnomaden aller Art treffen sich rund um die Uhr am Wasserhäuschen, einem der noch rund 300 Kioske, die ab Mitte des 19. Jahrhunderts die Stadtbewohner mit sauberem Trinkwasser versorgten – und heute mit Print- und Tabakwaren, Getränken und diverser Leibspeise to go.

Kontrastprogramm zur noblen Goethestraße oder zur Zeil mit Shoppingmalls und Handelsketten findet sich in Frankfurts ältester Einkaufsstraße Töngesgasse. Hier bieten alteingesessene inhabergeführte Geschäfte Kämme und Bürsten, Knöpfe, Borten und Nähzubehör, Sämereien und Gartengerät feil.

> »Wenn mich jemand früge, wo ich mir den Platz meiner Wiege bequemer, meiner bürgerlichen Gesinnung gemäßer oder meiner poetischen Ansicht entsprechender denke, ich könnte keine liebere Stadt als Frankfurt nennen.«
>
> Johann Wolfgang von Goethe

Dem Grau der Großstadt setzt Frankfurt generell Grün entgegen. 45 Parkanlagen, planerisch eingebunden in den städtischen Grüngürtel, verschaffen den Städtern gute Luft, Freizeit-, Sport- und Spielraum. Viele Grünflächen wurden im 19. Jahrhundert von wohlhabenden Bürgern und Bankiersfamilien gestiftet, allen voran der 1871 eröffnete und deutschlandweit einzigartige Palmengarten, gestaltet vom damaligen Gartendirektor Heinrich Siesmayer.

Ein Besuch belebt Kopf, Seele und das Individualwissen um Flora und Fauna, ob im 2021 eröffneten Blüten- und Schmetterlingshaus oder im angrenzenden Botanischen Garten. Jung und schon »in Blüte« ist das Projekt »Urban Gardening«: das Gärtnern engagierter Bürger auf Grünstreifen, Baulücken und Dächern oder im mobilen Gefäß auf versiegelten Flächen wird von der Stadt umfassend unterstützt.[118]

Inzwischen sprießt Frankfurt endlich auch grün in die Höhe: Während Metropolen in aller Welt mit Urban Green ihr City-Klima verbessern, fand man hängende Hochhausgärten am Main lange nur hinter Glas, etwa im Commerzbanktower, oder als Solitär, wie im 1992 fertiggestellten »Ökohaus Arche« am Westbahnhof, einem Stein-Glas-Korpus mit Pflanzen und Wasserläufen außen und innen. Im Frühjahr 2023 hat die Stadt ihre »Gestaltungssatzung Freiraum und Klima« überarbeitet. Schottergärten sind seitdem tabu, Fassadenbegrünung bei Um- und Neubauten Pflicht.[119] Im jungen Europaviertel entsteht mit dem Eden Tower das erste Wohnhochhaus mit grüner Fassade[120], ein weiteres ist angekündigt.[121]

Frankfurter Milestones

Die Bedeutung Frankfurts in Geschichte und Gegenwart lässt sich mit einem Blick aus einem der kleinen Fenster im 2021 neu eröffneten Romantikmuseum erfassen. Da reihen sich, wie von Riesenplanerhand auf eine Achse gerückt, die Paulskirche, der Dom und die EZB schräg hintereinander. Frankfurter Milestones – ein jeder für eine Ära der Stadt.

Im klassizistischen Rundbau der Paulskirche traf sich 1848/49 das erste freigewählte deutsche Parlament, die Frankfurter Nationalversammlung, und erarbeitete die Grundrechte des deutschen Volkes. Nachdem die Paulskirche 1944 – bis dahin auch die evangelische Hauptkirche der Stadt – durch einen Bombenangriff zerstört worden war, wurde bereits 1947 der Grundstein für den Wiederaufbau des nationalen Denkmals gelegt. Heute erinnert eine Dauerausstellung im Foyer des Gebäudes an die Geburtsstunden der deutschen Demokratie, zusammen mit einem

Der Arkadengang an der Kunsthalle Schirn

farbgewaltigen und anspielungsreichen Rundgemälde des Malers Johannes Grützke auf den Innenwänden der Wandelhalle. Der lichtdurchflutete und allein mit den Fahnen der Bundesländer, der Bundesrepublik und der Stadt Frankfurt geschmückte Kirchensaal wird für bedeutende kulturpolitische Veranstaltungen genutzt, von denen die alljährliche Verleihung des Friedenspreises des Deutschen Buchhandels die bedeutendste ist.

Auch Frankfurts Dom St. Bartholomäus besticht weniger als größter Sakralbau der Stadt als durch seine politische Rolle in der Geschichte. Ab 1147 wurden hier die meisten deutschen Könige gewählt, »zwischen 1562 und 1792 fanden insgesamt zehn Kaiserkrönungen statt, die mit einem großen Volksfest verbunden waren«[122]. War die Krönung vollzogen, machten sich der neue Herrscher und sein Gefolge auf den kurzen Weg vom Dom zum festlichen Mahl im Kaisersaal des Römers. Heute erinnert am Rande des Schirn-Areals ein kleiner Arkadengang an den feierlichen Zug – als Link in die Vergangenheit aus dem für die Stadt so typischen roten Main-Sandstein.

Die Schönste weltweit: Frankfurts Skyline

Ein Frankfurter Highlight ist die kleinste, aber (nicht nur für Hessen) schönste Skyline der Welt. Die Truppe der Türme, die Vorüberreisende schon von ferne wie ein Scherenschnitt aus Stahl und Glas grüßt, wirkt wie der Showroom spielfreudiger Architekten. Mittendrin, auf dreieckigem Grundriss, Norman Fosters COMMERZBANK TOWER, mit fast 300 Metern (inklusive Antenne, 259 Meter ohne) Primus inter pares. Gleich daneben der 240 Meter hohe MAINTOWER der Helaba, mit öffentlicher Aussichtsplattform, wo der Hessische Rundfunk dem Himmel so nah, regelmäßig vom Wetter berichtet – bis 2015 aus dem höchsten Fernsehstudio Europas, seitdem open air. Verdichtet wird das ohnehin enge City-Turmgesteck seit 2022 durch das neue Hochhaus-Quartett FOUR. Wolkenkratzer WESTEND 1, in dem die DZ Bank residiert, beeindruckt mit einer kapitalen Strahlenkrone ums Glashaupt, und über dem TRIANON scheint in gut 180 Meter Höhe ein gigantischer Edelstein in Form einer umgekehrten Pyramide zu schweben. Pyramidenförmig ist auch die Spitze von Helmut Jahns 1991 vollendetem MESSETURM (208 m), der trotz Art-dèco-Flair amerikanischer Skyscraper eher wie ein gespitzter Bleistift wirkt. Gerade halb so groß ist das Rundhochhaus WESTHAFEN TOWER, das die Frankfurter wegen seiner rautenförmig strukturierten Glasfassade liebevoll den Gerippten nennen, nach jenem Glasgefäß,

in dem die Äpplerkneipen der Stadt den Apfelwein servieren.
Zum bekanntesten Hochhaus der Stadt ist – nicht zuletzt durch die multimediale Wirtschaftsberichterstattung – der Neubau der Europäischen Zentralbank (EZB) im Frankfurter Ostend avanciert. 2015 wurde der elegant in sich gedrehte Doppelturm – wer denkt da nicht an Aufschwung? – der Wiener Architekten Coop Himmelblau nach vier Jahren Bauzeit eröffnet. Optisch scheint der (ohne Antenne) 185 Meter hohe gläserne Fingerzeig des europäischen Kapitals geradewegs herauszuwachsen aus der historischen Großmarkthalle. Der dunkelrote Backsteinbau von Martin Elsaesser – Architekt und von 1925 bis 1932 Leiter des Frankfurter Hochbauamtes – war mit gut 13.000 Quadratmetern Fläche bei seiner Eröffnung 1928 das größte Bauwerk der Stadt[123]. Das Gebäude schreibt auch ein dunkles Kapitel: Den Keller nutzten die Nationalsozialisten von 1941 bis 1945 als Sammelplatz für jüdische Bürger, die vom benachbarten Güterbahnhof in KZs oder Vernichtungslager deportiert wurden. Seit 2015 ist eine Erinnerungsstätte auf dem EZB-Gelände öffentlich und im Rahmen von Führungen zugänglich.
Frankfurts erstes »Hochhaus« war mit immerhin 33 Metern Höhe der MOUSONTURM, gebaut in den 1920er-Jahren im expressionistischen Stil als Teil der gleichnamigen Seifen- und Parfümfabrik im Zooviertel; seit 1988 beherbergt das Gebäude ein freies Kulturzentrum.

Das stilisierte Stück Krönungsweg ist Teil der rekonstruierten neuen Frankfurter Altstadt. Von 2012 bis 2018 wurde auf rund 7000 Quadratmetern zwischen Dom und Römerberg das im Zweiten Weltkrieg zerstörte Herz der Stadt wiederaufgebaut. 35 Häuser sind hier neu entstanden, zum Teil der originalen Fachwerk- und Renaissance-Architektur nachempfunden, zum Teil originalgetreu nachgebaut. Entgegen allen Befürchtungen – von rückwärtsgewandter Fake-Architektur bis Disneyland am Main reichte die Kritik – ist die neue Altstadt baulich sehenswert, voller anekdotischer Bezüge in die Stadtgeschichte, und beliebt nicht nur bei Touristen aus aller Welt, wie die stets belebten Gässchen und Plätze beweisen.

Frankfurt wächst beständig weiter – nicht nur in die Geschichte, sondern auch in Fläche und Höhe. Die Naturwissenschaften der Goethe-Universität sind in den im Norden neu entstandenen Stadtteil Riedberg umgezogen, hinter dem Messegelände entsteht mit Büro-, Wohn- und Geschäftsflächen das Europaviertel, und nicht nur dort wachsen neue Hochhäuser in den Himmel. Im Osten allerdings ist Schluss mit der Ausdehnung – denn dort ist Frankfurt längst mit seiner Nachbarstadt Offenbach zusammengewachsen, getrennt nur durch einen langgeschwungenen S-Bogen des Mains.

Offenbach: kreativ & klimabewusst

Lange stand Offenbach im Schatten der großen Nachbarin, galt als schmucklos-raue Industriestadt, die mit Rezessionsphasen, Verschuldung und Bausünden in der City zu kämpfen hatte. Zu bedauern wäre, wer es bei solch abfälligen Klischees für die fünftgrößte Stadt Hessens belassen wollte. Übersähe er doch, dass hugenottische Einwanderer – die Gebrüder Bernard – 1733 in Offenbach die erste Tabakfabrik Deutschlands gründeten, dass etwa zeitgleich die legendäre Tradition der Lederwarenherstellung ihren Anfang nahm, dass Wolfgang Amadeus Mozart regelmäßig an den Main reiste, weil er seine kleine Nachtmusik und andere Kompositionen beim Offenbacher Musikverleger Johann André drucken ließ, und dass die Hochschule für Gestaltung, kurz HfG, seit mehr als

190 Jahren weit über Hessen hinaus als Hort für zukunftsweisendes Design, Medien und Kunst wirkt.

Auf Kreativität und Zukunftskonzepte setzt Offenbach auch in Sachen Stadtentwicklung: Der Industriehafen ist zu einem attraktiven Wohnquartier umgestaltet worden, ein ehemaliges Chemiegelände bietet als »Innovationscampus« Start-ups Raum für smarte Produktideen. Seit 2022 ist Offenbach zudem »Schwammstadt«. Gemäß einer besonderen Umweltsatzung versickert Regenwasser nun nicht mehr in der Kanalisation, sondern wird in intelligenten Systemen – begrünte Dachflächen, Zisternen, neue Bodenmaterialien – gespeichert und zum Auffüllen des Grundwassers, zur Kühlung oder Bewässerung der Stadt genutzt; Flächenentsiegelungen fördert das Klimadezernat der Stadt mit Zuschüssen. Damit reagiert Offenbach auf Klimaveränderungen wie Starkregen und überhitzte Sommer und überholt als eine der ersten Schwammstädte bundesweit auch etliche hessische Kommunen – darunter die hochstrebende Nachbarin Frankfurt.

Mit ihrer eigenen Art des Hochstrebens erregte eine Offenbacherin bereits Anfang des 19. Jahrhunderts großes Aufsehen. Die Schneiderin Käthchen Paulus entwickelte um 1893 »den ersten zusammenlegbaren und damit als Lebensretter geeigneten Fallschirm«[124]. Als erste Frau Deutschlands sprang Paulus vor großem Publikum in Nürnberg aus einer Ballongondel. Mit abenteuerlichen Ballonfahrten und Fallschirmsprüngen vor allem im Frankfurter Zoo wurde die 1868 in Zellhausen/Kreis Offenbach geborene Himmelsstürmerin bis in die 1910er-Jahre hinein zur hochgeehrten »Primadonna der Lüfte«.[125]

Viel Grimm & Grün: Von Hanau Richtung Spessart

Östlich von Offenbach wird es wieder märchenhaft. Zunächst noch einmal in urbaner Form: Die Stadt Hanau, die schon im Main-Kinzig-Kreis liegt – und organisatorisch als Mitgliedskommune im Regionalverband RheinMain noch zum Ballungsraum Frankfurt gehört –, darf sich als Geburtsort von Jacob und Wilhelm Grimm seit 2006 mit amtlicher Erlaubnis »Brüder-Grimm-Stadt«

nennen.[126] Ihrer beiden berühmtesten Söhne gedenkt die Stadt in vielfacher Form, unter anderem mit einem Nationaldenkmal, den alljährlichen Brüder-Grimm-Festspielen im Amphitheater und, im gleich nebenan gelegenen Schloss Philippsruhe, mit dem 2019 eröffneten Kinder-Mitmach-Museum »GrimmsMärchenReich«. Außerdem beginnt in Hanau ein Brüder-Grimm-Fernwanderweg und die Deutsche Märchenstraße, 600 Kilometer voller Stationen aus dem Leben der bedeutenden Brüder bis hinauf nach Bremen.

Ein Blick auf Hanau lohnt sich auch abseits der Grimm-Parade, angesichts anderer prägender Kapitel der Stadtgeschichte: Mit dem Zuzug hugenottischer und calvinistischer Glaubensflüchtlinge ab dem 17. Jahrhundert begann Hanaus wirtschaftliche Blüte. Nach dem Zweiten Weltkrieg entstand im Lamboy-Viertel eines der größten hessischen Lager für »Displaced Persons«. In der Besatzungszeit wurde Hanau der größte Stützpunkt der US-Army in Deutschland, in den 1980er-Jahren geriet Hanau als Standort für die Nuklearindustrie in die Diskussion. Traurige Schlagzeilen machte die Stadt im Februar 2020, als ein Deutscher neun Menschen mit migrantischem Hintergrund und seine Mutter erschoss.

Auf den Spuren der Brüder Grimm geht es von Hanau aus geradewegs ins 50 Kilometer entfernte Steinau an der Straße, ebenfalls »Brüder-Grimm-Stadt«. Nach Steinau, und damit in seine eigene Geburtsstadt, wurde 1791 Vater Philipp Wilhelm Grimm als Amtmann versetzt, dort wuchsen Jacob und Wilhelm bis 1796 auf. Lebendiges Grimm-Gedenken also auch hier, im Museum Brüder Grimm-Haus etwa, oder an diversen Märchenstationen im Stadtbild. Auch an die namengebende »Straße« wird erinnert: Pflasterstein-Reste des vom 16. bis 18. Jahrhundert wichtigen Handelswegs zwischen Frankfurt und Leipzig wurden 2003 im Flussbett der Kinzig freigespült und sind heute im Vorgarten von Vater Grimms einstiger Amtsstube zu besichtigen.[127]

Wie verzaubert wirkt der umliegende Spessart, der über die hessische Grenze tief nach Bayern hineinwächst und als größtes zusammenhängendes Waldgebiet Deutschlands gilt. Imposante Gemäuer wie die ruinenhafte Burg Schwarzenfels bei Schlüchtern versetzen

Wanderer und Besucher in die Zeit des frühen Ritterlebens. Ein gutes Netz von Premium- und Rundwanderwegen macht die dichte Waldlandschaft im Naturpark Spessart perfekt zu Fuß erlebbar. Mit etwas Glück entdeckt man dabei auf einer der nassen Talwiesen eine Schachbrettblume; das größte deutsche Vorkommen des filigranen Liliengewächses mit der weißlila-gewürfelten Hängeblüte findet sich im Naturschutzgebiet Sinngrund. Bewundert werden darf nur mit Augen oder Kamera: Die Pflanze steht unter Naturschutz. Ein Hinweis aus dem Hessen-Lexikon: Ertönt im Tal ein feines Klingen, dann hat gerade eine Elfe an einer Schachbrettblüte geläutet.[128]

Den facettenreich geschliffenen Spiegeln der Beletage gleichen in der Region Rhein-Main zahlreiche Städte und Städtchen rund um den Ballungsraum Frankfurt, Offenbach und Hanau, jede auf ihre Weise ausgestattet mit landeskundlichen Schätzen oder für Hessen einzigartigen Sehenswürdigkeiten. Umgeben von wehrhaften Stadtmauern und -türmen wie Büdingen, mit Fachwerk und mittelalterlichem Kopfsteinpflaster wie Eppstein, Idstein oder Oberursel. Mehr als 100 historische Gebäude aus allen Regionen Hessens, von der Kirche bis zur Mühle, können im Freilichtmuseum »Hessenpark« in Neu-Anspach erkundet werden. Hessens größte Tropfsteinhöhle befindet sich bei Steinau, das älteste steinerne Amtshaus Deutschlands in Gelnhausen, eine bereits im 9. Jahrhundert entstandene Fährverbindung zwischen Hessen und Bayern in Seligenstadt. Kronberg bietet abseits der sehenswerten Altstadt einen Zoo am Waldesrand mit Tieren aus fast allen Kontinenten, und Kelsterbach in seinem Museum die wohl älteste Hessin – mit geschätzten 32.000 Jahren.

Bad Schwalbach im Westen der Region Rhein-Main ist eines der ältesten Heilbäder Hessens – und reiht sich somit ein in die Riege der insgesamt 30 Heilbäder und Kurorte, die Hessen zum bäderreichsten Land in der Bundesrepublik machen.[129] Ein Großteil der Gesundheitsorte liegt in der weiteren Region Rhein-Main. Bad Soden-Salmünster oder Bad Soden am Taunus tragen die Heilkräfte ihrer salzmineralhaltigen Thermalquellen schon im Namen;

Bad Homburg vor der Höhe hat den größten Kurpark Deutschlands, war Ziel für Kaiser und Könige und wurde von einem von ihnen wegen seiner »Champagnerluft« gepriesen. Bad Nauheim ist Kurort und mit seinem Stadtteil Steinfurth auch das älteste Rosendorf Deutschlands; seit mehr als 150 Jahren werden hier Rosen gezüchtet und in alle Welt verschickt. Weltweit noch bekannter machte das hessische Kurstädtchen sein prominentester Soldat: Rock 'n' Roll-Star Elvis Presley wohnte hier, als er ab Oktober 1958 seine Militärzeit in Friedberg ableistete. Das Cover seiner Single *A big hunk o' love* zeigt Elvis an eine Mauer gelehnt, im Hintergrund die Burgpforte in der Bad Nauheimer Altstadt. Love me tender – for ever: Seit Sommer 2021 lehnt der Star in derselben Pose am Geländer der Usa-Brücke – als Bronzestatue, in Auftrag gegeben von zwei treuen weiblichen Fans.

Die Römer schätzten die Region Rhein-Main weniger aufgrund ihrer gesundheitlichen Vorzüge, sondern zur Sicherung ihres Reiches. Quer durch den Taunus zieht sich der hessische Teil des Limes, jenes Grenzwalls, der in seiner Gesamtheit seit 2005 zum UNESCO-Weltkulturerbe gehört. Das Römerkastell Saalburg auf dem Taunuskamm nordwestlich von Bad Homburg war einer von zahlreichen Wachposten an der Grenze zwischen dem Römischen Reich und germanischen Stämmen; es gilt als das besterforschte Kastell am gesamten Limes. Heute gehört zur Anlage Saalburg ein archäologisches Museum, in dem sich Leben und kulturelle Importe der römischen Besatzer im Taunus vielfältig nacherleben lassen.[130]

Der Rheingau: Sonnige Hanglage

Wer dem städtischen Trubel der Beletage Rhein-Main entkommen will, dem empfiehlt sich eine Auszeit auf der Sonnenterrasse der Region – dem Rheingau. Nur eine Stunde Fahrt mit öffentlichen Verkehrsmitteln oder dem Auto Richtung Westen sind nötig, um von Frankfurt ins Rheinland Hessens zu gelangen. Hier gibt es Augenschmaus en masse. Am Rheinufer die einzigartige Auenlandschaft des Stroms und die vorbeiziehenden Schiffe bestaunen, in der Valentinsbasilika im Wallfahrtsort Kiedrich die Madonna aus dem

Jahr 1350 bewundern – und zeitnah mal wieder die wunderbare Stimme von Countertenor Andreas Scholl hören, dessen Gesangskarriere einst mit liturgischen Chorälen im »Kiedricher Chor« seines Heimatstädtchens begann. Geistvolle Muße bedeutet auch eine Wanderung zum nur wenige Kilometer entfernten Kloster Eberbach. Gegründet 1136 von Zisterziensern, 1985 Drehort für die Verfilmung des Umberto-Ecco-Romans *Der Name der Rose* – und Sitz des traditionsreichen Staatsweinguts.

Überhaupt der Wein – er prägt die Kulturlandschaft. Der Rheingau ist durch seine besondere Lage ideal für die spätreifende Riesling-Rebe. Durch den entschiedenen Linksschwenk des Rheins auf Höhe Mainz/Wiesbaden haben die Weinberge und -hänge an seinen Ufern über 25 Kilometer Südausrichtung. Optimale Sonne, wenig Wind und die richtigen Böden bringen fein-fruchtige Säure, was sich in malerischen Weindörfern wie Walluf, Eltville, Oestrich-Winkel, Rüdesheim oder auf namhaften Weingütern wie Schloss Johannisberg oder Schloss Vollrads immer aufs Neue probieren lässt. Rund um Lorch kann man bei einem guten Viertel – neben traditionellem Riesling inzwischen auch Spätburgunder – vom Kuriosum »Freistaat Flaschenhals« hören. Dieser isolierte unbesetzte Landstreifen zwischen dem Rhein und der preußischen Provinz Hessen-Nassau war nach dem Ersten Weltkrieg entstanden, bei einer nachlässigen Gebietsaufteilung durch die französischen und amerikanischen Truppen. Vier Jahre lang, von 1919 bis 1923, verwalteten sich die Bewohner der elf Ortschaften in der flaschenhalsartigen Zone selbst, inklusive eines eigenen Notgeldes. Die Winzer der Gegend nutzen die kurze Geschichtsepisode heute humorvoll für ihre regionale Vermarktung.

Wiesbaden: Amtsstube und Weltkurort

Rein weinrechtlich ist auch das Stadtgebiet Wiesbaden Teil des angrenzenden Weinbaugebietes Rheingau; Wein wächst in den Stadtteilen Frauenstein, Dotzheim, Schierstein und Kostheim sowie am Neroberg –, Hausberg der Landeshauptstadt und beliebtes Ausflugsziel.

Die Wasserballastbahn, auch Nerobergbahn genannt, bringt Besucher seit 1888 auf den 245 Meter hohen Hügel in Wiesbaden.

Regelrecht gekappt wurde die direkte Zufahrt ins Riesling-Paradies im Juni 2021 mit der Havarie der Salzbachtalbrücke, einem 300-Meter-Teilstück der Autobahn A66 im Stadtgebiet Wiesbadens. Nachdem ein Pfeiler der Brücke sich verschoben hatte und Betonteile auf eine darunterliegende Bundesstraße gestürzt waren, wurde das Bauwerk erst gesperrt, dann gesprengt. Unterbrochen war dadurch nicht nur die stark befahrene A66, sondern wochenlang auch der Zugverkehr zum Wiesbadener Hauptbahnhof. Der zweigeteilte Brückenneubau läuft auf Hochtouren; die Südbrücke wurde plangemäß Ende 2023 fertig, die Nordbrücke soll ab Sommer 2025 wieder in den Rheingau führen.

Selten beherrschte Wiesbaden derart konstant die Schlagzeilen wie mit dieser Lücke. Ansonsten wirkt die Stadt eher distinguiert-gediegen. Den Ruf von »wisibada«, dem heilenden Bad, wie es bei Einhard, Biograf Karls des Großen, um 828/830 heißt, begründeten seine heute noch 26 kochsalzhaltigen Thermalquellen.[131] Kaiser Wilhelm II. kam regelmäßig in den »Weltkurort«, ebenso Könige, Adlige und wohlhabende Bürger, Künstler wie Richard

Wagner, Johannes Brahms, Fjodor Dostojewski und Alexej von Jawlensky. Allen zu Ehren entstand ab 1850 eine Vielzahl repräsentativer Bauten, überwiegend im Stil des Historismus, die auch heute noch das Stadtbild bestimmen: Kurhaus, Hessisches Staatstheater, die Marktkirche, dazu großzügige Grünanlagen wie Kurpark oder Bowling Green.

1949 wurde Wiesbaden Landeshauptstadt. Der Hessische Landtag ist im ehemaligen Schloss der Herzöge von Nassau untergebracht, die Ministerien und weitere Landesbehörden in geschichtsträchtigen Gebäuden im gesamten Stadtgebiet.

In Wiesbaden-Erbenheim befindet sich heute das europäische Hauptquartier der US Army (USAREUR); in dem 2012 in »General Lucius D. Clay Kaserne« umbenannten Stützpunkt sind etwa 20.000 Soldaten und ihre Angehörigen stationiert.

Ein Stückchen Zucker

Wiesbadens Kulturszene bietet 2024 ein zusätzliches Zückerchen: Auf der herrschaftlichen Wilhelmstraße sticht zwischen dem Museum Wiesbaden und dem Nassauischen Kunstverein das neue »Museum Reinhard Ernst« hervor, das die umfangreiche Sammlung abstrakter Kunst eines Unternehmers zur Schau stellt. Die renommierten Werke und das an einen Zuckerwürfel erinnernde Haus dafür, Entwurf des japanischen Stararchitekten Fumihiko Maki, hat der Mäzen der Stadt geschenkt.

Willkommen im Aussichtsreich: Hessens Süden

»Hier fängt Deutschland an, Italien zu werden«, soll Kaiser Joseph II. gesagt haben, als er im Jahr 1764 nach seiner Krönung in Frankfurt auf dem Rückweg nach Wien die Bergstraße passierte.[132] Hessens Süden ist berühmt für sein mildes und sonniges Klima. Die Gegend um die hessische Bergstraße bringt es auf 2000 Sonnenstunden pro Jahr und den frühesten Frühlingsbeginn in Deutschland.[133] Spätestens ab Mitte März blühen zwischen Darmstadt und Heidelberg Forsythien, Magnolien und vielerorts auch die Mandelbäume, in Bensheim zieren die zartrosa Blüten durch kommunale

Förderung viele private Vorgärten.[134] Im April erweitern Zwetschgen, Kirsch- und Mirabellenbäume das Blütenmeer; später gedeihen daneben auch Feigen, Kiwis oder Pfirsiche.

Burgunder und Roter Riesling

Natürlich begünstigt das mediterrane Klima im Süden des Landes auch das Reifen besonderer Trauben: Die »Domäne Bergstraße« zwischen Bensheim und Heppenheim ist Deutschlands kleinstes Weinbaugebiet und steht für Burgunderrebsorten – und die einzige südliche »Filiale« des Rheingaus: Bewirtschaftet wird die 35 Hektar große Anbaufläche von den Staatsweingütern mit Sitz im Kloster Eberbach, in dessen Besitz sie bereits zur Zeit der Zisterzienser fiel.[135] Etliche Winzer der Hessischen Bergstraße haben den bereits im Mittelalter angebauten Roten Riesling wiederentdeckt. Die rötlich gefärbte und etwas dickere Schale der eigentlich weißen Trauben ist ein idealer Schutz gegen die intensive Sonneneinstrahlung – ein Vorteil, den auch die Winzer aus dem benachbarten Rheinland-Pfalz gern für sich nutzen wollen. Dank einer schnelleren Anbaugenehmigung aus dem Darmstädter Regierungspräsidium kann sich bislang aber noch die Hessische Bergstraße als größtes Anbaugebiet für Roten Riesling bezeichnen.[136]

Regional aufgetischt: Kartoffeln, Äpfel – und Quinoa

Genießen lassen sich die edlen Tropfen der insgesamt 400 Winzer in Hessens Süden gleich vor Ort, in der regionalen Gastronomie. Hier kommt auf den Tisch, was auf den Angern und Feldern Südhessens angebaut wird: originelle Kreationen mit Spargel etwa aus dem Dieburger Land, Kartoffeln rund um Michelstadt, Äpfeln aus dem Odenwald – und auch mit Quinoa aus dem Odenwald. Eine Weltpremiere: Drei junge Landwirte aus Ober-Ramstadt erweitern den Kanon heimischer Gewächse mit dem Anbau der südamerikanischen Reismelde – in kommerziellem Stil und nachhaltig: Neben den hierzulande bekannten getreideähnlichen Samen können alle Teile der Pflanze als Gemüse oder Salat genutzt werden, durch den Verzicht auf Dünger wird unter anderem das Grundwasser geschützt.[137]

Durchs Röhricht ins Burgen-Land

Mehr über die Besonderheiten des Klimas, von Geologie, Flora und Fauna sowie über die regionale Identität in Hessens Süden erfährt man im »Geo-Naturpark Bergstraße-Odenwald«, der mit einer Fläche von 3800 Quadratkilometern nahezu den gesamten Landesgarten südlich der Beletage umfasst. 22 Informationseinrichtungen, 5000 Kilometer Wanderwege und zahlreiche thematisch ausgerichtete Erlebnispfade weisen den Weg in die Geschichte, zu Muße und Augenschmaus. Da kann man über den »Rhein-Weg« durchs Hessische Ried radeln; die einstmals sumpfige Schilf- und Röhrichtlandschaft entlang der Rheinebene zwischen Mainspitze bis hinunter nach Lampertheim wird heute landwirtschaftlich genutzt. Stationen bundesdeutscher Energiegeschichte lassen sich in Höhe Biblis nacherleben, nachdem im Februar 2023 der zweite der insgesamt vier Kühltürme des ehemaligen Atomkraftwerks gesprengt wurde. Reizvolle Weitblicke bieten neben Erhöhungen wie dem Melibokus (mit 517 Metern der höchste Berg der Bergstraße) bei Zwingenberg zahlreiche Burgen und Schlösser im Geopark. Die Burgruine Schloss Auerbach bei Bensheim etwa, eine der mächtigsten Burgen im südlichen Hessen, oder die gut erhaltene Burganlage Breuberg im nördlichen Odenwald.

Ein einzigartiges Panorama mit gleich vier Burgen bietet Neckarsteinach, 4000-Einwohner-Gemeinde und südlichstes Städtchen Hessens. Dort erheben sich am Ufer des Neckars nah beieinander Vorderburg, Mittelburg, Hinterburg und Schadeck. Erbaut wurde das Quartett zwischen 1100 und 1230 von den Landschad von Steinach, einem niederen Odenwälder Adelsgeschlecht. Wem nach mehr historischem Rittergemäuer ist: Gleich gegenüber, auf der baden-württembergischen Seite der Neckarschleife, thront Burg Dilsberg.

Neckarsteinach ist zusammen mit der Nachbargemeinde Hirschhorn eine Exklave des Landkreises Bergstraße und auf direktem Weg nur über Baden-Württemberg oder den Odenwaldkreis zu erreichen. Der Odenwald im äußersten Südosten ist einer der bevölkerungsärmsten Landkreise Hessens, und dessen einziger

Kreis ohne Anschluss an Autobahn oder autobahnähnliche Straße. Eine Art Mittelzentrum bilden die beiden benachbarten Fachwerkschönheiten Michelstadt und Erbach. Einen herrlichen Rundumblick auf die dichtbewaldeten Höhenzüge ermöglicht seit September 2022 der neu eröffnete Aussichtsturm auf der 577 Meter hohen Tromm bei Rimbach. Errichtet wurde das mit 54 Prozent Schrägneigung ausgestattete Konstrukt aus Holz und Stahl auf dem Fundament des historischen Ireneturms; 192 Stufen führen auf die in 34 Meter Höhe liegende Plattform.

Von Schönschreibern …

Kulturgeschichtliche Highlights in Hessens Süden sind seine zwei UNESCO-Welterbestätten. Zum einen Kloster Lorsch, eine im Jahre 764 gegründete Benediktinerabtei, die im hohen Mittelalter zum Macht- und Kulturzentrum wurde. Mit Skriptorium und einer beeindruckenden Bibliothek war das Kloster zudem ein Zentrum früher Buchproduktion; mit Blick auf die kostbaren Handschriften erfahren heutzutage nicht nur Schüler Wissenswertes über das Schreiben lange vor Copy & Paste. Die Torhalle des Klosters, auch Königshalle genannt, gilt als eines von wenigen derart vollständig erhaltenen baulichen Zeugnissen der Karolingerzeit. Von der ursprünglichen Klosteranlage stehen außerdem noch ein Basilikafragment sowie eine Mauer der Klosterhalle.

Auf dem Gelände des 2014 erweiterten Kloster Lorsch lädt das »Freilichtlabor Lauresham« zum Eintauchen in den Alltag der Karolingerzeit ein. In dem 1:1-Nachbau eines karolingischen Herrenhofes werden Felder mit Pflug und Auerrind bestellt, Nutzpflanzen und Haustiere des frühen Mittelalters zurückgezüchtet und das Sozialgefüge im Haus und am Hof rekonstruiert. Für eine weitere Rarität aus der Zeit Karls des Großen sei ein Abstecher in den Odenwald empfohlen – nach Michelstadt-Steinbach zur Einhardbasilika. Sie wurde im 9. Jahrhundert erbaut von Einhard, dem bereits erwähnten fränkischen Gelehrten und Biografen Karls des Großen.

Säule der kaiserlichen Abtei Lorsch im karolingischen Architekturstil (Detail)

... und Drachentötern

Fündig werden in Hessen-Süd auch Legenden-Forscher. Unweit der einstigen Reichsstadt Worms, dem Königssitz der Nibelungen, kann man sich auf hessischem Gebiet auf die Spuren des bedeutendsten deutschen Sagen-Clans begeben. An Fafnir, den Siegfried getötet haben soll, und dessen mythische Verwandten erinnert das Drachenmuseum im Städtchen Lindenfels. Die Quelle, an der einst Hagen seinen Widersacher Siegfried umbrachte, könnte der Siegfried-Brunnen in Grasellenbach markieren; in einem der Sarkophage im Kloster Lorsch könnte der Held seine letzte Ruhe gefunden haben. Weitere Orte der Nibelungensage lassen sich auf dem Nibelungensteig erwandern – oder bequem mit der regionalen Nibelungenbahn abfahren.[138] Wichtig bei so viel Storytelling: die Fantasie nicht vergessen – und die Heldensagen noch mal lesen.

Himmelwärts in Darmstadt

Mitten im südhessischen Natur- und Kleinstadt-Paradies liegt Darmstadt, nach Kassel die viertgrößte Stadt Hessens. Und wie ihr Pendant im Norden ist auch der Verwaltungssitz des Regierungsbezirks Darmstadt eine Boomtown – nicht nur innerhalb der Region. Die Stadt hat junges Flair, vor allem wegen der etwa 50.000 Studierenden, die fast ein Drittel der 160.000 Einwohner ausmachen, und sich an vier Hochschulen weiterbilden. Die TU Darmstadt, die Hochschule Darmstadt, die Evangelische Hochschule und die private Wilhelm-Büchner-Hochschule sowie gut 30 international herausragende Wissenschafts- und Forschungseinrichtungen haben Darmstadt im August 1997 – als erster von heute vier Städten Deutschlands – den amtlichen Zusatz »Wissenschaftsstadt« eingebracht. Zu den Großen gehören das Helmholtzzentrum für Schwerionenforschung (GIS)[139], das Europäische Raumflugkontrollzentrum ESA und die Europäische Organisation für die Nutzung meteorologischer Satelliten (EUMETSAT).

Wo heute Zukunft gestaltet wird, lagen vor gut 80 Jahren Trümmer. Die dichtbesiedelte Innenstadt wurde in der »Brandnacht« vom 11. auf den 12. September 1944 bei einem Luftangriff der Royal Air Force fast vollständig zerstört, 11.500 Menschen kamen ums Leben. Ein Mahnmal mit 4000 Namen erinnert heute im »Weißen Turm« an die Opfer. Der ebenfalls zerstörte ehemalige Eckturm der mittelalterlichen Stadtbefestigung wurde nach 1949 wiederaufgebaut und ist heute ein Wahrzeichen Darmstadts, zusammen mit dem Hochzeitsturm auf der Mathildenhöhe – UNESCO-Welterbe seit 2021 – und dem »Langen Lui«, wie das Denkmal zu Ehren von Landgraf Ludewig I., dem ersten Großherzog von Hessen und bei Rhein, liebevoll genannt wird. Andere Teile der Innenstadt sind nach Kriegsende zum Teil historisch rekonstruiert, zum Teil neugestaltet worden.

In heutiger Zeit steht Darmstadts Stadtentwicklung ganz im Zeichen von Menschen und Klima. Stichwort Verkehrswende: Der Auto-Strom durch das Zentrum fließt inzwischen weitgehend unterirdisch. Weniger Platz für Autos, mehr Platz für Menschen ist auch Kerngedanke des Pilotprojekts »Superblock«. Seit Herbst 2023 erprobt die Stadt – als erste in Hessen – die Verbannung des Durchgangsverkehrs aus Wohnquartieren – zunächst im gründerzeitlich geprägten Martinsviertel.[140]

Ein visionäres Vermächtnis ist die »Waldspirale« – ein Wohnblock, entworfen von Friedensreich Hundertwasser nach den für ihn typischen ökologisch-menschenfreundlichen Prinzipien: organische Formen, farbenfrohe Gestaltung und die Natur als Mitbewohner. Dass zwischen den goldenen Kuppeltürmen des Dachs tatsächlich Linden, Buchen und Ahornbäume in den Himmel wachsen, hat der Allroundkünstler nicht mehr erlebt, er starb wenige Monate vor der Eröffnung des Baus im Jahr 2000.

Von visionärer Natur war auch die Begeisterung, die Darmstadt bereits vor gut 240 Jahren zum Schauplatz einer Himmelspremiere machte. Nachdem der damalige Erbprinz, ein früher Anhänger der Luftfahrt, 1783 in Paris den ersten bemannten Ballonaufstieg mitverfolgt hatte und davon aufgeregt in die hessische Heimat berichtete, machte sich dort, nämlich in Darmstadt, der Apothekersohn und »hochfürstliche« Kriegsrat Johann Heinrich Merck ans Experimentieren mit flugfähigen Ballons. Weihnachten 1783, berichtet das Hessenlexikon, »glückte dann der erste unbemannte Ballonaufstieg in Deutschland«[141].

In bester Pioniertradition, jedoch ausgestattet mit modernstem Technik-Instrumentarium erkunden heute die Experten der European Space Agency (ESA) den Himmel über Darmstadt. Sie überwachen Satelliten im All und sammeln deren Daten – über Weltraummüll, Klimaschutz und auch über Verkehrsströme, zu Boden und über den Wolken.

UNESCO-Welterbe in Hessen

Bauwerke und Denkmale, besondere Formationen in der Natur, Technikwunder oder Textsammlungen, Bräuche, kulinarische Spezialitäten oder künstlerische Ausdrucksformen – es hat vielfältigste Form und Gestalt, was Menschen zu allen Zeiten zivilisatorisch und kulturell geschaffen oder gestaltet haben. Diese Zeugnisse der Geschichte »zu erhalten, für interkulturellen Dialog und globale Partnerschaften zu nutzen und mit ihnen Zukunft zu gestalten, ist das zentrale Anliegen der UNESCO«[142]. In Deutschland beschließt die Kultusministerkonferenz (KMK), welche Stätten bei der UNESCO zur Aufnahme in die Welterbeliste nominiert werden. Sieben der derzeit 51 UNESCO-Welterbestätten in Deutschland liegen in Hessen; fünf davon zählen zum Weltkulturerbe, zwei zum Weltnaturerbe.

UNESCO-Weltkulturerbe

- Kloster Lorsch (1991)
- Oberes Mittelrheintal (2002)
- Obergermanisch-Raetischer Limes, Grenzen des Römischen Reichs (2005)[143]
- Bergpark Wilhelmshöhe (2013)
- Mathildenhöhe Darmstadt (2021)

UNESCO-Weltnaturerbe

- Grube Messel, Deutschlands erstes Weltnaturerbe (1995)
- Kellerwald-Edersee, Teil der »Alten Buchenwälder und Buchenurwälder der Karpaten und anderer Regionen Europas« (2011)

UNESCO-Weltdokumentenerbe[144]

- seit 2005: die *Kinder- und Hausmärchen der Brüder Grimm* sind neben der Luther-Bibel das weltweit am meisten verbreitete Buch deutscher Sprache. Sie gelten als erste systematische Zusammenfassung und wissenschaftliche Dokumentation der mündlich überlieferten europäischen und orientalischen Märchentraditionen. Die Handexemplare der Kinder- und Hausmärchen – mit zahlreichen Ergänzungen und Notizen der Grimm-Brüder – gehören der Universitätsbibliothek Kassel und sind in der Grimmwelt Kassel ausgestellt.

- seit 2013: Die *Goldene Bulle* war von 1356 an das wichtigste Verfassungsdokument des Heiligen Römischen Reiches Deutscher Nation. Es legte in lateinischer Sprache das Verfahren der deutschen Königswahl fest. Alle sieben Originale des frühen Gesetzeswerkes sind erhalten. Das »Frankfurter Exemplar« befindet sich im Institut für Stadtgeschichte in Frankfurt, das »Kölner Exemplar« in der Universitäts- und Landesbibliothek Darmstadt.
- seit 2013: Mit den *Arolsen Archives* bauten die Alliierten in Bad Arolsen das umfangreichste Archiv über die Opfer des Nationalsozialismus auf. Ziel war die Suche nach Vermissten und Klärung von Schicksalen zwischen 1933 und 1945. Das »Denkmal aus Papier«[145] enthält über 30 Millionen Dokumente über Holocaust-Opfer, KZ-Häftlinge, durch die Nationalsozialisten zur Zwangsarbeit gezwungene Personen und Überlebende. Die Dokumente stehen heute zur weltweiten Recherche fast vollständig online.
- seit 2017: Mit der *Constitutio Antoniniana* verlieh der römische Kaiser Marcus Aurelius Severus Antoninus (Caracalla) um 212/213 n. Ch. sämtlichen freien Bewohnern des Imperium Romanum das römische Bürgerrecht. Das einzige erhaltene Exemplar liegt in der Universitätsbibliothek Gießen.
- seit 2017: *Verfahrensunterlagen und Tonbandaufnahmen des ersten Frankfurter Auschwitz-Prozesses (1963–1965).* Die 103 Tonbänder und 454 Aktenbände rückten die Gräueltaten der Nationalsozialisten und den millionenfachen Mord an Juden, Minderheiten und politischen Gegnern erstmals in das Blickfeld der Öffentlichkeit. Aufbewahrt werden sie im Hessischen Landesarchiv am Standort Marburg.

Immaterielles UNESCO-Kulturerbe (bundesweites Verzeichnis)[146]

- Hessischer Kratzputz (seit 2016)
- Apfelweinkultur (seit 2022)
- Schwälmer Weißstickerei (seit 2024)

UNESCO-WELTKULTURERBE
Mathildenhöhe Darmstadt

DAS POLITIKLABOR DER REPUBLIK

Nirgendwo wird so früh und viel gewagt, probiert und koaliert wie in Hessen

»Der Ausgang des Experiments ist offen.« Das schreibt der Historiker Till van Rahden. Er meint, dass wir »die Demokratie als Herrschafts- und als Lebensform ausprobieren, immer wieder neu entwerfen und einüben müssen«[147]. Eine Garantie dafür, dass sie ewig besteht, gebe es nicht. Hessen wird gerne als das Politiklabor der Republik bezeichnet. Hier werde ausprobiert, getestet, gewagt, was andernorts dann zur Regel wird. Die erste Verfassung nach dem Zweiten Weltkrieg in einem deutschen Land war solch ein Projekt, das sozialdemokratische »Musterland« unter Ministerpräsident Georg August Zinn zählt dazu, und die frühen Versuche mit neuen Farbkombinationen bei Regierungsbündnissen gehören ebenso in diese Betrachtung: zum Beispiel die ersten Koalitionen zwischen Rot und Grün sowie Schwarz und Grün in einem Flächenbundesland. Die gerne beschworenen »Hessischen Verhältnisse« zwangen zu lagerüberschreitenden Kompromissen. Der hessische Landtag war das erste Länderparlament, in dem sich erst fünf (2008), dann sogar sechs Parteien (2013) miteinander arrangieren mussten. Wer sich bei der Beschreibung des politischen Systems auf Regierung und Parlament beschränkt, erzählt nur die halbe Geschichte. Hier, in der Mitte Deutschlands, prallten Ideen und Weltanschauungen so heftig aufeinander, dass daraus Neues entstand – von der Basis, also von unten nach oben.

Erst war das Land, dann kam der Bund

Wie eigenständig ist Hessen? Könnte das Land beispielsweise aus dem Bundesstaat Deutschland austreten, wäre ein »Hexit« möglich? Nein, sagen die Experten. Das verhindert das Verfassungsprinzip des bundes- und länderfreundlichen Verhaltens. Zwar ist diese Formulierung nicht im Grundgesetz enthalten, aber aus Urteilen des Bundesverfassungsgerichts geht hervor, dass ein »wechselseitiges Treueverhältnis« zwischen Bund und Ländern existiert. Das schließt die Pflicht ein, sich gegenseitig zu unterstützen.[148] Für Hessen besonders bitter: Der hier erwirtschaftete Wohlstand sorgt dafür, dass das Land seit 1957 ununterbrochen zu den Geberländern des Finanzausgleichs unter den Bundesländern gehört.

Und wie wichtig ist das Bundesland? Bei einer Umfrage der Bertelsmann-Stiftung meinte ein Viertel der Befragten, dass die Länder verzichtbar seien – weil der Bund und die Europäische Union sich mit den wirklich wichtigen Fragen befassten. Doch Deutschland ist föderal aufgebaut, der Bund und die Länder können ohne einander nicht existieren. Schließlich haben die Länder 1949 die Bundesrepublik gegründet und nicht umgekehrt.[149] Die Länder kümmern sich um wichtige Felder der Daseinsvorsorge. Dazu gehören Bildung, Sicherheit (Polizei), Gesundheit, Infrastruktur, Landwirtschaft, Verkehr, regionale Wirtschaft und Integration. Bei der Föderalismusreform kamen 2006 Kompetenzen hinzu: die Gesetzgebung für den Naturschutz, den Strafvollzug und das Versammlungsrecht. Was oft vergessen wird: So gut wie alle Gesetzesvorhaben und Verwaltungsentscheidungen der Europäischen Union und des Bundes führen die Länder- und Kommunalbehörden aus. Daher beschäftigen die Bundesländer rund die Hälfte aller Mitarbeiter des Öffentlichen Dienstes, die Kommunen etwas weniger als ein Drittel und die Bundesbehörden nur zehn Prozent. Die Rechtsprechung liegt bis auf fünf oberste Gerichte, zwei Bundesgerichte und das Bundesverfassungsgericht bei den Ländern. Schließlich hat das Grundgesetz festgelegt, dass sie durch den Bundesrat an der Bundesgesetzgebung, an der Verwaltung des Bundes sowie in Angelegenheiten der Europäischen Union mitwirken. Im Bundesrat hat Hessen als einziges Land fünf (von insgesamt 69) Stimmen, die an die Einwohnerzahl von sechs Millionen gebunden sind. Allerdings sind weniger als die Hälfte aller Bundesgesetze durch den Bundesrat zustimmungspflichtig. Verfassungsrechtler stufen das deutsche System als beteiligungsfreundlich ein, da die Bürger bei Wahlen gleich auf vier Ebenen mitentscheiden können: Europa, Deutschland, Land und Kommune.

Hessen und die Welt

Ein Botschafter (für Belgien), und zwei Ständige Vertreter (EU und Nato) repräsentieren Deutschland in Brüssel. Dennoch leistet sich Hessen wie fast alle Bundesländer dort eine eigene Repräsentanz mit annähernd 30 Mitarbeitern. Die Kritik an dem Aufwand, der seit 2013 in einem von der Hessischen Landesbank erworbenen Haus im Europaviertel betrieben wird, ist leiser geworden. Mehr als zwei Drittel aller politischen Entscheidungen, die deutsche Bürger betreffen, sind von Brüssel angestoßen oder beeinflusst. Hessen mit seinen für die Republik relevanten Einrichtungen wie Flughafen oder Börse sowie als Sitz zahlreicher europäischer Institutionen muss schon im Vorfeld politischer Beschlüsse Einfluss nehmen. So lautet die Vorgabe der Landesregierung, die sich ein eigenes Ministerium für Europa- und Bundesangelegenheiten leistet. Hessen beherbergt in seinem »Mehr-Regionen-Haus« als einziges Land die Vertretungen seiner drei europäischen Partnerregionen Nouvelle Aquitaine (Frankreich), Emilia-Romagna (Italien) und Wielkopolska (Polen). Als Untermieter sitzen dort Interessenvertretungen hessischer Verbände und Unternehmen vom Landesfeuerwehrverband bis zur Metropolregion Frankfurt RheinMain.[150]

Selbst das reiche Bundesland profitiert von EU-Fördergeldern. Hessen erhält aus dem Europäischen Fonds für regionale Entwicklung (EFRE) für die Förderperiode 2021 bis 2027 insgesamt 249 Millionen Euro, die helfen sollen, wirtschaftliche und soziale Differenzen im Land zu verringern. Aus dem Europäischen Sozialfonds Plus bezieht Hessen in derselben Zeit 169 Millionen Euro, die aus einem nationalen Fonds auf 423 Millionen Euro erhöht werden. Aus diesem Topf werden Beschäftigungshilfen und soziale Eingliederungen gefördert. Die höchsten Beträge aus Brüssel fließen in die Landwirtschaft. Im Europäischen Landwirtschaftsfonds für die Entwicklung des ländlichen Raumes (ELER) liegen bis 2027 mehr als 300 Millionen bereit. Diese Summe erhöht sich durch Zuschüsse von Bund und Land auf eine dreiviertel Milliarde Euro.[151]

Eine ähnliche Rolle wie das Brüsseler Büro spielt in Berlin das Haus der Vertretung des Landes Hessen beim Bund. Von hier wird die Teilnahme an den Sitzungen des Bundesrates vorbereitet. In Berlin waren die Hessen die ersten, die 1997 ein Grundstück an der Adresse »In den Ministergärten« erwarben, in das die 40 Mitarbeiter 2001 einzogen. Bis zu 30.000 Besucher werden hier jährlich gezählt, seit 2006 wird die Vertretung auf Ministerebene geführt.

Neben den genannten EU-Partnerregionen in Frankreich, Italien und Polen unterhält Hessen weitere Außenbeziehungen. Die bisher einzige Partnerschaft eines Bundeslandes mit einer türkischen Provinz pflegt Hessen seit 2010 mit Bursa. Die Beziehungen zu dem US-Bundesstaat Wisconsin existieren seit 1976. Rund die Hälfte der etwa 5,5 Millionen Einwohner im Mittleren Westen hat deutsche Vorfahren. Die jüngste Partnerschaft wurde 2017 mit der serbischen Region Vojvodina geschlossen. Ausgesetzt wurde nach dem Überfall Russlands auf die Ukraine die seit 1991 bestehende Partnerbeziehung mit der russischen Region (Oblast) Jaroslawl, 280 Kilometer nordöstlich von Moskau gelegen.

In Hessen haben mehr als 100 offizielle Ländervertretungen ihren Sitz. Das konsularische Korps, bestehend aus hauptberuflich tätigen Konsuln und Generalkonsuln sowie den ehrenamtlichen Honorarkonsuln, ist nach Berlin das zweitgrößte in Deutschland.

Von Ahnatal (Nordhessen) und Krummnußbaum (Österreich) bis Zwingenberg und Pierrefonds (Frankreich) reichen die mehr als 700 Jumelages zwischen hessischen und europäischen Gemeinden. Das französische Wort Jumelage hat sich im Deutschen für Kooperationen auf kommunaler Ebene eingebürgert. Wer mit wem wie verbunden ist, darüber gibt eine Datenbank des Rates der Gemeinden und Regionen Europas Auskunft. Zu den jüngsten Verbindungen zählen solche mit ukrainischen Städten und Kreisen wie die zwischen Wiesbaden und Kamenez-Podolski in der West-Ukraine.[152]

Hessen-Thüringen - was wäre, wenn?

Wäre es nach Walter Wallmann und anderen hessischen Politikern der Wendezeit 1989/1990 gegangen, würde sich dieses Buch mit dem Bundesland Hessen-Thüringen beschäftigen. Noch in seinen

Memoiren bedauerte der ehemalige Ministerpräsident, dass nach seinem Eindruck die ostdeutschen Gesprächspartner auf Distanz zu der Idee eines gemeinsamen Bundeslandes gegangen seien.[153]

Die Beziehung zwischen den beiden historisch so eng verbundenen Ländern wurde in der Zeit der DDR schwer strapaziert. Thüringen gab es nicht mehr, es war in drei Bezirke zerlegt worden. Der Eiserne Vorhang trennte die Nachbarn über eine Länge von 269 Kilometern. Seit den Achtzigerjahren wuchsen Partnerschaften zwischen Städten und Gemeinden – beispielsweise zwischen Kassel und Eisenach, Marburg und Arnstadt. Schon vor dem Mauerfall strebten Zehntausende Übersiedler über Tschechien und Ungarn nach Hessen. Die unmittelbare Nähe zum Geschehen führte zu schneller Hilfe. Schon am 5. Dezember 1989 verabschiedete die Landesregierung das »Aktionsprogramm Hessen-Thüringen«, dem der Landtag zwei Monate später zustimmte. Thüringen erhielt 250 Millionen D-Mark Unterstützung zum Aufbau einer Verwaltung, zum Ausbau der Infrastruktur und für eine schnelle unbürokratische Hilfe in Notlagen. Weitere 500 Millionen D-Mark lagen als Bürgschaft bereit. Der größte Beistand erwuchs den Nachbarn in der Abordnung von Fachleuten. 1992 waren fast 700 Beamte und Angestellte des Landes Hessen in Thüringen im Einsatz, vor allem in der Justiz. Allen voran Hans-Joachim Jentsch (CDU), der als Justizminister in die Thüringer Landesregierung berufen wurde. Beim Aufbau der Parteien halfen prominente Unterstützer wie Franz-Josef Jung in der CDU oder der ehemalige Frankfurter Oberbürgermeister Rudi Arndt, der als ehrenamtlicher Landesgeschäftsführer der SPD einsprang. Von Gießen aus wurde Bodo Ramelow 1990 als Sekretär der Gewerkschaft Handel, Banken und Versicherungen zum Aufbau des DGB entsandt, 24 Jahre später wählten ihn die Abgeordneten als ersten Vertreter der Partei Die Linke zum Ministerpräsidenten Thüringens. Mit dem Staatsvertrag über die Bildung des gemeinsamen Sparkassen- und Giroverbandes Hessen-Thüringen im März 1992 schufen beide Länder die Grundlage für eine gemeinsame Landesbank mit Zentralen in Frankfurt und Erfurt. Zehn Jahre später schlossen sich die beiden DGB-Landesverbände zusammen.

Ein Schild vor dem Sitzungsgebäude mit der Feststellung »Eine Feder nicht das Schwert entscheiden Deutschlands Zukunft«. Am 5.9.1946 wurde in Wiesbaden die erste öffentliche Sitzung der Verfassungsgebenden Landesversammlung Groß-Hessen abgehalten, auf der sich die Öffentlichkeit über die Arbeit der Versammlung informieren konnte.

Die Verfassungswirklichkeit: sozial, aber nicht sozialistisch

Das Spielfeld und die Regeln für den politischen Betrieb im Land beschreibt die hessische Verfassung, die als erste nach dem Krieg am 1. Dezember 1946 in einer Volksabstimmung verabschiedet wurde. Damit gaben die Hessen die Richtung vor: Auf die Diktatur folgt eine demokratische und parlamentarische Republik. Es ist viel darüber gestritten worden, ob das Produkt ein Import der US-amerikanischen Besatzer gewesen sei. Richtig ist, dass die Verfassung von der Militärregierung genehmigt werden musste und beispielsweise um die Frage einer Vergesellschaftung von Wirtschaftsbetrieben heftig gestritten wurde. Aber die Verfassungberatende Landesversammlung, die den Entwurf erarbeitete, war in freier Wahl durch die Bürger Hessens bestimmt worden. Ihr gehörten 86 Männer und vier Frauen aus Hessen an.[154]

Charakteristisch für die hessische Verfassung ist die Betonung der sozialen und wirtschaftsdemokratischen Elemente sowie eine ausführliche Beschreibung der Grundrechte. Nicht alles hatte Bestand. Das Grundgesetz von 1949 überlagerte nach dem Prinzip »Bundesrecht bricht Landesrecht« wichtige Passagen zum Thema Menschenrechte und zur Sozialgesetzgebung. Auch die Todesstrafe (Artikel 21) war damit faktisch abgeschafft. Artikel 41, der die Sozialisierung von Schlüsselbranchen vorsah und über den die Hessen nach Vorgabe der Amerikaner eigens abgestimmt hatten, kam in der Breite nicht zur Anwendung.[155]

Was 1946 formuliert wurde, hat erstaunlich lange Bestand. Hessens Verfassung wurde insgesamt sieben Mal, zuletzt 2018, geändert. Zum Vergleich: Das Grundgesetz wurde rund 60 Mal überarbeitet. In Hessen ist, anders als im Bund, bei einer Verfassungsänderung eine Volksabstimmung vorgeschrieben. Neben dem Bund hat die Europäische Union einiges an Kompetenzen übernommen. Manche nennen sie eine »verstummende Verfassung«. Dem widersprechen die Befürworter. Sie sehen in ihr »ein politisch-moralisches Testament des Willens« mit starker symbolischer Bedeutung, das Werte vermittle, »die einen positiven Verfassungspatriotismus hervorbringen können«.[156]

Das höchste – und das lauteste – Organ

In der Verfassung ist er recht knapp beschrieben. Das ändert nichts daran, dass der Hessische Landtag als die gewählte Vertretung aller Bürgerinnen und Bürger das höchste Verfassungsorgan des Landes ist. In der repräsentativen Demokratie leitet sich von ihm die gesamte Staatsgewalt ab. Anders als im Bund, wo das Parlament alle vier Jahre gewählt wird, sind die Hessen nur alle fünf Jahre zum Urnengang aufgefordert. Es sei denn, der Landtag beschließt sich aufzulösen, was in seiner Geschichte seit 1946 nur zwei Mal geschah (1983 und 2008). In der 20. Wahlperiode bis 2024 hat der Landtag mit 137 Mitgliedern eine Rekordgröße erreicht. Seinen Sitz hat er im ehemaligen Wiesbadener Stadtschloss der Herzöge von Nassau und einigen Nebengebäuden. Der Plenarsaal wurde bis 2008 neu errichtet; seitdem sind die Abgeordnetenplätze kreisförmig angeordnet.

Der Landtag beschließt die Gesetze und überwacht deren Ausführung. Sein vornehmstes Recht ist die Haushaltsbewilligung. Die vom Chef der Landesregierung, dem Ministerpräsidenten, gebildete Regierung muss per Abstimmung des Landesparlamentes in ihr Amt eingesetzt werden. Die Regierung ist dem Landtag gegenüber verantwortlich. Zur Kontrolle stehen den Abgeordneten verschiedene Instrumente zur Verfügung. Dazu zählen Redebeiträge, Kleine oder Große Anfragen, Mündliche Anfragen, Berichtsanträge oder Aktuelle Stunden. Auf Wunsch der Abgeordneten – meist der Opposition – kann ein Minister in den Landtag zitiert werden. Seine schärfste Waffe ist der Untersuchungsausschuss. Der hessische Landtag gilt als streitbar, was sich an der überdurchschnittlich hohen Zahl von Untersuchungsausschüssen ablesen lässt. Seit 1946 zählte man im Schnitt zwei je Legislaturperiode. In jüngerer Vergangenheit beschäftigte sich das Parlament auf diese Weise vor allem damit, wie die Landesbehörden mit den Morden rechtsgerichteter Terroristen umgingen. Gemeint sind die Attentate des NSU (Nationalsozialistischer Untergrund), der Mord an dem Kassler Regierungspräsidenten Walter Lübcke und der Amoklauf von Hanau. Die Landtagsabgeordneten wählen außerdem die Richter des Staatsgerichtshofes sowie die Inhaber weiterer hoher Ämter.

Wer sitzt im Parlament? »Die Abgeordneten sind Vertreter des ganzen Volkes«, heißt es in Artikel 77 der Landesverfassung. Der breite Querschnitt der Bevölkerung ist dort zumindest nicht repräsentiert. Auch wenn gerne darauf hingewiesen wird, dass schon mal ein Schornsteinfegermeister oder Pfarrer gewählt werde, hat der Öffentliche Dienst die Oberhand. Die langen Zugehörigkeiten zum Parlament sind ein Hinweis darauf, dass sich Politik als Hauptberuf etabliert hat. Wie lange die Schatten der Vergangenheit auf dem Landtag lasteten, haben die Ergebnisse der »Kartmann-Kommission« zutage gefördert. Demnach waren 92 Abgeordnete der Nachkriegsparlamente – bis in die Neunzigerjahre – ehemalige NSDAP-Mitglieder, 200 hatten zu parteinahen Organisationen gehört. Den Spitzenwert erzielte der Landtag von 1962 mit mehr als einem Drittel ehemaliger NS-Angehöriger.[157]

Kinderführung durch den Landtag

Das Saarland kann auch ein Achtjähriger hochheben. Hessen ist schon ein bisschen schwerer, das schleppen ein Junge und ein Mädchen gemeinsam heran. Nach einigem Ruckeln sitzt das gelbe Puzzleteil aus Holz am richtigen Fleck: mitten in Deutschland. Die Kinder der Klassen 3a und 3b aus der Eichendorffschule in Niddatal haben an diesem Nachmittag ihr erstes Abenteuer auf der Expedition Landtag bestanden. Sie mussten eine Deutschlandkarte, bestehend aus 16 unterschiedlich farbigen Teilen, zusammenbauen. Jetzt kommt die Kür: Wo liegt die Landeshauptstadt? Ein Aufkleber wird korrekt am westlichen Rand platziert. »Im Landtag werden Regeln und Gesetze für Hessen gemacht«, erklärt die Landtagsführerin Ursula Schenk den Kindern. Ihr Ziel: Spielerisch sollen schon Grundschüler erfahren, wer wo in Hessen wofür verantwortlich ist. »Da oben ist ein Schloss«, ruft ein Mädchen verzückt. Ihre Entdeckung erfordert eine Erklärung. In der Tat könnte der Musiksaal des alten nassauischen Stadtschlosses als Kulisse für ein Märchen dienen. In dem leben bekanntlich Prinzen und Königinnen, aber keine Abgeordneten. Im ersten Stock des Hessischen Landtages erkennt man besonders gut die baulichen Übergänge zwischen dem modernen Abgeordnetenhaus samt Plenarsaal und den Überbleibseln der Monarchie, verkörpert durch die Reste des Schlosses, das nach den nassauischen Herzögen König und Kaiser als Aufenthaltsort schätzten. Wer heute das Sagen hat, erfahren die Kinder auf der Besuchertribüne des Plenarsaales. Sie blicken auf das Rund der Abgeordnetensitze hinab, hören, dass dies die »Herzkammer der Demokratie« sei und dass es bei Wahlen ähnlich zugehe wie in der Klasse, wenn ein neuer Klassensprecher gesucht wird. Die Landtagspräsidentin sei wie eine Schiedsrichterin beim Fußball, sie achte auf die Einhaltung der Regeln. Statt Pfeife nutzt sie eine Glocke, wenn es zu wild im Hohen Hause zugeht. Am Ende des Abenteuers Landtag wird abgestimmt. Was wollen die Kinder am liebsten: mehr Lehrer, größere Klassenräume, einen schöneren Pausenhof oder mehr Spielgeräte?
Mit Abstand liegt ein anderer Wunsch weit vorne: 32 Stimmen für mehr Ausflüge. Das Konzept der Landtagspädagogen scheint aufgegangen.

Leben mit dem Konflikt – das Politiksystem

Warum fällt das hessische Politiksystem so häufig aus dem Rahmen, geht eigene neue Wege? Historiker und Politikwissenschaftler nennen als einen Grund die besondere Lage. Zwar gehört Hessen zu den sechs Ländern, die keine Außengrenze besitzen, aber jahrzehntelang waren der Osten und der Norden durch die Barriere zur »Ostzone« und späteren DDR blockiert. Der Ost-West-Konflikt war in Sichtweite des »Eisernen Vorhangs« keine abstrakte Größe, sondern Alltag. Gleichzeitig lud die exponierte Lage des Südens mit seinem Verkehrsknotenpunkt Frankfurt Menschen dazu ein, sich hier niederzulassen – und neue Ideen und Gedanken mitzubringen. Der Wandel von der Industrie- zur Dienstleistungsgesellschaft und die Landflucht zersetzten die klassischen Milieus, aus denen sich politische Parteien traditionell speisten, oder lösten sie gar auf. Zusätzlich veränderte die große Zahl von Vertriebenen, Flüchtlingen und Einwanderern die Zusammensetzung der Bevölkerung. Im Parlament und in der Zivilgesellschaft machten sich diese Eruptionen ab Mitte der Sechzigerjahre bemerkbar.

Bis zum Ende der ersten Legislaturperiode 1950 kann man von einer Phase der Kooperation sprechen, in der SPD und CDU unter Führung der Sozialdemokraten die einzige Große Koalition in der Geschichte Hessens bildeten. Erleichtert wurde die Zusammenarbeit durch eine CDU, die vom »christlichen Sozialismus« geprägt war, und eine auf Pragmatismus gründende Sozialdemokratie. Für deren Kurs standen zu Beginn der aus der Gewerkschaftsbewegung stammende erste gewählte Ministerpräsident Christian Stock (1946–1950), vor allem aber sein Nachfolger Georg August Zinn (1950–1969). Unter dem charismatischen Politiker dominierte die SPD bis Ende der Sechzigerjahre das politische Geschehen. In dieser »Hegemonialphase« baute Zinn, der zwei Mal Wahlen mit absoluter Mehrheit gewann, Hessen zum »sozialdemokratischen Musterland« und Gegenentwurf zur Adenauerrepublik auf. Bestrebt, die Gegensätze zwischen dem reichen Süden und dem armen Norden zu nivellieren, entwickelte die Regierung Pläne zur Besserung der Infrastruktur, zur Industrieansiedlung und Landbesiedlung.

Die darauffolgenden Jahre sind prägend für das Image des »härtesten Parlaments« der Republik. Angeführt von dem konservativ-national ausgerichteten Vorsitzenden Alfred Dregger ging die CDU-Opposition vor den Wahlen 1970 auf Konfrontationskurs zur allein regierenden SPD. Die geriet, vor allem im dominanten Bezirk Hessen-Süd, unter den Einfluss der »68er-Bewegung« mit antikapitalistischen Tendenzen. In dieser Konkurrenzphase wirkte die Diskussion um Reformen in der Bildungspolitik als Katalysator. Die Bundespolitik war 1970 Vorbild für die erste sozialliberale Koalition in Hessen unter Albert Osswald (SPD). Dem war in der FDP ein Wechsel von einem stramm nationalen zu einem eher liberalen Kurs unter Führung von Heinz-Herbert Karry vorausgegangen.

Die Polarisierung dieser Jahre mit einer klaren Unterscheidbarkeit der Lager gilt als Blütezeit der Volksparteien. CDU und SPD erreichten bei Wahlen fast 80 Prozent der abgegebenen Stimmen. Die Ergebnisse führten zu knappen Mehrheiten, die FDP gab als »Zünglein an der Waage« den Ausschlag. Das Dreiparteien-System schien auf Jahre zementiert. Die Gebietsreform von 1972 bis 1977 sorgte für massive Vertrauensverluste bei den Regierungsparteien, die Christdemokraten setzten 1977 bei den Kommunalwahlen zum Sturm auf die Rathäuser an. Seit den Landtagswahlen 1974 stellten sie im einst »Roten Hessen« die stärkste politische Kraft. Politische Skandale wie die Milliardenverluste der Hessischen Landesbank, für die der Verwaltungsratsvorsitzende und Ministerpräsident Osswald die Verantwortung übernahm, gaben zusätzlichen Anlass für harte, auch persönliche Auseinandersetzungen.

Wenig später wurden die seismografischen Ausschläge eines bundespolitischen Erdbebens zuerst in Hessen gemessen. Drei Monate vor der Landtagswahl, die für den 26. September 1982 angesetzt war, entschied die Landes-FDP, eine Koalition mit der CDU anzustreben. In Bonn erfuhr die Öffentlichkeit erst Mitte September davon, dass auch dort die Ehe mit den Sozialdemokraten ein Ende fand. Alle FDP-Minister traten am 17. September zurück, Vorspiel des erfolgreichen Misstrauensvotums gegen Bundeskanzler Helmut Schmidt am 1. Oktober 1982 und der Wahl Helmut Kohls zum

Kanzler mit den Stimmen der FDP-Fraktion. Deren Vorsitzender Wolfgang Mischnick war über die Landesliste Hessen in den Bundestag eingezogen. Das Ergebnis der Landtagswahlen von 1982, geprägt von den Ereignissen im Bund, läutete eine Phase ein, die bis zum Ende des Jahrtausends währen sollte. Pluralisierung, Erosion, Konfrontation, so beschreiben Politologen die Zeit, in der die Grünen erstmals – mit acht Prozent – in das Landesparlament einzogen und die Mehrheiten oft nur zwei Sitze im Landtag betrugen. Da waren sie, die »Hessischen Verhältnisse«. Alte Gewissheiten schwanden mit dem Ausscheiden der FDP aus dem Landtag.

Die neuen grünen Kräfte kamen ohne Krawatte, dafür aber mit Blumentöpfen ins Hohe Haus. Der Ton wurde schärfer. Begünstigt wurde der Einzug der ehemals außerparlamentarischen Opposition von massiven Vertrauensverlusten gegenüber den Alt-Parteien. Skandale, Parteispendenaffären, Wortbrüche führten in Deutschland zu Parteiaustritten und sinkender Wahlbeteiligung. 1991 gingen in Hessen nur 70,8 Prozent zur Landtagswahl, Mitte der Neunziger erreichten SPD und CDU noch 50 Prozent der Wahlberechtigten, die Nichtwähler stiegen zur größten Partei auf.

Ministerpräsident Holger Börner (SPD) musste zwei Jahre mit einer Minderheitsregierung unter Duldung der von ihm nicht geschätzten Grünen arbeiten. Dennoch kam es zum ersten rot-grünen Bündnis auf einer Landesebene. Das Bild von der Vereidigung des »Turnschuhministers« Joschka Fischer am 12. Dezember 1985 steht sinnbildlich für den Marsch der »68er« durch die Institutionen. Mit Spuren von Bürgerlichkeit: Die schneeweißen Schuhe der Marke Nike hatte sich Fischer eigens für diesen Anlass gekauft. Den Lackmustest bestand die junge Regierung im Februar 1987 nicht. Sie zerbrach über den Streit um die Betriebserlaubnis für eine Plutoniumfabrik in Hanau.

Zu den neuen Verhältnissen im Bundesland gehörte, dass die SPD als »gesetzte Regierungspartei« nach den Wahlen 1987 zum ersten Mal seit 1946 weder den Ministerpräsidenten noch einen Minister im Kabinett stellte. Jetzt zementierten sich für mehr als ein Vierteljahrhundert die Lager Rot-Grün und Schwarz-Gelb. Walter

Hessens Ministerpräsident Holger Börner vereidigt 1985 den Grünen-Umweltminister Joschka Fischer, der leger in Turnschuhen, Jeans und Jackett erschien.

Wallmann stand für eine Premiere. Er war der erste CDU-Ministerpräsident Hessens. Als Oberbürgermeister von Frankfurt hatte der Jurist seinen Magistrat über Parteigrenzen hinweg breit aufgestellt. Im Wahlkampf war er als erster deutscher Umweltminister in der Regierung Kohl aufgetreten. Ihm oblag es, nach dem Mauerfall 1989 die Verbindungen mit Thüringen zu knüpfen.

Knappe Wahlergebnisse prägten die Neunziger. Hans Eichel, der als Oberbürgermeister von Kassel Bündniserfahrungen mit den Grünen hatte, gelang es, von 1991 bis 1999 diese Farbkombination auch als Ministerpräsident im Bundesland zu etablieren. Die vorausgegangenen vier Jahre schwarz-gelber Koalition galten als Intermezzo oder Betriebsunfall. Eichels Regierung litt wenig unter Reibungen zwischen den Koalitionären, hatte aber eine Reihe Skandale und Ministerrücktritte zu verkraften.

Das nach 1999 folgende Vierteljahrhundert einer ununterbrochenen CDU-Führung im Land bietet nur oberflächlich ein Bild der Hegemonie. Mehrmals hätte es theoretisch Mehrheiten gegen die CDU geben können. Sie kamen nicht zustande. Der Wahlsieg Roland Kochs 1999 war stark durch die Bundespolitik beeinflusst. Der schwierige Start der Regierung Schröder-Fischer mit dem Bekenntnis der Grünen zu einem Bundeswehreinsatz im Kosovo führte zu »Abstrafungen« auf Landesebene. Gerne wird die CDU-Kampagne einer Unterschriftenaktion gegen die »Doppelte Staatsbürgerschaft« als Grund für einen populistisch herbeigeführten Wechsel angeführt. Belegt ist diese These nicht. Der frisch gewählte Ministerpräsident Roland Koch musste sich aber Vorwürfen erwehren, in einen der größten Parteispendenskandale verwickelt zu sein. Führende hessische CDU-Politiker wie der ehemalige Bundesinnenminister Manfred Kanther und der frühere Landesschatzmeister Casimir Johannes Prinz zu Sayn-Wittgenstein-Berleburg hatten Anfang der Achtzigerjahre illegale Parteispenden ins Ausland überführt. Als angebliches Erbe deutscher Juden (»jüdische Vermächtnisse«) und Darlehen für ihre Partei hatten sie diese Gelder (Gesamtsumme 40 Millionen D-Mark) wieder zurückgebucht. Teilbeträge waren zur Finanzierung des Wahlkampfs der CDU verwendet worden. Wahlprüfverfahren verliefen aber ergebnislos. Die von Koch versprochene »brutalstmögliche Aufklärung« führte nicht zu einer restlosen Klärung der Vorgänge, der Chef der Staatskanzlei, Franz-Josef Jung trat zurück, was als Bauernopfer interpretiert wurde. Die FDP unter Führung von Ruth Wagner stand zum Koalitionspartner, Roland Koch wurde bei einem Parteitag im Februar 2000 mit mehr als 97 Prozent der Stimmen wiedergewählt, errang 2003 mit seiner Partei erstmalig überhaupt die absolute Mehrheit und regierte ohne Koalitionspartner das Land.

Dieses scheinbar stabile System geriet 2008 aus den Fugen, als mit der Linken ein fünfter Player auf dem Spielfeld erschien. Nach einem harten, teils mit persönlichen Angriffen geführten Wahlkampf standen sich die beiden klassischen Lager in einem Patt gegenüber, die Linke konnte den Ausschlag geben. Ein rot-rot-grünes

Bündnis kam jedoch nicht zustande. Die SPD-Herausforderin Andrea Ypsilanti konnte vier Mitglieder ihrer Fraktion nicht davon überzeugen, dass diese Konstellation trotz gegenteiliger Beteuerungen vor der Wahl eine sinnvolle Alternative zur Minderheitsregierung Koch sei. Der Landtag erlebte 2008 wechselnde Mehrheiten mit der Besonderheit, dass die Regierung überstimmt wurde und zum Beispiel die von ihr eingeführten Studiengebühren wieder abschaffen musste. Letztlich fand sich eine Mehrheit für die Auflösung des Landtags. Nach den Neuwahlen gingen CDU und FDP wieder eine Koalition ein, da die FDP von einem starken Bundestrend profitierte und die SPD zweistellig verlor.

Obwohl diese Verbindung bis 2013 hielt, lösten sich von 2010 an die Fronten zwischen den alten Lagern langsam auf. Als erster Ministerpräsident in Hessen überhaupt hatte Roland Koch aus freien Stücken in diesem Jahr sein Amt an seinen Nachfolger Volker Bouffier übergeben und war in die Wirtschaft gewechselt. Bouffier, bislang als konservativer Hardliner bekannt, schritt zu einer ideologischen Abrüstung und sprach in seiner Regierungserklärung von einem neuen »Miteinander«. Im politischen Alltag legte er nach und lud die Opposition zu Gesprächsgipfeln über Themen wie Energie, Bildung oder Flüchtlinge ein. Im Dezember 2010 stimmten bis auf die Linke alle Fraktionen für die Aufnahme einer Schuldenbremse in die Verfassung und machten damit den Weg für die obligatorische Volksabstimmung im März des Folgejahres frei.[158]

Abermals eine Premiere erlebte Hessen stellvertretend für ganz Deutschland, als nach den Wahlen 2013 Christdemokraten und Grüne eine Koalition eingingen. Obwohl der Verhandlungsführer der Grünen, Tarek Al-Wazir, hervorhob, es handle sich nicht um eine Liebesheirat, regierten die scheinbaren Antipoden nach dem Urteil der Öffentlichkeit weitgehend konfliktfrei und geräuschlos. Dabei mussten beide Parteien Zugeständnisse machen. Der Wille, gemeinsam regieren zu wollen, überwog alte Ressentiments. Als trotz einer schwächelnden CDU und erstarkender Grüner nach den Landtagswahlen im Herbst 2018 die Koalition bekräftigt wurde, gingen viele Beobachter von einem Signal für die Bundestagswahl

2021 aus. Ein Trugschluss. Volker Bouffier trat mitten in der Legislaturperiode aus Altersgründen von seinem Amt zurück. Sein Nachfolger Boris Rhein (CDU), der zuvor als Minister in zwei Kabinetten gedient und anschließend das Amt des Landtagspräsidenten versehen hatte, wurde im Mai 2022 gewählt. Den Hessischen Verhältnissen entsprach auch bei dieser Wahl, dass die Regierungsmehrheit im Landtag nur eine einzige Stimme betrug.[159]

Viele überraschte, dass nach der Landtagswahl im Oktober 2023 Wahlsieger Boris Rhein (34,6 % der Stimmen/52 Parlamentssitze) und die CDU sich für eine Koalition mit der SPD entschieden. Für die Sozialdemokraten endete damit ein knappes Vierteljahrhundert Opposition. Der Koalitionsvertrag spiegelte das christdemokratische Übergewicht wider. Innere Sicherheit, strengere Migrationsregeln und Förderung junger Familien waren kennzeichnende Elemente. Als »Ruck nach Rechts« wurden die deutlichen Stimmengewinne der AfD gewertet, die mit 18,4 % aller Stimmen und 28 Sitzen zur größten Oppositionsfraktion aufstieg. Die Linke scheiterte an der Fünf-Prozent-Hürde.[160]

Immer mal was Neues

»Hessen vorn«, an »Hessen kommt keiner vorbei« – die Slogans sollten dem Landesvolk und der Konkurrenz die Innovationsfreude des Landes attestieren. Mit einer Reihe wegweisender Neuerungen hat Hessen tatsächlich in Deutschland Schule gemacht. Dafür sollen zwei besonders markante Beispiele stehen:

Das Datenschutzgesetz der Regierung Osswald

»Die Befürchtungen hinsichtlich des ›Großen Bruders Computer‹, vor allem mit dem Blick auf die Überwachung der Privatsphäre des Bürgers, sind bekannt. Wir können heute nicht mehr mit Bestimmtheit sagen, solche Befürchtungen seien grundlos. Wir müssen aber alles uns Mögliche tun und unternehmen, um vermeidbare Gefahren, die die elektronische Datenverarbeitung für Bürger, Regierung und Verwaltung mit sich bringt, von vorneherein auszuschließen.« Diese brandaktuellen Sätze stammen aus dem Jahr

1970. Damals brachte die Regierung Osswald ihren Entwurf für ein hessisches Datenschutzgesetz in den Landtag ein. Der Sozialdemokrat Albert Osswald hatte als Gießener Oberbürgermeister seine Expertise in Sachen Behördenverwaltung bewiesen und die Bedeutung der elektronischen Datenverarbeitung bei der Optimierung von Verwaltungsprozessen erkannt. Auch deren Gefahren. Das Gesetz verfolgte drei Ziele: Schutz der Privatsphäre des Bürgers, Schutz der Datenbestände vor unberechtigtem Zugriff und Zugang der parlamentarischen Gremien zu den Informationen. Zugleich wurde das Amt des hessischen Datenschutzbeauftragten eingeführt. Das Gesetz trat am 13. Oktober 1970 in Kraft, es war das weltweit erste seiner Art.[161]

Die Einführung der Doppik der Regierung Koch

Als erstes Flächenland in Deutschland legte Hessen nach Einführung der doppelten Buchführung (Doppik) im Jahr 2009 einen »Geschäftsbericht« vor. Bürger als Kunde, Verwaltung als Dienstleister. Die umfassendste Verwaltungsreform des Landes sorgte für erhebliche Transparenz der Kosten. Auch die Vergleichbarkeit mit den Etats anderer Länder wie Bremen oder Hamburg, die erstmals die Doppik nutzten, wurde möglich. Wichtig sei für die Verwaltung zu wissen, woher sie ihr Geld bekomme und wie es verwendet werden könne, hieß es zur Begründung. Bei der klassischen kameralen Haushaltung, so die Kritiker des alten Verfahrens, gab der Beamte so viel Geld aus, wie ihm zu Jahresbeginn zugeteilt worden war. Mit dem bekannten Effekt des »Dezemberfiebers«. Was nicht am Jahresende ausgegeben wurde, könnte als Sparpotenzial gekürzt werden. Das alte System hatte sparsames Wirtschaften nicht belohnt. Bei der doppelten Buchführung werden in der Bilanz am Jahresende die Vermögenswerte – zum Beispiel der Wert von Gebäuden – den Schulden gegenübergestellt und ausgeglichen. Das neue Steuerungssystem hatte erstmals die hohen Verbindlichkeiten offengelegt, die das Land drücken, weil es seine pensionierten Beamten bezahlen muss. Die dafür erforderlichen Rücklagen sind seitdem erst Gegenstand öffentlicher Debatten.[162]

Es ist nicht die Stadt von irgendwem

Homberg an der Efze ist ein Ort von historischer Bedeutung: In der Reformation spielte die Gemeinde im Schwalm-Eder-Kreis eine zentrale Rolle. Dass Homberg neuerdings eher über seine Zukunft oder griffiger über seine Enkeltauglichkeit diskutiert, hat die Stadt ihrem Bürgermeister und dem alten Feuerwehrstützpunkt zu verdanken. Dr. Nico Ritz war von der Initiative LOSLAND angesprochen worden, ob Homberg als eine von zehn Gemeinden in Deutschland an einem Bürgerbeteiligungsprozess teilnehmen wolle. So kam die alte Feuerwache ins Spiel. LOSLAND ist ein Projekt des Vereins »Mehr Demokratie«, des Forschungsinstituts für Nachhaltigkeit in Potsdam und der Bundeszentrale für politische Bildung. Demokratie sei nicht in Beton gegossen, heißt es auf deren Homepage, man wolle die Bürger ermuntern, gesellschaftliche Prozesse selbst in die Hand zu nehmen. In Homberg übernahm diese Rolle ein Zukunftsrat, dessen Mitglieder per Los ausgewählt worden waren. In einer Klausur entwickelten die Räte Modelle für die neue Nutzung der Feuerwache. Ihre Ideen stellten sie in einem Zukunftsforum vor. Für Bürgermeister Ritz ist das Signal angekommen: »Es ist nicht die Stadt von irgendwem, von den Stadtverordneten oder dem Bürgermeister, sondern es ist unsere Stadt.«[163]

Plebiszitäre Elemente hatten die Mütter und Väter in der Landesverfassung verankert, um zu dokumentieren, dass sich die Beteiligung der Bürger nicht in Wahlen erschöpfen solle. So sind Volksentscheide möglich, die mittels eines Volksbegehrens erzwungen werden können. Kritiker bescheinigten den Hessen, dass sich die Hürden für die unmittelbare Demokratie als zu hoch erwiesen hätten. Die Geschichte gibt ihnen Recht. Alle acht bis 2022 auf den Weg gebrachten Volksbegehren scheiterten entweder an dem erforderlichen Quorum (früher 20, seit 2018 fünf Prozent der Wahlberechtigten) oder an verfassungsrechtlichen Bedenken wie bei der Initiative für ein Verkehrswendegesetz. Daher setzte die Initiative »Mehr Demokratie« das Land Hessen beim »Volksentscheidsranking« nur auf Platz 9 von 16. Davon zu unterscheiden ist die Volksabstimmung, die beispielsweise für alle Verfassungsänderungen zusätzlich zu der im Landtag erforderlichen Zwei-Drittel-Mehrheit vorgeschrieben ist.[164]

Erfolgreicher sind die Bürgerentscheide in den Kommunen, die 1993 in die Hessische Gemeindeordnung aufgenommen wurden. Seitdem hat es rund 500 Bürgerbegehren gegeben, die etwa bei 40 Prozent zu Bürgerentscheiden führten. In wiederum der Hälfte dieser Fälle hatten die begehrenden Bürger Erfolg. Seit 2016 können auch Gemeinden ihre Bürger zu Entscheiden auffordern (Vertreterbegehren). Nach Ansicht des Kommunalexperten Ulrich Dreßler hat der Bürgerentscheid »die Kommunalpolitik in Hessen sicherlich in noch größerem Umfang verändert und belebt als die Direktwahl der Bürgermeister«. Er spricht von einer erfolgreichen Befriedungsfunktion.[165]

Um im Vorfeld von politischen Entscheidungen schon Bürgerwillen und -interessen zu berücksichtigen, kommen neue Beteiligungsverfahren ins Spiel. Besondere Aufmerksamkeit weckte das Mediationsverfahren um den Ausbau des Frankfurter Flughafens, das 1998 von der Regierung Eichel angestoßen und unter Koch zu Ende geführt wurde. Bei der Mediation werden gezielt Interessenvertreter eingeladen, die unter der Moderation eines neutralen Mediators Lösungsvorschläge erarbeiten. Trotz Kritik an den Ergebnissen der Flughafenmediation wird diese Form der Partizipation allgemein begrüßt. Alternativ kommt das Verfahren der Bürgerräte zum Einsatz, bei dem wie in Homberg Bewohner für die Beteiligung ausgelost werden. Damit soll eine persönliche Betroffenheit möglichst geringgehalten werden.[166]

Wenn (sich) Bürger bewegen

Die Angebote der Politik an die Bürger wuchsen aus der Erkenntnis, dass die bis dahin etablierten Beteiligungsformen offenbar nicht ausreichten. In Hessen hatte es außergewöhnlich früh spontane und lockere Zusammenschlüsse von Bürgern gegeben, die sich gegen umstrittene Großprojekte oder gegen aus ihrer Sicht fehlerhafte Entscheidungen der Verwaltung richteten. Experten wie Bernd Guggenberger weisen darauf hin, dass der dafür

Bürgerproteste gegen den Bau der Startbahn West für den Frankfurter Rhein-Main-Flughafen, 1981

inzwischen gängige Begriff Bürgerinitiative eher in Bürgerreaktive umgetauft werden müsse. Schließlich seien gerade die frühen Bewegungen Reaktionen auf Obrigkeitshandeln gewesen.[167] Die erste Bürgerinitiative gründete sich im April 1965 in Mörfelden (Kreis Groß-Gerau) als »Interessengemeinschaft zur Bekämpfung des Fluglärms e. V.«. Nach den Worten ihres Vorsitzenden, Pfarrer Kurt Oeser, richtete sich deren Arbeit nicht prinzipiell gegen die Existenz des Flughafens, sondern gegen »eine unverantwortliche Expansion und gegen die Vernichtung der Landschaft«. Bis in dieses Jahrtausend hinein bot die Erweiterung des Frankfurter Flughafens immer wieder Anlass zu – nicht immer friedlichen – Auseinandersetzungen.[168]

Fast zeitgleich mit dem Aufbegehren von Anrainern des Flughafens begannen in Frankfurt, später in Gießen und Marburg, Protestaktionen, bei denen vor allem Studenten in vielfältiger Weise aus sehr unterschiedlichen Anlässen demonstrierten. Wichtigster Grund für den Protest, der sich auf der Straße, also außerparlamentarisch abspielte, war der Vietnamkrieg, in den die USA seit Mitte der Sechzigerjahre massiv eingriffen. Mit Sitzstreiks und Blockaden, Demonstrationszügen und Flugblättern nahmen die Akteure Anleihen bei den Ostermärschen der Fünfzigerjahre und Vorbildern der Bürgerrechtsbewegung in den Vereinigten Staaten. Bis zum Beginn der Siebzigerjahre entwickelte sich Frankfurt neben Berlin zum Zentrum der »Studentenunruhen«, die sich auch gegen den Rückstand an den Hochschulen und die von der Großen Koalition in Bonn geplanten Notstandsgesetze wandten. Gerade gegen letztere machte auch der Deutsche Gewerkschaftsbund mobil. Anders als in Berlin beteiligten sich in Frankfurt neben den Studenten Schüler und Gewerkschafter. Als Organisatoren traten Mitglieder des Sozialistischen Studentenbundes (SDS) auf, von dem sich die SPD 1961 wegen der Unvereinbarkeit der Ziele getrennt hatte. Das Büro des Bundesvorstandes hatte seinen Sitz in Frankfurt, wo zahlreiche Zusammenkünfte und Kongresse stattfanden. Führende Persönlichkeiten waren Karl Dietrich (KD) Wolff, Hans-Jürgen Krahl und Daniel Cohn-Bendit. Rudi Dutschke, Kopf der Berliner Studentenbewegung, kam häufig nach Frankfurt. Als intellektuelle Kraftquelle der Bewegung diente die Kritische Theorie. Deren Vertreter lehrten am Institut für Sozialforschung und wurden unter dem Namen »Frankfurter Schule« bekannt. Akademische Lehrer wie Max Horkheimer, Theodor W. Adorno und Jürgen Habermas sowie der Begründer der »Marburger Schule«, Wolfgang Abendroth, teilten zu Beginn die gesellschaftskritischen und emanzipatorischen Ideen der Studenten, die teils ihre Schüler waren. In Abgrenzung zum Kapitalismus, aber auch zum orthodoxen Kommunismus standen Cohn-Bendit und Dutschke für einen gesellschaftlichen Gegenentwurf der »Neuen Linken«.[169]

Nach der Ermordung des Studenten Benno Ohnesorg durch einen Polizisten bei der Schah-Demonstration am 2. Juni 1967 in Berlin radikalisierte sich die Bewegung. Habermas nannte Gewaltanwendung durch den SDS »linken Faschismus« und deren Gedankenkonstrukte eine »linke Scheinrevolution«. Im Winter 1968/1969 wurde auch das Institut für Sozialforschung von Studenten besetzt. Als die Institutsleitung das Haus von der Polizei räumen ließ, wurde sie in den Augen der Besetzer zu »Bütteln des autoritären Staates«. Das Attentat auf Rudi Dutschke im April 1968 in Berlin führte in Frankfurt zu schweren gewalttätigen Auseinandersetzungen, den »Osterunruhen«. Die Polizei reagierte auf Blockaden und Übergriffe mit harten Maßnahmen. Es gab auf beiden Seiten Verletzte. Zu Beginn der Siebzigerjahre ebbte der gewaltsame Protest ab, der SDS löste sich im März 1970 auf. Man hatte sich in einem Machtkampf um die politischen Ziele unversöhnlich zerstritten.

Die allgemeine Reformbewegung dieser Jahre hatte viele Gesichter. Als Nah- und Fernwirkung entwickelten sich neue Formen des Wohnens (Wohngemeinschaften), der Kindererziehung (Kinderläden), der sexuellen Befreiung, der Frauenemanzipation. Im März 1972 tagte in Frankfurt der erste Bundesfrauenkongress. Im September 1970 kam es zu einer der ersten Hausbesetzungen. Studenten protestierten gegen den Abriss von Häusern im Frankfurter Westend. Im »Frankfurter Häuserkampf« der Siebzigerjahre übernahmen linksgerichtete »Spontis« (für »Spontaneität der Massen«) die Regie, deren Initiative in der bürgerlichen Bevölkerung auf Sympathie stieß.[170]

Die Gruppe »Revolutionärer Kampf«, zu der Joschka Fischer, Tom Koenigs und der spätere Kabarettist Matthias Beltz gehörten, ließ sich wenig später bei Opel in Rüsselsheim als Arbeiter einstellen, um unter der Arbeiterschaft für ihre Ziele zu agitieren. Parallel machte die »Putztruppe« von sich reden, die am Rande von Demonstrationen gezielt gewalttätig wurde. Auch ihr gehörte der spätere Grünen-Politiker und Außenminister Fischer an. Nachhaltigen Erfolg hatten die Verfechter radikal-ökologischer Ideen, die in Hessen zu den Gründern eines der ersten Landesverbände der Grünen gehörten. Später stießen die »Revolutionären Kämpfer« um Fischer dazu.[171]

Die Sturzgeburt des Terrorismus

Einen anderen Weg wählten vier Mitglieder einer Gruppe, die am 2. April 1968 auf der Frankfurter Zeil zwei Kaufhäuser in Brand setzten. Im Prozess machten die Angeklagten, unter ihnen Andreas

Baader und Gudrun Ensslin, geltend, es habe sich um ein »Fanal gegen die US-Politik in Vietnam und die bestehenden gesellschaftlichen Verhältnisse in der Bundesrepublik« gehandelt. Der Historiker Walter Mühlhausen spricht von einer »Sturzgeburt des Terrorismus«, der sich aus dieser ersten Gewalttat entwickelte und in den jahrzehntelangen Kampf der »Rote Armee Fraktion« (RAF) gegen die Demokratie mündete.[172]

Hessen wurde zum Schauplatz zahlreicher Mordanschläge und Bombenattentate, für die Mitglieder der RAF die Verantwortung übernahmen. In der »Mai-Offensive« verübten die Terroristen 1972 ihre ersten Bombenanschläge auf das Hauptquartier des V. US-Korps im ehemaligen I.G. Farben-Haus in Frankfurt und vor dem Hauptquartier der US-Armee in Heidelberg, bei denen vier Menschen starben und 30 verletzt wurden. Das I.G. Farben-Haus sollte 1976 und 1982 abermals zum Ziel terroristischer Anschläge werden, diesmal des linksextremistischen Netzwerks »Revolutionäre Zellen«. Immer wieder kam es im Rhein-Main-Gebiet zu Mordanschlägen, beispielsweise auf den Dresdner-Bank-Chef Jürgen Ponto in Oberursel, und zu Festnahmen, wie bei Andreas Baader, Jan-Carl Raspe und Holger Meins im Frankfurter Nordend.[173]

Im Mai 1981 wurde der hessische Wirtschaftsminister und stellvertretende Ministerpräsident Heinz Herbert Karry (FDP) in seinem Haus in Frankfurt erschossen, die linksextremistische Terrorgruppe »Revolutionäre Zellen« bekannte sich zu der Tat. Karry war der erste deutsche Minister, der nach dem Krieg einem Attentat zum Opfer fiel.[174] Immer wieder waren Einrichtungen des US-Militärs in Hessen, Kasernen, Flughäfen, Depots oder Soldaten Ziel linksterroristischer Angriffe. Am 30. November 1989 starb der Vorstandssprecher der Deutschen Bank, Alfred Herrhausen, bei einem Bombenanschlag der RAF in Bad Homburg, sein Fahrer überlebte das Attentat schwer verletzt.[175] Die dritte und letzte Generation der »Rote Armee Fraktion« bekannte sich dazu, am 27. März 1993 ein Loch in den Neubau des Gefängnisses in Weiterstadt bei Darmstadt gesprengt zu haben. Es war der letzte bekannte Anschlag der Terrororganisation, die sich 1998 offiziell auflöste. Noch 1993, im Juni, hatte sich der Wiesbadener RAF-Angehörige Wolfgang Grams erschossen, als die Polizei ihn im mecklenburgischen Bad Kleinen festnehmen wollte. Die ebenfalls aus Wiesbaden stammende Birgit Hogefeld kam dort in Haft.[176]

Bestrebungen, die sich gegen das demokratische Gemeinwesen richten, beobachten in Hessen die Mitarbeiter des Landesamtes für Verfassungsschutz, das dem Innenministerium untersteht. Zu Beginn der Zwanzigerjahre dieses Jahrtausends zählten sie rund 14.000 Personen zum Kreis der Extremisten. Sie setzten sich aus Vertretern der extremen Rechten (1700) und Linken (2700) sowie Islamisten (4000) und anderen Gruppen mit Auslandsbezug (4300) und aus Reichsbürgern (1000) zusammen.

Die Eisberge, die wir nicht kennen

Besonders die Taten Rechtsextremer haben in Hessen die Debatte darüber befördert, wie groß die Bedrohung der demokratischen Gesellschaft von dieser Seite ist und wie man ihr begegnen sollte. Die Morde an neun Migranten in Hanau im Februar 2020, das Attentat auf den CDU-Politiker Walter Lübcke im Juni 2019, der Mord an dem Deutschtürken Halit Yozgat im April 2006 in Kassel als Teil der Mordserie des Nationalsozialistischen Untergrunds (NSU) waren weder Einzeltaten noch waren sie ein Phänomen der Gegenwart. Daher kam der politischen und juristischen Aufarbeitung der Hintergründe eine besondere Bedeutung zu.[177]

Auch in Hessen begegnet einem der Doppelcharakter, den der Autor Christoph Schultze beim Rechtsextremismus beobachtet hat: »Er stellt einerseits ein zersplittertes, minoritäres Lager dar, das oft stark auf sich selbst bezogen ist und sich seit 1945 in der Opposition befindet. Andererseits ist das entsprechende Denken in vielen Teilen der Bevölkerung zu finden, zumindest in Fragmenten. Das rechtsextreme Lager vermochte es, sich am Leben zu halten und immer wieder Einfluss auf die Gesellschaft zu nehmen.«[178]

Trotz der Entnazifizierung, die die Amerikaner in Hessen vorantrieben, machten bald nach dem Krieg rechtsextreme Parteien wieder von sich reden wie zum Beispiel die Nationaldemokratische

Demonstranten halten bei einer Kundgebung Schilder mit Porträt-Abbildungen der NSU-Opfer hoch. In München war am 11.07.2018 der Prozess gegen den rechtsterroristischen NSU mit Schuldsprüchen zu Ende gegangen.

Partei (NDP), die bei den Kreistagswahlen 1948 3,4 Prozent der Wählerstimmen erhielt. Die 1964 neugegründete Nationaldemokratische Partei (NPD) errang bei den Landtagswahlen 1966 fast acht Prozent und zog mit acht Abgeordneten in den Landtag ein. In Mittelhessen erzielte sie in einzelnen Wahlkreisen bis zu 19 Prozent der abgegebenen Stimmen. Die paramilitärische Vereinigung Bund Deutscher Jugend (BDJ), die sich als Sammelbecken von SS-Leuten und Wehrmachtsangehörigen entpuppte, wurde Anfang 1953 als rechtsextremistisch verboten. Noch bis Anfang der Achtzigerjahre hielten Mitglieder der ehemaligen SS-Totenkopfverbände und der SS-Leibstandarte Adolf Hitler in Arolsen und Bad Hersfeld sogenannte Kameradschaftstreffen ab. »Sie müssen wissen, es gibt einen Eisberg, und wir sehen einen kleinen Teil und den größeren sehen wir nicht«, sagte 1964 Generalstaatsanwalt Fritz Bauer auf die Frage nach der Bedrohung durch die NPD. Er fuhr fort: »Da sind so viele Eisberge unter dem Wasser, die wir nicht kennen.«[179]

Die Aufarbeitung der Verbrechen während der NS-Zeit war in den Jahren des Wirtschaftswunders in den Hintergrund geraten. Fritz Bauer ist es zu verdanken, dass sich seit Dezember 1963 22 Angeklagte wegen der Morde im Vernichtungslager Auschwitz vor Gericht verantworten mussten. Obwohl die Urteile eher milde ausfielen, war der Prozess von überragender Bedeutung. Denn er hatte den Opfern die Möglichkeit gegeben, über das, was sie erlebt hatten, zu berichten. Und er bereitete den Boden für weitere ähnliche Anklagen. Das verhinderte nicht, dass immer wieder neue Parteien und neue Anhänger im rechtsextremen Lager auftauchten.

Nach Recherchen des Autors Martin Steinhagen sind die Gewalttäter der jüngeren Zeit durch Vorbilder in den Achtziger- und Neunzigerjahren sozialisiert worden. Damals existierte in Hessen eine Reihe rechtsextremer Splitterparteien. Dazu gehörte die DVU (Deutsche Volksunion), die in der NPD aufging, oder die FAP (Freiheitliche Deutsche Arbeiterpartei), die 1995 verboten wurde. Bundesweit bekannte Führer der Neonazi-Szene neueren Typs wie Manfred Roeder und Michael Kühnen besaßen enge Bezüge nach Nordhessen. Zur rechtsextremen Szene in Kassel gehörte zu Beginn dieses Jahrtausends der spätere Mörder von Walter Lübcke. Ein besonderes Merkmal der neuen rechten Bewegung ist, dass sich Anstifter, Täter und Unterstützer nicht mehr persönlich begegnen müssen. Steinhagen nennt dieses Phänomen »stochastischen Terrorismus«. Die viral über das Internet verbreiteten Theorien von Gewalt und Hass erreichen bei ausreichender Menge irgendwann solche, die daraus die Konsequenz ziehen und Taten folgen lassen. Für ihn ist das ein Argument dafür, dass die zuletzt beobachteten Attentäter in Halle oder Hanau nicht als Einzeltäter bezeichnet werden können.[180]

Inwiefern die Alternative für Deutschland (AfD) zum rechtsextremen Flügel des Parteienspektrums zu zählen ist, wird noch immer diskutiert. Mittlerweile ist gerichtlich festgestellt, dass deren Gruppierung »Der Flügel« als »gesichert rechtsextremistische Bestrebung gegen die freiheitliche demokratische Grundordnung« eingestuft werden kann. Der 2015 gegründete in Thüringen unter dem dortigen AfD-Vorsitzenden Björn Höcke stark vertretene

Zusammenschluss hat sich angeblich aufgelöst. Nach Erkenntnissen des Landesverfassungsschutzes waren Mitglieder der Gruppe anschließend noch in Hessen aktiv. Die AfD-Jugendorganisation Junge Alternative (JA) verfolgt im Bundesland »Bestrebungen, die sich gegen wesentliche Schutzgüter der freiheitlich demokratischen Grundordnung richten«. Sie propagiert eine völkisch-rassistische Ideologie und hängt der identitären Erzählung vom Bevölkerungsaustausch an.[181]

Beide, AfD und JA, waren 2013 in Hessen gegründet worden. Im Februar 2013 trafen sich 18 Personen in Oberursel, um ihre Ablehnung der EU-Politik durch eine eigene Partei zu verstärken. Zum Kreis zählten mehrere Hessen, darunter Alexander Gauland, der zuvor für die CDU-geführte Landesregierung unter Walter Wallmann als Chef der Staatskanzlei gearbeitet hatte. Schon bald danach zeigten sich bei ihm rechtsradikale Tendenzen; Gaulands Haltung zur Invasion russischer Truppen auf der Krim – er nannte es »Einsammeln russischer Erde« – irritierte 2014 in der Öffentlichkeit. Zulauf bekam die Partei in der Flüchtlingskrise und im Verlauf der Covid-19-Pandemie. Bei den hessischen Kommunalwahlen 2016 wurde die AfD mit 11,9 Prozent zur drittstärksten Kraft gewählt. Bei der Landtagswahl 2018 zog sie erstmals mit 13,1 Prozent der Stimmen und 19 Abgeordneten als sechste Partei in den Landtag ein. Bei den Wahlen im Oktober 2023 kam die AfD auf 18,4 Prozent und errang damit den zweithöchsten Stimmenanteil nach der CDU.

Auffällig sind die hessischen Verbindungen zur Thüringer AfD. Deren Mitgründer und Landessprecher Björn Höcke unterrichtete zuvor als Lehrer für Sport und Geschichte an einem Gymnasium im Werra-Meißner-Kreis. Höcke provoziert durch Verwendung nationalsozialistischer Schlüsselbegriffe, seine Immunität als Landtagsabgeordneter in Thüringen wurde mehrmals auf Antrag der Staatsanwaltschaft Erfurt aufgehoben. Nachgewiesen ist, dass der spätere Mörder von Walter Lübcke, Stephan Ernst, mehrfach Veranstaltungen mit Höcke als Redner besucht hat. Später spendete Ernst der AfD Geld mit dem Verwendungszweck »Solidarität mit Höcke«.[182]

Zweifel an der Zuverlässigkeit staatlichen Handelns im Kampf gegen den Rechtsextremismus hat es in den vergangenen eineinhalb Jahrzehnten häufiger gegeben. Zum Beispiel im Zusammenhang mit der nicht geklärten Rolle eines V-Mannes des Landesamtes für Verfassungsschutz bei der Ermordung von Halit Yozgat in Kassel. Ebenso kritisch wird gesehen, dass der Mörder von Walter Lübcke in den Jahren vor der Tat nicht mehr überwacht wurde, obwohl es zahlreiche Hinweise auf seine extremistische Gesinnung gegeben habe. Dazu zählt auch die »Chataffäre« in der hessischen Polizei. Vom Sommer 2018 an waren zwei Jahre lang mehr als hundert Drohschreiben mit dem Absender NSU 2.0 abgeschickt worden. Sie enthielten Morddrohungen gegen die angeschriebenen Personen, deren Adressen über Polizeicomputer abgerufen worden waren. Ungeklärt blieb nach der Verurteilung eines Täters aus Berlin, wie er sich die Daten hatte beschaffen können. Zu Suspendierungen und Entlassungen bei der Polizei führte die Entdeckung von Chats in internen Gruppen, die rechtsradikale Inhalte enthielten.[183]

Bewegung am linken Flügel

Hessen ist das einzige westdeutsche Flächenland, in dessen Landtag die beiden Gegenpole des Parteienspektrums, AfD auf der einen und Die Linke auf der anderen Seite, zumindest für eine Legislaturperiode (2018 bis 2023) vertreten waren. Nach ihrer Gründung im Juni 2007 wurden Einzelpersonen und Untergruppierungen der Partei Die Linke vom Verfassungsschutz beobachtet. Nach Ansicht des Politologen Wolfgang Schroeder handelt es sich bei dem Zusammenschluss aus der ehemaligen PDS (Partei des Demokratischen Sozialismus) und der WASG (Arbeit & soziale Gerechtigkeit – Die Wahlalternative) um eine »antisozialdemokratische, populistische Sammlungsbewegung mit komplett divergierenden Kulturen in Ost- und Westdeutschland«[184]. In Hessen trafen bei der Gründung des Landesverbandes im August 2007 so unterschiedliche Richtungen wie »linkstraditionalistische« Gewerkschaftsmitglieder, DKP-Anhänger und Vertreter der Abendroth'schen Schule zusammen. Die Linke überwand bei der Landtagswahl 2008 die Fünf-Prozent-Hürde und zog mit sechs Abgeordneten in das Parlament ein. Seitdem war sie bis zum Oktober 2023 in allen Landtagen vertreten. In dieser Zeit schwanden grundsätzliche Zweifel an ihrer demokratischen Zuverlässigkeit. Allerdings erntete die langjährige Landes- und Fraktionsvorsitzende Janine Wissler Kritik, als bekannt wurde, dass sie die trotzkistische Organisation »Marx21« unterstützte und Mitglied der »Sozialistischen Linken« war; beide Gruppierungen wurden zeitweise vom Verfassungsschutz beobachtet, dessen Abschaffung die Linke mehrfach gefordert hat. Nach ihrer Wahl zur Bundesvorsitzenden im Februar 2021 ließ Wissler ihre Mitgliedschaft ruhen.[185]

Kommunen – Eigenständigkeit in Gefahr

Schon Theodor Heuss hat es gewusst: »Gemeinden sind wichtiger als der Staat.« Dieses Bekenntnis legte der frisch gewählte erste Bundespräsident der noch jungen Bundesrepublik am 7. Dezember 1949 in Wiesbaden ab. Dort trug er sich während seines Antrittsbesuchs in Hessen ins Goldene Buch der Landeshauptstadt ein.[186] Hessische Bürgermeister und Landräte, deren Handlungsspielraum angesichts der zunehmenden Zahl von Aufgaben und steigender Ausgaben schrumpft, mögen diesen Satz mit Wehmut lesen. Große Bedeutung maß unmittelbar nach dem Krieg schon die US-Militärregierung den Kommunen in Hessen bei. In ihrem Reeducation-Programm verlangten sie, dass nach dem Prinzip »von unten nach oben« (»bottom up«) die ersten demokratischen Wahlen in den Gemeinden und Kreisen stattzufinden hätten, was in drei Stufen bis Mai 1946 geschah – eine Premiere im Nachkriegsdeutschland.

Die hessische Magistratsverfassung, aufgeschrieben in der Hessischen Gemeindeordnung (HGO), stammt aus dem Jahr 1952 und lehnt sich an das Vorbild der Preußischen Städteordnung von 1808 an. Die HGO wurde einige Male reformiert. Hessen führte nachträglich die Direktwahl der Bürgermeister und Landräte sowie die Möglichkeit von Bürgerentscheiden ein, später folgten das Kumulieren und Panaschieren, die Fünf-Prozent-Hürde fiel.[187]

Oberstes Organ der Bürgergemeinde ist die Stadtverordnetenversammlung, auf Gemeindeebene die Gemeindevertretung und auf Kreisebene der Kreistag, deren Mitglieder auf fünf Jahre gewählt sind. Wahlberechtigt sind alle erwachsenen deutschen und EU-Bürgerinnen und Bürger, die seit sechs Wochen in der Gemeinde gemeldet sind. Zwar kann dieses Gremium keine Gesetze verabschieden, aber da es zum Beispiel über den Haushalt der Kommune entscheidet, hat sich der Begriff Stadtparlament eingebürgert. Um die laufenden Verwaltungsangelegenheiten kümmert sich der Gemeindevorstand (in Städten Magistrat) unter Leitung des Bürgermeisters, in Großstädten des Oberbürgermeisters bzw. in Kreisen des Landrats. Anders als in vielen Teilen Deutschlands ist der hessische Magistrat ein Kollektivorgan, in dem der Bürgermeister (Amtszeit sechs Jahre) nur bei Stimmengleichheit den Ausschlag gibt. Ihm zur Seite stehen als Wahlbeamte die Beigeordneten (Amtszeit fünf Jahre) mit eigenen Fachzuständigkeiten. Genauer gesagt handelt es sich um eine »unechte Magistratsverfassung«, wie sie sonst nur noch in Bremerhaven zu finden ist. Bei dieser Form fasst die Stadtverordnetenversammlung Beschlüsse, ohne dass der Magistrat zustimmen muss. Der Bürgermeister hat als Chef der Verwaltung weitere Rechte, mit denen er gegenüber der Gemeindevertretung und im Gemeinderat seine Haltung vertritt. Nicht unüblich ist die Konstellation einer »Ko-Habitation«, bei der der Bürgermeister »gegen« eine parteipolitische Mehrheit im Stadtparlament handelt. Wichtiges zusätzliches Element der demokratischen Willensbildung sind die Ortsbeiräte, die innerhalb der Stadtbezirke gewählt werden. Ihre Fachkompetenz soll in die Beschlüsse der städtischen Organe einfließen.[188]

Die Eigenständigkeit der Kommunen ist trotz ihrer grund- und landesgesetzlich hervorgehobenen Rolle gefährdet. Landes-, Bundes- und EU-Gesetzgebung schränken ihren Spielraum ein. Gemäß Bundesrecht sind die Kommunen für große Teile der Sozialausgaben zuständig, was Kinder- und Jugendhilfe, Grundsicherung, Sozialhilfe und Zuwendungen für Asylbewerber sowie deren Unterbringung einschließt. Beklagt wird, dass der zunehmenden finanziellen Last zu geringe Erstattungen aus den überörtlichen Haushalten gegenüberstehen.

Die kommunale Gebietsreform (1972–1977) hatte durch die Verringerung der damals noch 2642 Gemeinden und 39 Kreise für finanzielle und personelle Entlastung gesorgt. Stand 2023 gab es – nach weiteren freiwilligen Zusammenschlüssen – in Hessen noch fünf Großstädte (über 100.000 Einwohner), 416 kreisangehörige Städte und 21 Landkreise.[189]

Als in Deutschland bisher einmaliges Modell der Entschuldung gilt der »kommunale Schutzschirm« des Landes, unter den sich laut Auskunft des Finanzministeriums zwischen 2012 und 2020 mehr als 100 Kommunen begeben hatten. Demnach konnten 95 Prozent der Kommunen trotz der Belastungen durch die Covid-19-Pandemie 2020 ihren Haushalt ausgleichen. Die Finanzaufsicht über die Kommunen führen die Regierungspräsidien, Frankfurt und Wiesbaden unterstehen direkt dem hessischen Innenministerium. Das Finanzministerium wiederum ist federführend beim Kommunalen Finanzausgleich, der auch Zahlungen zwischen den Kommunen vorsieht. Ergänzend zum Schutzschirm veranlasste das Ministerium die Tilgung von Kassenkrediten, die in Höhe von fünf Milliarden Euro auf die Hessenkasse übertragen wurden.[190]

Zusätzliche Belastungen durch die Zuwanderung, die Pandemie, die Folgen des Krieges gegen die Ukraine und die Inflation haben die Schulden der Gemeinden wieder steigen lassen. Mit Rheinland-Pfalz, dem Saarland und Nordrhein-Westfalen liegt Hessen an der Spitze der kommunalen Schuldner. Pro Kopf betrug das Minus in Hessen 2022 je Einwohner 2420 Euro gegenüber 1800 Euro im Bundesdurchschnitt. Allerdings haben die Gemeinden 2022 insgesamt 7,2 Milliarden Euro Gewerbesteuer von Unternehmen einnehmen können, ein Rekordergebnis bei der wichtigsten Einnahmequelle.[191]

Engagement: Was der Bürger schafft

Nachdem der Entwurf der amerikanischen Verfassung im September 1787 verabschiedet worden war, fragte jemand Benjamin

Franklin, ob man nun eine Monarchie oder eine Republik habe. »Eine Republik«, antwortete Franklin, »if you can keep it«. Wenn diese Anekdote nicht wahr ist, so ist sie gut erfunden.[192] Was vor fast zweieinhalb Jahrhunderten galt, stimmt auch im 21. Jahrhundert: Das Überleben eines demokratischen Gemeinwesens hängt vom Engagement seiner Bürgerinnen und Bürger ab. Seit 2018 hat der Einsatz für das Gemeinwohl in Hessen Verfassungsrang.[193] Im zweiten Ehrenamtsbericht der hessischen Landesregierung (Mai 2023) sind wichtige Kompetenzfelder aufgezählt, auf denen sich rund 42 Prozent aller Hessen über 14 Jahre engagieren. Ein Auszug: Brand- und Katastrophenschutz, Sport, Soziales, Integration, Lokale Gemeinschaft, Dorf- und Quartiersentwicklung, Europa, Kultur, Umwelt- und Klimaschutz, Schule, Justiz. Nicht eigens erwähnt sind Kommunalpolitiker, die für eine überschaubare Aufwandsentschädigung in Hunderten Gemeindevertretungen oder Ortsbeiräten Akten studieren, beraten und entscheiden.[194] Lebenswichtig ist die Arbeit der rund 2400 Feuerwehren und fast 800 Katastrophenschutzeinheiten in Hessen, die für Sicherheit und Rettung aus Gefahrensituationen sorgen. Vor allem die Nachwuchssuche für die insgesamt 80.000 ehrenamtlichen Einsatzkräfte der Brandwehren und Zivilschützer beschäftigt die Politik. Das Land Hessen investiert daher in Kampagnen zur Werbung für das Ehrenamt sowie in Ausbildung und Anerkennungsprämien für Ehrenamtler. Im Doppelhaushalt 2023/24 waren für die Förderung des Ehrenamtes knapp 80 Millionen Euro eingestellt; dazu zählten die Energiehilfen infolge der seinerzeit massiv gestiegenen Inflation.

Mit Abstand führen die Sportler die Riege der Engagierten an. In Funktionen vom Vorstand über den Rechnungsprüfer bis zur Übungsleiterin halten mehr als 136.000 Menschen den Sportbetrieb im Land aufrecht. Hier fehlen, nicht zuletzt infolge der dramatischen Ausfälle während der Covid-19-Pandemie, ehrenamtliche Helfer. Neben zusätzlicher finanzieller Unterstützung setzen Landesregierung und Landessportbund vermehrt auf Beratung der Vereine.

Früh hat das Land Hessen begonnen, seine Bürger für das Engagement zu interessieren und zu motivieren. Seit 2001 betreibt es die LandesEhrenamtsagentur HLEAH, die sich um den Auf- und Ausbau von Servicestellen kümmert. Inzwischen existieren mehr als 40 Freiwilligenagenturen und über 30 kommunale Anlaufstellen für bürgerschaftliches Engagement. Menschen, die noch nicht genau wissen, wie und wo sie helfen können, erhalten Unterstützung von einer Ehrenamtssuchmaschine, die Auskunft über Tätigkeiten, Orte und Einrichtungen gibt. Vereine und Initiativen können sich dort präsentieren. Die Ehrenamts-Card (E-Card) gibt es in Hessen seit 2006. Mit ihr bedankt sich das Land bei Menschen, die sich engagieren. Mit der E-Card erhält man Ermäßigungen und Vergünstigungen zum Beispiel in Schwimmbädern, Freizeitparks, Museen, Vereinen und im Einzelhandel.[195] Die Landesstiftung »Miteinander in Hessen« soll Menschen »anstiften«, sich einzubringen. Bei ihr steht weniger eine finanzielle Förderung als das Netzwerken im Vordergrund. Seit 2011 verbindet sie auf diese Weise Bürgerinnen und Bürger, schiebt Projekte gemeinsam mit Initiativen an und gibt Starthilfen.

Unabhängig von der Diskussion über einen »sozialen Pflichtdienst« dienen in Hessen schon jetzt junge Menschen freiwillig ein Jahr lang in sozialen Einrichtungen. Als sogenannte FSJler (Freiwilliges Soziales Jahr) sind regelmäßig knapp 5000 Schulabgänger im Alter bis 27 Jahren zum Beispiel in Krankenhäusern, Pflegeeinrichtungen, Schulen, bei Rettungsdiensten, in der Kinder- und Jugendbetreuung tätig.

Zitate der Ministerpräsidenten

»Mit tausend Kalorien am Tag pro Kopf kann ein Volk nicht leben und vor allem nicht arbeiten. Das deutsche Volk muß aber arbeiten, wenn es nicht sterben soll.«
Karl Geiler (1945–1946)

»Es wäre billig [...] heute große Versprechungen zu machen. Da wir alle aber nicht wissen, was wir von solchen Versprechungen zu halten imstande sein werden, sehen wir davon ab.«
Christian Stock (1946–1950)

»Hessen muss zum Kernland eines zukünftig sozialdemokratisch geführten Deutschland werden.«
Georg August Zinn (1950–1969)

»Demokratie lebt aber nicht nur vom Vor- und Austragen unterschiedlicher Auffassungen, sondern vom Handeln und Entscheiden.«
Albert Osswald (1969–1976)

»Die Grünen stehen für mich außerhalb jeder Kalkulation. Ich schließe nicht nur eine Koalition, sondern jede Zusammenarbeit mit ihnen aus.«
Holger Börner (1976–1987)

»Hier findet heute kein Machtwechsel statt. Hier vollzieht sich ein demokratischer Vorgang in der Kontinuität der hessischen Verfassung.«
Walter Wallmann (1987–1991)

»Erst der Ausstieg aus der Atomenergie wird die notwendige innovative und investive Entwicklung dynamisch freisetzen, um die Klimakatastrophe abwenden zu können.«
Hans Eichel (1991–1999)

»Ich habe mich als Ministerpräsident darum bemüht, so viele Projekte wie möglich in private Hände zu geben. Der Staat sollte nur machen, was unbedingt notwendig ist.«
Roland Koch (1999–2010)

»Der gesellschaftliche Zusammenhalt ist die Basis unseres Zusammenlebens. Wir wollen nicht, dass die Kräfte, die die Gesellschaft spalten, überhandnehmen. Den Zusammenhalt zu fördern, ist daher ein Schwerpunkt unserer Politik.«
Volker Bouffier (2010–2022)

»Das Jahr war geprägt vom Ukraine-Krieg und seinen schlimmen Folgen. Den Menschen in der Ukraine gehört unsere volle Solidarität.«
Boris Rhein (seit 2022)

UNESCO-WELTNATURERBE
Kellerwald-Edersee

IN DER CLOUD DENKEN UND AM BODEN BLEIBEN

Hessens Wirtschaft und die Herausforderungen der ständigen Transformation

Digitalisierung, Dekarbonisierung, Demografie. Wie in einem Brennglas lassen sich in Hessen die Megatrends der modernen Wirtschaft ablesen. Fragt man nach Trends und Zukunftsthemen, erweist sich die Mitte Deutschlands als Marktführer. »Hessen vorn« heißt es in den Ranglisten der wohlhabenden Bundesländer. Führend ist das Land bei der Exportquote oder bei der Attraktivität für ausländische Arbeitskräfte und Investitionen ausländischer Unternehmen. Aber der hohe Grad der internationalen Vernetzung und die Dominanz des Dienstleistungssektors machen Hessen anfälliger für globale Krisen.

Schon Luther wusste es: Frankfurt vorn

Wirtschaftlich betrachtet, ist Hessen stark durch eine regionale Konzentration geprägt. Allein Frankfurt trägt 25 Prozent zum Bruttosozialprodukt bei, aus dem Regierungsbezirk Darmstadt stammen gut 70 Prozent des Outputs an Waren und Dienstleistungen. Die zentrale Bedeutung Frankfurts hat Tradition: »Franckfurt ist das sylber und gollt loch, da durch aus deutschem land fleusst, was nur quillet und wechst, gemuntzt odder geschlagen wird bey uns«, schrieb schon 1524 Reformator Martin Luther.[196]

Frankfurt hatte sich als Handelsplatz seit dem Mittelalter etabliert und baute diese Position nach dem Zweiten Weltkrieg noch aus. Nachdem Westdeutschland in das Europäische Wiederaufbauprogramm (Marshallplan) einbezogen worden war, wurde die Administration der Bizone, die »Frankfurter Verwaltung«, im Februar 1948 aufgebaut. Man kann auch sagen, die Währungsreform wurde in Hessen »gemacht«. Ludwig Erhard stellte als Direktor für Wirtschaft am 19. März 1948 in Königstein die Leitsätze seiner Wirtschaftsreform vor.[197] Und das »Konklave von Rothwesten« hat

Legendenstatus: In einer Nacht- und Nebelaktion transportierten amerikanische Soldaten am 21. April 1948 elf deutsche Finanzexperten im abgedunkelten Bus von Bad Homburg zu einer ehemaligen Fliegerkaserne in der abgeschiedenen Gemeinde Rothwesten bei Kassel. Innerhalb von sieben Wochen mussten sie dort die Gesetze und Verordnungen für den Währungstausch formulieren, der am 20. Juni 1948 mit der Auszahlung der D-Mark begann. Während der Klausur im »Haus Posen« bewachten US-Militärpolizisten mit Maschinenpistolen die Eingänge, sie hatten Schießbefehl.[198]

Während das Rhein-Main-Gebiet wirtschaftlich von der Entwicklung in der jungen Republik profitierte, wurden Nord- und Osthessen nach der Abspaltung der sowjetisch besetzten Zone von Hofgeismar bis Schlüchtern auf den Begriff »Zonenrandgebiet« reduziert. Zahlreiche Maßnahmen hessischer Landesregierungen dienten dem Ziel, einen »möglichst ausgeglichenen Wohlstand zwischen den Landesteilen« herzustellen, wie es Ministerpräsident Georg August Zinn in seiner Regierungserklärung 1955 ausdrückte.[199]

Wandel in Richtung Handel

Hessen hat sich nach 1945 schneller als andere Länder in eine industrialisierte und, beginnend mit den Siebzigerjahren, in eine postindustrielle Dienstleistungsgesellschaft verwandelt. Noch in der Mitte des 19. Jahrhunderts lebte mehr als die Hälfte aller Erwerbstätigen auf dem Gebiet des späteren Hessen von der Land- und Forstwirtschaft. Deren Anteil ist bis heute auf unter ein Prozent gesunken. Kennzeichnend für die Jahre des Wirtschaftswunders war der große Erfolg der Industrie, der dafür sorgte, dass der sekundäre Sektor Mitte der Sechzigerjahre mehr als 50 Prozent der hessischen Wirtschaft ausmachte. Verantwortlich dafür waren die Branchen Metall, Maschinenbau, Chemie, Automobile und Elektro.

Seitdem fällt deren Anteil am Bruttosozialprodukt kontinuierlich zugunsten des tertiären Sektors: Handel, Banken, Versicherungen und andere Dienstleistungsbranchen wie das Gesundheitswesen dominieren das Erwerbsleben. Vier Fünftel aller rund 3,5 Millionen Erwerbstätigen sind dort beschäftigt. Die Dominanz des

Dienstleistungssektors hat viele Ursachen. Schon seit den Fünfzigerjahren haben hessische Unternehmen Produktionsstätten im Ausland gegründet. Vor allem seit den Neunzigerjahren wurden aus Kostengründen industrielle Arbeitsplätze ausgelagert. Allein von 1991 bis 1997 verlegten 162 hessische Firmen rund 20.000 Jobs aus Hessen ins Ausland.[200] Konzerne trennten Dienstleistungen wie Verwaltung, Vertrieb, Wachdienste, Betriebscasino vom Kerngeschäft ab und bedienten sich externer Dienstleister.

Was der Boden hergibt

Sand, Steine und Salz – das sind die Rohstoffe, die heute noch aus hessischem Boden gefördert und vermarktet werden. Abgesehen von den umweltrelevanten Begleiterscheinungen in den mehr als 400 Gruben und Steinbrüchen verschafft dieser Ertrag dem Land keinen Ruf als Rohstofflieferant. Einzig die Förderung von Kalisalz im Werra- und Fulda-Kalirevier durch die K+S Aktiengesellschaft hat eine weltwirtschaftlich herausragende Bedeutung. K+S, gegründet 1889 mit Sitz in Kassel, ist der größte Anbieter von Salzprodukten in der Welt.[201]

Früher wurden Erze wie Blei-Zink, Eisen, Mangan, Kupfer sowie geringe Mengen an Gold unter anderen im Lahn-Dill-Gebiet oder im Richelsdorfer Gebirge in Osthessen gewonnen. Viele dieser überwiegend kleinräumigen Lagerstätten sind ausgebeutet oder nicht mehr wirtschaftlich abbaubar. Die Eisenerzgrube Fortuna bei Solms wurde als letzte in Hessen 1983 stillgelegt und ist heute ein Besucherbergwerk.[202] Nur im Oberrheingraben erlauben die geologischen Verhältnisse eine wirtschaftlich sinnvolle Förderung von Erdöl und Erdgas. In der Nähe von Kassel, im Reinhardswald und südlich von Borken sowie in der Wetterau wurde Braunkohle abgebaut, die der Stromerzeugung diente.

Das Unternehmen Wintershall Dea fördert in Hessen kein Öl, hat aber seinen Sitz in Kassel. Es gehört mehrheitlich zum Chemiekonzern BASF und ist Europas führendes privates Gas- und Ölunternehmen. 2022 zog sich Wintershall Dea unter Milliardenverlusten wegen des russischen Angriffskriegs auf die Ukraine aus

Russland zurück. Die Firma ist Mitglied von »Greensand«. Das Konsortium wurde gegründet, um die CCS-Technologie (Carbon Capture and Storage) in der Europäischen Union einzuführen, bei der CO_2 im Erdboden oder im Meeresgrund verpresst wird.[203]

Das tägliche Brot war in den frühen Fünfzigerjahren ausgesprochen teuer. Durchschnittlich 47 Prozent seines Monatslohns musste ein Hesse für Nahrungsmittel und Getränke ausgeben. Ein Zeichen dafür, welche Bedeutung die heimische Landwirtschaft für jeden Einzelnen damals noch besaß. Fast zehn Prozent der Bruttowertschöpfung bestritten die Landwirte. Der berühmte Otto Normalverbraucher muss heute nur noch ein Zehntel seines verfügbaren Einkommens für die Ernährung bezahlen.

Heute beansprucht die Landwirtschaft 42 Prozent der Landesfläche. Im Regierungsbezirk Kassel liegt fast die Hälfte aller viehhaltenden Betriebe, die in den Mittelgebirgslandschaften mit ihren Wiesen und Weiden Rinderzucht und Milchwirtschaft betreiben.

Im Landkreis Schwalm-Eder hat man Schwein, ein Viertel allen hessischen Borstenviehs lebt (und stirbt) hier. Der Landkreis Kassel setzt hingegen auf Huhn. 70 Prozent aller hessischen Hühner – in erster Linie Mastgeflügel – werden dort gehalten. In der Rheinebene werden die Agrarflächen für den Anbau von Sonderkulturen wie Gemüse, Erdbeeren und Spargel genutzt. Südlich von Darmstadt zieht sich die Bergstraße bis zur Landesgrenze, wo unter dem Schutz des Mittelgebirges und der wärmenden Wirkung des Rheinufers ein besonders mildes Klima herrscht. Obstbauern und Winzer nutzen diese bevorzugte Lage.

Noch immer verschwindet fast täglich landwirtschaftlich genutzter Boden zugunsten von Siedlungs- oder Verkehrsflächen. In Hessen ging auf diese Weise seit 1949 mehr als ein Fünftel (22 Prozent) Äcker, Weiden und Wiesen verloren. Parallel dazu sank die Zahl der landwirtschaftlichen Betriebe von 161.000 auf weniger als 15.000.[204]

Um die Artenvielfalt zu schützen und zu erhalten, fördert das Land Betriebe, die Blühflächen anlegen. Sie sollen Insekten, Niederwild und bedrohten Vogelarten Nahrung und Schutz bieten. Landwirte, so die politische Zielrichtung, sollen mehr und mehr

Der Monte Kali oder Kalimandscharo, eine große Salzhalde im Kalirevier Werra

auch zu Landschaftspflegern werden. Dem neuen Bewusstsein für den Schutz der Umwelt und Nachhaltigkeit trägt die zunehmende Zahl von Betrieben Rechnung, die Ökolandbau betreiben.

Der Rheingau und die Bergstraße gehören zu den 13 deutschen Weinanbaugebieten. Im Rheingau gibt es rund 3616 Hektar bestockte Rebfläche. Auf dem schmalen Streifen rechts des Rheins zwischen Flörsheim-Wicker und Lorch mit seinen trockenen, steinigen Südhängen bearbeiten rund 280 hauptberufliche Winzer den Boden. Die Bergstraße ist mit knapp 450 Hektar der kleinste Weinproduzent. Im Rheingau dominieren Riesling und Spätburgunder, an der Bergstraße sind außerdem Ruländer, Müller-Thurgau oder Grüner Silvaner zu verkosten.[205]

Wo der Funke überspringt

Die im Verband der Metall- und Elektro-Industrie zusammengeschlossenen Unternehmen, zu denen die Informationstechnologie gezählt wird, stellen einen der größten Industriezweige Hessens. Die Metallerzeuger sind traditionell überproportional vertreten und haben ihren Schwerpunkt im Lahn-Dill-Kreis. Die Großbetriebe bestreiten 80 Prozent des Umsatzes. Unternehmen wie Heraeus, Vacuumschmelze und Umicore in Hanau sorgen dafür, dass die Erzeugung von Nichteisen-Metallen mehr als 50 Prozent des Branchenumsatzes ausmacht.

Die Metallindustrie in den Landkreisen Lahn-Dill, Marburg-Biedenkopf und Gießen ist stark geprägt von Nachfolgegesellschaften des ehemaligen Buderus-Konzerns. Die Buderus Edelstahl GmbH in Wetzlar stellt Werkzeug- und Edelbaustahl, Schmiedestücke, Warm- und Kaltband sowie gewalztes Halbzeug her. Sie gehört zum österreichischen Konzern Voestalpine. Von Wetzlar aus erfolgt die Vertriebssteuerung für die Marke Buderus. Firmen der Bosch-Gruppe fertigen in der Region unter anderem Heizkessel, Wärmepumpen und Bremsscheiben. Zu den größten Unternehmen in Mittelhessen zählt die Fritz Winter Eisengießerei in Stadtallendorf mit Standorten in Laubach und Homberg (Ohm), die in der Region mit rund 3300 Beschäftigten Gussteile wie Bremsscheiben und -trommeln, Zylinderblöcke und -köpfe herstellt.

Eher mittelständisch strukturiert ist die Maschinenbau-Branche, die ebenfalls im Lahn-Dill-Kreis stark vertreten ist. Allerdings sind in Südhessen mit mehr als 20.000 Angestellten die Firmen mit den meisten Mitarbeitern zu finden. Die Karl Mayer Stoll Textilmaschinenfabrik hat neben ihrem Stammwerk in Obertshausen noch Niederlassungen in Frankfurt und Büdingen, in Offenbach und Mühlheim hat sich der Offsetdruckmaschinenhersteller Manroland Sheetfed angesiedelt.

Die Siemens AG beschäftigt den überwiegenden Teil ihrer hessenweit mehr als 5000 Mitarbeiter im Rhein-Main-Gebiet, knapp ein Drittel sind im Schaltanlagenwerk Frankfurt-Fechenheim tätig. In Frankfurt Gateway Gardens wurde eine neue Vertriebszentrale errichtet. In Langen betreibt das Tochterunternehmen Siemens Energy Power Control ein Entwicklungszentrum für die Planung und Automatisierung von Kraftwerksanlagen.

Mit Vitronic und Smiths Detection sitzen in Wiesbaden gleich zwei Unternehmen, die auf Bildbearbeitung und Verkehrslogistik (Blitzeranlagen und Röntgenprüfsystem für Flughäfen) spezialisiert sind. Im mittelhessischen Reiskirchen baut Weiss Technik Umweltsimulatoren sowie Anlagen für Wärme-, Klima- und Pharmatechnik. Der Mutterkonzern Schunk Group betreibt dort ein Innovations- und Logistikzentrum. Das Familienunternehmen, das mit der Herstellung von Kohlebürsten begonnen hatte, beliefert heute beispielsweise die Solarindustrie mit Halbleiter- und Brennstoffzellen. Am Standort Heuchelheim beschäftigt die Firma 2000 Mitarbeiter, weltweit meldet das Unternehmen, das auf Maschinenbau und Werkstofftechnik spezialisiert ist, 9200 Beschäftigte.

Im Lahn-Dill-Kreis haben sich viele Betriebe der Elektroindustrie niedergelassen. Die Friedhelm Loh Group hat ihre Zentrale in Haiger. Das Familienunternehmen mit weltweit über 95 Tochtergesellschaften bietet für zahlreiche Branchen Systemlösungen an: Schaltschränke, Stromverteilung, Klimatisierung und IT-Infrastruktur, Softwarelösungen für den Maschinen- und Anlagenbau, auch Cloudlösungen für die datengesteuerte Produktion.

Wetzlar und Umgebung hat sich als Zentrum für Optik etabliert. Prominente Vertreter sind die Carl Zeiss Gruppe und die Nachfolger der Firma Leitz-Werke, die in der zweiten Hälfte des 19. Jahrhunderts mit der Herstellung von Mikroskopen begannen und für ihre Fotokameras berühmt wurden. Die Leica Microsystems GmbH setzt die Tradition des Mikroskopbaus fort. Vor einigen Jahren ist die Leica Camera AG an den Gründungsort zurückgekehrt und beschäftigt im Leitz Park Wetzlar knapp 700 Personen. Zu den »Leica-Erben« zählt das schwedische Unternehmen Hexagon Metrology, das industrielle Messtechnik anbietet.

Heraeus in Hanau beschäftigt sich neben der Metalltechnologie mit der Herstellung von Elektronikmodulen und Materialsystemen, engagiert sich in der Batterieentwicklung und Brennstoffzellentechnologie für die Elektromobilität. Ergänzend dazu produziert in Darmstadt und Langen das mittlerweile amerikanische Unternehmen BorgWarner Akasol Hochleistungs-Batterien für Nutzfahrzeuge. Nach dem geplanten Endausbau wird dort die europaweit größte Produktionsstätte von Li-Ionen-Batteriesystemen für Nutzfahrzeuge stehen.

Die LoadRunner von KION: eine neue Generation autonomer Transportfahrzeuge soll die Intralogistik mit Künstlicher Intelligenz revolutionieren.

Wenn Roboter schwärmen

Die Kion Group AG/Frankfurt liefert ein Beispiel, wie herkömmliche Produkte mit Hilfe künstlicher Intelligenz Abläufe revolutionieren können. Gemeinsam mit dem Fraunhofer-Institut für Materialfluss und Logistik IML bauten Techniker Schwarmroboter mit dem Namen »LoadRunner«. Die kleinen Transporter legen zehn Meter pro Sekunde zurück, kommunizieren untereinander und koppeln sich magnetisch zu größeren Paketen zusammen, wenn es die Ladung erfordert. Die Fahrzeuge entscheiden, wann ihre Batterien aufgeladen werden müssen und weichen Hindernissen aus. Die Landesregierung hat zum Thema Künstliche Intelligenz die KI-Agenda Hessen verabschiedet, die zur Strategie »Digitales Hessen – Wo Zukunft zuhause ist« zählt. Zur Umsetzung der Vorhaben standen dem Ministerium für Digitale Strategie und Entwicklung 1,2 Milliarden Euro in der Legislaturperiode bis 2023 zur Verfügung.[206]

Auf medizintechnisch-elektrotechnische Geräte ist die Fresenius Medical Care in Bad Homburg v.d.H. spezialisiert. In Südhessen haben sich international operierende Unternehmen niedergelassenen, zum Beispiel die südkoreanischen Elektronikkonzerne Samsung und LG in Schwalbach und Eschborn. Dentsply Sirona, der weltweit größte Anbieter von Zahnversorgungslösungen (Röntgengeräte, Behandlungseinheiten, Instrumente) ist mit zentralen Vertriebs-, Forschungs- und Produktionseinheiten in Bensheim vertreten. Dort beschäftigt der amerikanische Konzern nach der Übernahme der Siemenstochter Sirona mehr als 2000 Personen.[207]

Alles setzt auf das große E

Namen wie Opel, VW oder Mercedes stehen für die traditionell starke hessische Automobilwirtschaft. Geprägt ist dieser Wirtschaftszweig von den zahlreichen kleinen und mittleren Zulieferern. Fast ein Prozent aller Beschäftigten des Landes sind einer Studie zufolge noch mit der Herstellung von Komponenten für Verbrennungsmotoren befasst. Allerdings rüsten Unternehmen wie VW in Baunatal und Daimler Truck in Kassel ihre Werke mit Milliardeninvestitionen zugunsten der Elektroantriebe um. Zahlreiche Unternehmen aus Fernost unterhalten in Hessen Vertriebs- und Logistik- oder eigene Forschungs- und Entwicklungszentren.

Der älteste noch existierende Automobilhersteller in Hessen ist Opel. Das Unternehmen, das 1862 von Adam Opel in Rüsselsheim zur Herstellung von Nähmaschinen und Fahrrädern gegründet worden war, gehört seit 2017 zum internationalen Autokonzern Stellantis. Am Gründungsort beschäftigt Opel noch rund 10.000 Mitarbeiter. Nach dem Zweiten Weltkrieg besaß das seit 1929 zu General Motors gehörende Unternehmen in der Mittel- und Oberklasse die höchsten Marktanteile. In den Siebzigerjahren arbeiteten zeitweise fast 60.000 Menschen für Opel. Nach einer langen Phase des Niedergangs will das Unternehmen mit einer Elektrifizierung aller Modelle wieder Marktanteile gewinnen.

Die Tradition des Fahrzeugbaus begann mit der Produktion von Lokomotiven bei Henschel & Sohn in Kassel. Henschel,

1810 gegründet, stieg zum größten Lokomotivbauer Europas auf, baute Busse, Lastwagen und Straßenbaumaschinen. Vor und während dem Zweiten Weltkrieg gehörte das Familienunternehmen unter anderem mit dem Bau von Panzern und Flugzeugen zu den größten Rüstungsbetrieben des »Dritten Reiches«. Nach dem Wiederaufbau und dem Austritt der Familie Henschel aus der Firma begannen krisenbedingt zahlreiche Veränderungen, die in eine Aufteilung und Teilverkäufe mündeten. In der Nachfolge lässt der französische Konzern Alstom im Werk Kassel Elektro- und Diesellokomotiven montieren. Auch Firmen wie SMA Railway Technology und ThyssenKrupp sind in Kassel mit Bahntechnik befasst.

Zu den »Erben« der Firma Henschel gehören wieder Anbieter von Rüstungsgütern: Die Rheinmetall Landsysteme GmbH baut gepanzerte Kettenfahrzeuge, die Rheinmetall MAN Military Vehicles stellt militärisch genutzte Radfahrzeuge her. Die Firma Krauss-Maffei Wegmann (KMW) mit Hauptsitz in München stellt ebenfalls Rüstungsgüter her. KMW begann unter dem Namen des Gründers Peter Wegmann im 19. Jahrhundert in Kassel mit der Herstellung von Bahnwaggons. Nach der Fusion mit Krauss-Maffei 1999 wurde KMW zum europäischen Marktführer für hochgeschützte Rad- und Kettenfahrzeuge. Dazu zählen Teile des Flugabwehrsystems Gepard sowie des Kampfpanzers Leopard, der Panzerhaubitze 2000 und des Schützenpanzers Puma. Seit der Fusion mit dem französischen Rüstungskonzern Nexter 2015 ist KMW Teil der deutsch-französischen Wehrtechnikgruppe KNDS.[208]

Was uns künftig antreibt

Innerhalb eines Jahrzehnts hat sich Hessen vom Energie-Exporteur zum Importeur von Strom entwickelt. Entscheidend dafür war der Abschied von der Kernenergie bei der Stromerzeugung und die Erkenntnis, dass der CO_2-Ausstoß konventioneller Kraftwerke einen großen Anteil an der Erderwärmung hat. Das Land Hessen beabsichtigt, den Endenergieverbrauch an Strom und Wärme bis zum

Bis 2045 will Hessen den Endenergieverbrauch an Strom und Wärme zu 100 Prozent aus erneuerbaren Energiequellen decken.

Jahr 2045 zu 100 Prozent aus erneuerbaren Energiequellen zu decken. Der Überfall Russlands auf die Ukraine 2022 hat zu einer Verknappung der fossilen Rohstoffe Gas und Erdöl beigetragen. Die Notwendigkeit einer Energiewende hat sich angesichts dessen erhöht. Zur Vorratshaltung werden sechs Erdgasspeicher an den Standorten Reckrod, Hähnlein und Stockstadt genutzt.

Mittlerweile stammen fast 60 Prozent des in Hessen erzeugten Stroms aus erneuerbaren Energien. Davon steuern Photovoltaikanlagen mehr als die Hälfte bei, gefolgt von Windenergie und mit großem Abstand dahinter Wasserkraft und Biomasse.[209] Auf zwei Prozent der Landesfläche sollen künftig Windkraftanlagen entstehen, ein Prozent ist für die Installation von Photovoltaik vorgesehen. Der sukzessive Übergang der Stromproduktion von konventionellen Lieferanten auf erneuerbare Energieträger hat das Energiesystem erheblich verändert. Die 32 konventionellen Großkraftwerke verfügen über hohe Kapazitäten (3500 Megawatt/2022), sind je nach Bedarf regelbar und können an wenigen Stellen große Mengen in das Stromnetz einspeisen. Die rund

150.000 erneuerbaren Energieanlagen sind dezentral verteilt und liefern 5341 MW (2022). Deren Produktion ist witterungsabhängig, was den Einsatz von Speichern erfordert. Ein Hoffnungsträger ist Wasserstoff, der gut speicherbar ist. Die »Hessische Wasserstoffstrategie 2022« soll Forschung und Testbetrieb für den Aufbau einer Wasserstoffwirtschaft unterstützen.

Der Energiesektor verursachte zu Beginn der Zwanzigerjahre einen jährlichen Ausstoß von fast 32 Millionen Tonnen CO_2. Dabei wurden die Emissionen des internationalen Luftverkehrs nicht mitgerechnet. Gegenüber 1990 hat sich diese Menge um rund ein Viertel reduziert.

Seit den Fünfzigerjahren galt die Stromerzeugung aus Kernenergie in Hessen als *der* Hoffnungsträger: »Die Atomenergie ist für die politische und industrielle Bedeutung eines Landes heute so wichtig wie die Kohle im 19. Jahrhundert für die Entwicklung einzelner Länder war«, hieß es 1956 in einem Programm des Hessischen Ministeriums für Erziehung und Volksbildung.[210]

Als im August 1974 der Druckwasserreaktor Block A im südhessischen Biblis in Betrieb ging, begann eine Zeit der Autonomie in der Stromerzeugung. In der Spitze reichte die Produktion von bis zu 2525 Megawatt jährlich für die Versorgung von sechs Millionen Haushalten. Doch Fragen der Sicherheit und der Entsorgung beherrschten die öffentliche Diskussion. Die Entscheidung für ein Ende des Betriebs fiel nach der Reaktorkatastrophe in der japanischen Provinz Fukushima im März 2011. Seit 2017 läuft der Abbruch der Anlage. Am Standort soll ein Gasturbinenwerk errichtet werden.

Ein Hoffnungsträger der Energiewende sind Wärmepumpen. Exemplarisch für die Entwicklung steht der Erfolg des Heizungs- und Klimatechnikanbieters Viessmann in Allendorf an der Eder. Die 1917 gegründete Firma war für den Bau von Heizungskesseln und Brennern bekannt. Mittlerweile nennt sich das Familienunternehmen, das 14.500 Mitarbeiter beschäftigt, »Klimalösungsanbieter«. Mit dem Verkauf von 120.000 Wärmepumpen 2021 steigerten die Osthessen den Absatz um mehr als 40 Prozent.

Im April 2023 überraschte die Familie Viessmann mit der Nachricht, dass die Sparte Klimalösungen für zwölf Milliarden Euro bis Jahresende an den US-Konzern Carrier Global verkauft werde. Damit verbunden sei eine Standortgarantie für den Unternehmenssitz Allendorf auf zehn Jahre und für die Arbeitsplätze auf drei Jahre. Weitere Teile des Unternehmens sollten in Familienbesitz bleiben.

Auch die SMA Solar Technology AG mit Sitz in Niestetal bei Kassel profitiert von der Energiewende. Das Unternehmen ist ein weltweit operierender Spezialist für Photovoltaik-Technik mit 3500 Mitarbeitern in 20 Ländern.

Wind und Sonne sind nicht planbar, das gilt auch für den Ertrag, den Photovoltaik- und Windkraftanlagen abwerfen. Dieses Manko kann mit Hilfe künstlicher Intelligenz minimiert werden. Von Kassel aus liefert die enercast GmbH ihren Kunden Leistungsprognosen für Windkraft- und Solaranlagen. Das geschieht bis auf 15 Minuten genau. Dazu werden große Mengen Daten verarbeitet und die Prognosemodelle mit den rund 16.000 Energieanlagen vernetzt. Kunden sind Energieversorger und -händler sowie Netz- und Kraftwerksbetreiber.[211]

Revolution aus dem Reagenzglas

Eine der größten Katastrophen der globalisierten Welt hat dem Chemie- und Pharmastandort Hessen wieder zum Titel »Apotheke der Welt« verholfen. Bei der Bekämpfung der Covid-19-Pandemie haben sich Unternehmen mit Sitz oder Produktionsstätte in Hessen bewährt und mit zum Teil weltweit einzigartigen Lösungen überrascht. Die Hessen-Agentur hat zusammengetragen, wie und mit welchen Produkten dies geschah. Es begann mit den Herstellern von Desinfektionsmitteln und Schutzausrüstung wie B. Braun Melsungen, KCL/Honeywell oder Dr. Schumacher. Neue Verfahren zur Desinfektion wie UV-Desinfektionsgeräte und Luftfilter kamen von Heraeus in Hanau. Komponenten für Virus-Tests lieferten Abbott, R-Biopharm, Wirthwein Medical, Sanner, Virotech Diagnostics und NovaTec Immundiagnostica.

Den spektakulärsten Erfolg erzielte das Mainzer Unternehmen Biontech, das zu den ersten gehörte, die einen erfolgreichen Impfstoff entwickelten. In Marburg erwarb Biontech ein Werk des Schweizer Pharmakonzerns Novartis für die Produktion des Corona-Vakzins. An der Digitalisierung der Anlage sowie ihrer Umrüstung für die mRNA-Impfstoffherstellung war Siemens Healthcare beteiligt. Seit 2021 stellte Biontech mehr als eine Milliarde Dosen her. Wichtige Bestandteile des Biontech-Vakzins Comirnaty liefern Merck und Evonik aus Darmstadt. Sanofi in Frankfurt-Höchst unterstützte die Mitbewerber bei der Abfüllung des Impfstoffs. Biotest in Dreieich und CSL Behring forschen an Medikamenten für akut an Covid-19 Erkrankte. In Marburg lebt auch die Tradition der Behringwerke in Nachfolgegesellschaften mit rund 6000 Personen fort. Die CSL Behring GmbH steht zum Beispiel für die Herstellung von Medikamenten aus Humanplasma und für Grippeimpfstoffe.[212]

Die Chemie- und Pharmaindustrie ist mit einem Anteil von rund 16 Prozent aller Beschäftigten und mit einem Umsatz von mehr als 32 Milliarden Euro der größte industrielle Arbeitgeber in Hessen. Besonderes Merkmal ist der hohe Anteil der Pharmasparte. In dem stark exportabhängigen Bundesland Hessen liegt die Branche mit einer Quote von fast zwei Drittel Auslandsgeschäft weit über dem Durchschnitt. Auffällig ist die Konzentration auf Großbetriebe, die fast vier Fünftel aller Mitarbeiter beschäftigen.

Im Raum um Frankfurt findet sich die größte Agglomeration der chemisch-pharmazeutischen Industrie. Zentraler Ort ist der Industriepark Höchst. Auf dem Gelände der 2004 aufgelösten Hoechst AG sind rund 7600 Personen beschäftigt. Traditionell ist hier ein Schwerpunkt der Diabetesforschung und -therapie zu Hause. Neben Sanofi-Aventis unterhalten auch Clariant, Bayer CropScience AG und BASF Agricultural Solutions sowie Celanese im Industriepark Betriebe.

Die Merck KGaA hat in Darmstadt ihre Zentrale und beschäftigt in der Region rund 11.000 Mitarbeiter. Das Unternehmen investierte zuletzt mehr als 340 Millionen Euro in ein

Forschungszentrum und eine Membranfabrik. Weltweit beschäftigt die Merck-Gruppe 64.000 Mitarbeiter in den Sparten Healthcare, Life Science und Electronics. Der Evonik-Konzern hat sich in Darmstadt mit 1300 Mitarbeitern angesiedelt und ist in weiteren Orten Südhessens mit Fertigungsstätten vertreten. In Darmstadt hat sich ein Schwerpunkt für Kosmetik und Körperpflegeartikel gebildet. Der US-Konzern Coty unterhält hier seinen Deutschlandsitz, hinzu kommen die Wella Company und der Haarkosmetikkonzern Kao mit seiner Europazentrale. In Wiesbaden konzentrieren sich im Industriepark InfraServ Unternehmen mit fast 5000 Beschäftigten, die von der Wursthülle über Schwammtücher bis hin zu Folien und Druckplatten produzieren. Die SGL Carbon im Stadtteil Schierstein liefert Carbon für die Autoindustrie. Die US-Konzerne Abbott und Abbvie unterhalten in der Landeshauptstadt ihre Deutschlandsitze.

In Schwalbach, Groß-Gerau und Kronberg hat sich Procter & Gamble niedergelassen. Das US-Unternehmen fertigt und vermarktet Hygiene- und Kosmetikartikel. Die Unternehmensgruppe mit der Zentrale in Bad Homburg beschäftigt mit seinen Tochterfirmen an sieben Standorten im Rhein-Main-Gebiet knapp 6000 Mitarbeiter.

Die B. Braun Melsungen AG, gegründet 1839 und in sechster Generation in Familienbesitz, ist Weltmarktführer für chirurgische Instrumente. Etwas mehr als 7000 seiner weltweit 66.000 Mitarbeiter sind in Nordhessen beschäftigt. Der Exportanteil für die Produkte der Medizintechnik liegt bei 80 Prozent. Das Unternehmen testet auf dem Weg zur Digitalisierung zum Beispiel vernetzte Infusionspumpen, die je nach Zustand des Patienten den Zufluss steuern.[213]

Zur industriellen Gesundheitswirtschaft zählt man neben der Pharmaindustrie weitere Branchen. Besonders dynamisch entwickelt sich die Medizintechnik, beispielsweise der 3D-Druck und die Herstellung sogenannter Wearables. Die in Hessen tätigen Unternehmen besitzen dazu zahlreiche Weltklassepatente. Das gilt zum

Beispiel für Biosensoren, Lab-on-a-chip und Bioprinting. Biosensoren können toxische Substanzen anzeigen. Lab-on-a-chip gleicht einem Labor in der Größe eines Computerchips. Mit Hilfe von Bioprinting wird organisches Material wie Zellgewebe produziert. Die Gründer von Novapace in Darmstadt arbeiten an einer Einlegesohle, die Parkinson-Erkrankte mit einer integrierten Sensorik beim Gehen unterstützt. Heraeus Amloy in Hanau hat sogenannte amorphe Legierungen entwickelt, die Knochenprothesen fester, aber auch elastischer werden lassen.

Bestellt und abgeholt

Lage, Lage, Lage. Die drei wichtigsten Standortfaktoren für den Logistikschwerpunkt Hessen sind schnell aufgezählt. Das Zauberwort der Branche, das Nordhessen in einen zentralen »Hub« für den europaweiten Vertrieb von Waren verwandelt hat, heißt »Cut-off-Zeit«. Gemeint ist damit der späteste Annahmezeitpunkt für Sendungen mit der Zusicherung, dass diese am nächsten Tag an jedem Ort in Deutschland beim Adressaten sind.

In Hessen sind mehr als 200.000 Personen in der Logistik- und Mobilitätsbranche beschäftigt – in Nordhessen ist es jeder zehnte Arbeitnehmer –, der Frankfurter Flughafen ist mit mehr als 80.000 Mitarbeitern die größte Betriebsstätte Deutschlands. Rund 300 Logistikunternehmen sind in der benachbarten Cargo City angesiedelt, darunter DHL Global Forwarding und Federal Express.[214]

Der Flughafenbetreiber Fraport besitzt mehr als 20 weitere Flughafengesellschaften auf vier Kontinenten. Er steht in der Kritik, weil er für hohe CO_2-Emissionen verantwortlich ist.[215] Größter Kunde von Fraport ist die Lufthansa. Zwar hat das Unternehmen seinen Sitz in Köln, doch in Frankfurt sind rund 38.000 Mitarbeiter tätig. Damit ist der deutsche Carrier der größte private Arbeitgeber in Hessen. Hier warten und reparieren allein 4000 Techniker rund 260 der insgesamt mehr als 700 Lufthansa-Flugzeuge.[216]

Von 1953 bis zum Jahr 2000 hatte die Deutsche Bundesbahn ihre Hauptverwaltung in Frankfurt. Zu diesem Zweck war 1991 bis 1993 eigens noch ein Gebäude im Gallus-Viertel errichtet worden. Nach der Vereinigung der Reichsbahn der DDR mit der Bundesbahn zur Deutsche Bahn AG wanderte die Konzernzentrale nach Berlin. In Frankfurt verblieben zahlreiche Tochtergesellschaften, sodass nach Angaben des Konzerns noch 28.000 Personen im Rhein-Main-Gebiet für die Bahn AG arbeiten.[217]

Das Cluster Logistik und Mobilitätswirtschaft hat sich in Nordhessen dank der verkehrsgünstigen Lage zu einem Beschäftigungsmotor entwickelt. Inzwischen haben sich zwischen Fulda, Bad Hersfeld und Kassel zahlreiche Distributions- und Umschlagzentren angesiedelt. Stichwort Cut-off-Zeit. Bei Ansiedlungen profitiert die Region (noch) von der guten Flächenverfügbarkeit und relativ niedrigen Grundstückspreisen. Der extensive Flächenverbrauch, der damit verbundene hohe Grad der Versiegelung sowie der zunehmende Ziel- und Quellverkehr haben auch Gegner auf den Plan gerufen. Die Logistik gilt zudem als ausgesprochener Niedriglohnsektor.

City of the Euro

Allein im Finanzgewerbe arbeiten 100.000 Menschen, ungefähr 80.000 davon in der Stadt Frankfurt selbst, wo rund 280 Banken aus 50 Ländern ihre Zentrale, einen Sitz oder eine Niederlassung haben. In deren Gefolge haben sich Investmentgesellschaften, Berater, Wirtschaftsprüfer, Anwaltskanzleien und Anlageanalysten angesiedelt. Während andernorts in Deutschland die Belegschaften schrumpfen, suchen die Bankhäuser in Frankfurt neues Personal. Inzwischen sind dort elf Prozent der Branche beschäftigt. Mitverantwortlich für den Boom des Bankenbusiness' ist die Konzentration europäischer Finanzbehörden: Im März 1993 entschied ein EG-Sondergipfel, dass Frankfurt Sitz der Europäischen Zentralbank werden solle. 2014 bezog das Institut zur Kontrolle der Geldströme des Euro sein neues Gebäude im Ostend. Dort sitzt auch der EU-Ausschuss für Systemrisiken (European System Risk Board). Den Titel »City of the Euro« festigte Frankfurt, als die Europäische Union nach und nach weitere Behörden wie die Aufsichtsbehörde für das Versicherungsgeschäft EIOPA (European Insurance and

Occupational Pension Authority) ansiedelte. 2022 kam das private International Sustainability Standards Board (ISSB) hinzu, das Standards zum Thema Nachhaltigkeit setzen und überwachen will. Ähnliche Aufgaben nimmt das »Green and Sustainable Finance Cluster Germany« (GSFCG) speziell für die Nachhaltigkeit von Finanzgeschäften wahr. Der Austritt Großbritanniens aus der EU (Brexit) hat Finanzinstitute aus außereuropäischen Ländern veranlasst, ihre EU-Niederlassung nach Frankfurt zu verlegen.

Die Bundesbank hat ihren Sitz ebenso am Main wie die Bundesanstalt für Finanzdienstleistungen Bankaufsicht (BaFin), die von hier aus das Wertpapiergeschäft beaufsichtigt.

Sieben der zehn größten Bankhäuser, angeführt von der Deutschen Bank, haben sich für Frankfurt entschieden. Auch die Landesbank Hessen-Thüringen operiert von »Mainhattan« aus. Sie ist seit dem Zusammenschluss der Sparkassenorganisationen von Hessen und Thüringen die einzige Landesbank, die von zwei Bundesländern als Staatsbank geführt wird.

Für die 350 Versicherungsunternehmen arbeiten zwischen Wiesbaden, Darmstadt und Frankfurt mehr als 20.000 Beschäftigte, für R+V allein 16.000 in ganz Deutschland.[218]

An dem Ruf Frankfurts als wichtigem Handels- und Finanzplatz hat die Wertpapierbörse großen Anteil. Ihre Geburtsstunde wird auf das Ende des 16. Jahrhunderts datiert. Längst hat sich das Geschäft mit Aktien, Anleihen, Optionen ins Internet verschoben. Auch wenn die Jahresbilanz traditionell noch auf dem Börsenparkett in der City von Frankfurt verkündet wird, hat sich die Unternehmenszentrale nach Eschborn zurückgezogen und der Handel findet im Internet statt.[219]

Wer macht es noch möglich?

Latscha, HL, Minimal, Tengelmann, Hertie, Neckermann – diese Markennamen sind Geschichte. Deutschland gilt als härtester Markt für den Handel, insbesondere den Lebensmittelhandel. Hessen lockte zahlreiche Gründer der Einzelhandelsbranche an. Wie sehr veränderte Kundengewohnheiten, der Online-Handel und die starke Konkurrenz, zuletzt auch die Preissteigerungen die Branche verändert haben, zeigt ein kurzer Überblick über das Schicksal bekannter Unternehmen.

Legendär ist der Aufstieg des Rosbachers Willi Leibbrand, der 1965 in Frankfurt unter dem Namen HL-Markt seinen ersten Selbstbedienungsladen eröffnete. HL stand für die Initialen seines Vaters Hugo Leibbrand, der mit einer Großhandlung Tante-Emma-Läden belieferte. Auf dem Höhepunkt seiner Karriere herrschte Leibbrand von Bad Homburg aus über acht Supermarktketten, betrieb Tausende von Märkten. 1989 ging die Gruppe in den Besitz des Rewe-Konzerns über.[220]

Erivan Haub, geboren in Idstein, hatte sich die Erfolge der Supermärkte in den USA angeschaut und baute das Unternehmen seiner Familie in den Sechzigerjahren entsprechend um. Die Tengelmann-Gruppe, die ihren Sitz viele Jahre in Wiesbaden hatte, expandierte, kaufte den Mitbewerber Kaiser's, Baumärkte und Bekleidungsketten. Die Supermärkte veräußerte der Konzern 2016 an den Mitbewerber Edeka, die Zentrale zog nach Mülheim an der Ruhr. Von dort aus hat sich das Familienimperium neu aufgestellt, setzt neben dem Traditionsgeschäft der Handelsketten auf Online-Handel und betätigt sich als Wagniskapitalgeber.[221]

Das 1947 in Fulda gegründete Familienunternehmen tegut ist 2013 in den Besitz der Schweizer Gruppe Migros übergegangen. Die rund 315 tegut-Supermärkte werden weiter von Fulda aus geführt. Unter dem Namen »Teo« experimentiert tegut mit unbemannten Kleinmärkten, die rund 900 Artikel anbieten und mit Hilfe einer App auf dem Mobiltelefon oder einer Bankkarte geöffnet und genutzt werden können.[222]

Im Gründungsjahr 1984 bediente Götz E. Rehn bei der Eröffnung seines ersten Bioladens in Mannheim eine Nische, heute herrscht er von Darmstadt aus über eine Kette von 150 Märkten mit rund 3500 Mitarbeitern unter dem Namen Alnatura. In seinen Geschäften wird so gut wie ausschließlich Bio-Ware angeboten. Inzwischen vermarktet das Unternehmen 1300 Produkte, die in anderen Märkten verkauft werden.[223]

Noch deutlicher wird der dramatische Wandel im Handel bei den Warenhäusern. Von einstmals fünf großen Ketten existiert noch der Galeria-Konzern, der die Zahl seiner Häuser in drei Insolvenzverfahren drastisch reduzierte – in Hessen sind es noch acht. Unter den Unternehmen, die vom Markt verschwunden sind, befand sich Hertie, einst von dem jüdischen Kaufmann Hermann Tietz gegründet, dessen Familie im »Dritten Reich« ihre Häuser bei der »Arisierung« verlor. Die 115 Hertie-Warenhäuser, deren letzte Zentrale in Frankfurt saß, gingen 1994 in den Besitz des Karstadtkonzerns über, der wiederum mit der Kaufhof-Gruppe in dem Unternehmen Galeria aufging.[224]

Die Anfänge des Versandgeschäfts von Josef Neckermann gingen ebenfalls auf den Kauf arisierter Unternehmen jüdischer Inhaber zurück. Seit 1948 betrieb er seine Firma von Frankfurt aus. Der Werbespruch »Neckermann macht's möglich« ging in den alltäglichen Sprachgebrauch über. Mitte der Siebzigerjahre gehörten Textilfabriken, Warenhäuser, eine Reisegesellschaft, eine Hausbaugesellschaft und eine Versicherung zum Konzern. Die Expansion führte zu einer Überschuldung. Neckermann wurde 1976 von Karstadt übernommen. Nach weiteren Fusionen und Übernahmen wandelte sich die Firma zu einem Onlinehändler. Mit einer Insolvenz im Jahr 2012 verschwand das Unternehmen, das mittlerweile in neckermann.de umbenannt worden war.[225]

Der Messebetrieb hat den Handelsplatz Frankfurt seit jeher geprägt. Die Messe Frankfurt GmbH wurde 1907 von Bürgern gegründet. Jährlich veranstaltet sie rund 200 Messen im In- und Ausland. Unter ihrem Dach finden 423 Messen, Kongresse und weitere Events aus verschiedenen Branchen statt. Rund 30 Tochtergesellschaften zählen zur Gruppe, deren Eigentümer zu 60 Prozent die Stadt Frankfurt und zu 40 Prozent das Land Hessen sind. Die Covid-19-Pandemie hat Entwicklungen verschärft, die schon zuvor für Veränderungen im Messegeschäft gesorgt hatten. Messen, falls sie nicht ganz den Covid-Verordnungen zum Opfer fielen, wurden kleiner, kürzer, enthielten hybride Angebote, wurden also in Teilen vor Ort, in Teilen via Online-Übertragung ausgerichtet.

Aktuell gibt es aber keine Anzeichen dafür, dass sich diese Tendenzen über das offizielle Ende der Pandemie fortsetzen. Einen Rückschlag erlitt der Messebetrieb, als der Verband der Automobilindustrie 2020 bekanntgab, die Internationale Automobilausstellung (IAA) nach München zu verlegen. Ein Publikumsmagnet ist die Frankfurter Buchmesse, deren Anfänge bis in das 15. Jahrhundert zurückgehen und die seit 1949 unter der Regie des Branchenverbands Börsenverein des deutschen Buchhandels ausgerichtet wird.[226]

Die Landeshauptstadt Wiesbaden bietet mit ihrem RheinMain CongressCenter (RMCC) einen Schwerpunkt für Konferenzen und Kongresse zum Thema Life Science. Dort treffen sich zum Beispiel seit mehr als 150 Jahren die Mitglieder der Deutschen Gesellschaft für Innere Medizin zu einem Kongress, an dem 8000 Besucher teilnehmen.[227]

... und rede darüber

Die Kultur- und Kreativwirtschaft gilt als Wachstumsmarkt und Innovationstreiber. Umsatzstärkster Teilmarkt ist die Software- und Gaming-Industrie mit knapp fünf Milliarden Euro Umsatz (2020). Das hessische Wirtschaftsministerium nennt als Teilmärkte: Designwirtschaft, Presseverlage, Architektur, Filmwirtschaft, Musikwirtschaft, Buchmarkt, Darstellende Künste, Rundfunkwirtschaft und Kunstmarkt.[228]

Nutznießer der Digitalisierung ist die Gamingindustrie, die mit einem Förderprogramm des Landes unterstützt wird. RheinMain ist für viele Software- und IT-Unternehmen von Bedeutung. Darmstadt hat sich als Zentrum für Serious Games (auf unterhaltsame Weise werden ernste Themen transportiert) und Cybersecurity profiliert. Im gesamten Bundesland zählen knapp 3800 Unternehmen zu diesem Wirtschaftszweig, der im vergangenen Jahrzehnt beim Umsatz fast 100 Prozent zugelegt hat. Vertreten sind internationale Konzerne wie Nintendo in Frankfurt. Das japanische Unternehmen ist mit 900 Mitarbeitern der größte Arbeitgeber der Branche. Die Firma BiteTheBytes in Fulda hat sich darauf spezialisiert, Software für die Herstellung virtueller Landschaften anzubieten. Den von ihnen entwickelten »World Creator« nutzen Microsoft, Ubisoft und Airbus (für Flugsimulatoren) oder das Deutsche Zentrum für Luft- und Raumfahrt.

Mit dem Gesamtverband Kommunikationsagenturen GWA e.V. hat eine Branchenorganisation ihren Sitz in Frankfurt. Hier haben sich besonders Werbeagenturen mit Kompetenz für digitalisierte Angebote angesiedelt, die Onlinewerbung und die Produktion von Werbefilmen anbieten. Die Werbebranche meldet für Hessen einen Umsatz von knapp vier Milliarden Euro jährlich.

Bedingt durch die zentrale Rolle Frankfurts in der Wirtschafts- und Finanzwelt unterhalten dort zahlreiche in- und ausländische Medienunternehmen Redaktionen und Studios. Größter Player ist der Hessische Rundfunk, er ging aus dem am 1. Juni 1945 gegründeten Sender »Radio Frankfurt« der amerikanischen Militärregierung hervor und firmiert seit dem 2. Oktober 1948 als Anstalt des öffentlichen Rechts. Von Frankfurt aus wird die ARD-Berichterstattung zu den Themen Wetter und Finanzen gesteuert.[229]

Die Sender CNN, Bloomberg Television, Reuters, RTL Hessen und rheinmaintv sind in Frankfurt vertreten. Hinzu kommen Hörfunksender wie der hessische Marktführer Hit Radio FFH mit den Zielgruppenprogrammen harmony.fm und planet radio.

In Hessen erscheinen zahlreiche regionale und überregionale Zeitungen, viele von ihnen haben ihren Verlagssitz im Bundesland. Dies gilt für die international bedeutende Frankfurter Allgemeine Zeitung und die Frankfurter Rundschau. Die VRM (Verlagsgruppe Rhein Main) mit Sitz im benachbarten Mainz produziert in ihrer Druckerei in Rüsselsheim täglich rund 30 regionale Zeitungsausgaben in Papierform, hinzu kommen jeweils digitale Vertriebskanäle wie Online-Portale, Apps und e-Paper. Zur Gruppe gehören die Blätter Wiesbadener Kurier, Darmstädter Echo und Wetzlarer Neue Zeitung. Die Zeitungsholding Hessen (ZHH) mit Sitz in Kassel gibt 25 Zeitungstitel heraus, unter anderem die Hessisch-Niedersächsische Allgemeine, die Frankfurter Neue Presse und die Gießener Allgemeine; die Frankfurter

Rundschau gehört mittlerweile zum Konzern. Die Branche steht unter hohem strukturellen und konjunkturellen Druck. Die Zahl der Beschäftigten sowie die Vertriebs- und Werbeerlöse sinken kontinuierlich. Der Konzentrationsprozess lässt sich an der Zahl der 2023 in Hessen tätigen Firmen ablesen, die gegenüber 2010 um fast ein Viertel gesunken ist.

Frankfurt ist ein Zentrum der Buchbranche. Die Buchmesse gilt weltweit als wichtigstes Branchenereignis. Der Börsenverein des Deutschen Buchhandels, die Interessenvertretung der Verlage, der Buchhändler und Buchhersteller, hat seinen Sitz in Frankfurt. In Hessen finden sich mehr als 200 Buchverlage. Die Branche durchlebt eine digitale Transformation, die durch Krisen wie die Covid-19-Pandemie und die zeitweise überdurchschnittlich hohe Inflation sowie den gestiegenen Papierpreis zusätzliche Herausforderungen zu bewältigen hat. Dementsprechend sanken Umsätze und die Zahl der Beschäftigten in überdurchschnittlich hohem Maße.

Die hessische Filmwirtschaft konzentriert sich auf die Rhein-Main-Region. Seit 1950 hat die Spitzenorganisation der Filmwirtschaft e.V. (SPIO) ihren Sitz in Wiesbaden. Sie vertritt die Interessen der deutschen Filmwirtschaft entlang der Wertschöpfungskette Filmproduktion, Postproduktion, Filmverleih, Filmtheater und Videoprogramm und repräsentiert als Dachverband von 17 Berufsverbänden mehr als 1400 Mitgliedsfirmen. Die Umsätze sind in der Covid-19-Pandemie bei zeitweiser Schließung der 120 hessischen Lichtspielhäuser eingebrochen und erholten sich nur langsam. Allerdings blieb die Zahl der Kinos trotz dieser Belastung stabil.

Von zunehmender Bedeutung ist für zahlreiche Unternehmen die digitalisierte Informations- und Kommunikationstechnologie. In der Region Südhessen finden sich zahlreiche Unternehmen, die die Nähe zu den Kunden in Frankfurt und die Verbindung zu den Hochschulen suchen. Dazu gehören die Software AG und Telekommunikationsanbieter wie T-Systems in Darmstadt. Die Telekom ist dort mit mehr als 5000 Mitarbeitern nach Merck der zweitgrößte Arbeitgeber.

Denken in der Wolke?

Dem Architekturkritiker Niklas Maak zufolge sind sie »in der digitalen Welt, was früher Schlösser waren: der Sitz der Macht.« Patrick Burkhardt, Staatssekretär im Digitalministerium, nennt sie das »Rückgrat der Digitalisierung«, und der Bund Hessen sieht sie, überspitzt formuliert, als »Stromfresser und Wärmeschleudern«. Rechenzentren werden mal als Hoffnungsträger, mal als Boten für den Untergang der Zivilisation gesehen.[230] Fest steht: In Frankfurt und Umgebung finden sich 30 Prozent aller deutschen Rechenzentrumskapazitäten. Einer der Auslöser für den Boom der Datenschlösser ist der DE-CIX (Deutscher Commercial Internet Exchange), Europas größter Internetknoten in Frankfurt. Im September 2023 meldete der Betreiber, dass binnen einer Sekunde 15,29 Terabit[231] Daten durch diese Internetkreuzung gejagt worden seien. Diese Menge entspreche mehr als fünf Millionen gleichzeitig gestreamter Live-Videos in HD-Qualität. Das dramatische Wachstum hat unter anderem die Pandemie verschuldet, während der Millionen Menschen mehr Zeit zu Hause – und vor dem Bildschirm – verbrachten.[232] Rechenzentren werden benötigt, um die immensen Datenmengen zu verarbeiten und zu speichern, die mit der Digitalisierung einhergehen. Neuerdings heißt es zwar, dies geschehe in einer Cloud, zu Deutsch Wolke, aber, wie Kritiker Maak schreibt, sitzt die Cloud am Ende auch nur in einem Gebäude.[233]

Allein in Frankfurt zählte man 2023 mehr als 70 unternehmensunabhängige Rechenzentren, also solche, die als Co-Location-Center ihre Räume Kunden mit eigenen Rechnern anbieten oder als Hyperscaler die Datenabwicklung für Kunden übernehmen. In Offenbach, Hanau, Schwalbach, Hattersheim und Wiesbaden entstehen auf alten Industrieflächen oder in ehemaligen Kasernen neue Flachbauten, in die ihre Besitzer Milliarden investieren. Amerikaner, Niederländer oder Franzosen weichen in diese Orte aus. Frankfurt lief Gefahr, eines Wildwuchses nicht mehr Herr zu werden, und hatte 2022 ein Gewerbeflächenentwicklungsprogramm für Data-Parks beschlossen. Im Gallusviertel, in Rödelheim, Sossenheim und vor allem im Osten der Stadt, in Fechenheim, konzentrieren sich nun die Anbieter.

Rechenzentren – Hoffnungsträger oder Stromfresser und Wärmeschleudern?

Als Gewerbesteuerzahler werden die Betreiber geschätzt. Doch ihr Energiebedarf ist immens. Rund 70 Prozent dessen, was die gesamte Informations- und Kommunikationsbranche in Hessen an Strom benötigt, verbrauchen die Data-Center; und 55 Prozent der Treibhausgas-Emissionen der Branche gehen auf ihr Konto.[234]

Die Software AG mit ihren weltweit ebenfalls mehr als 5000 Mitarbeitern kümmert sich um die technische Infrastruktur von Firmen und hat sich durch Zukäufe breiter aufgestellt. Sechs Spezialisten für Softwarelösungen hatten das Unternehmen 1969 in Darmstadt gegründet. Heute gehört die Firma, die 2023 von dem US-Investor Silver Lake mehrheitlich übernommen wurde, zu den größten Anbietern auf dem deutschen Software-Markt.[235]

Die Großmacht von Nebenan

Kraftfahrzeugmechatroniker bei den Männern und Friseurin bei den Frauen – die beliebtesten Ausbildungsberufe im Handwerk haben sich seit Jahrzehnten nicht verändert. Dabei haben sich die Berufsbilder in vielen Gewerken durch die Digitalisierung deutlich gewandelt. Die drei Handwerkskammern im Land meldeten zuletzt knapp 80.000 meist kleine Betriebe mit rund 380.000 Beschäftigten. Was viel klingt, bedeutet im Vergleich der Flächenländer den letzten Platz.

So gut wie alle Handwerkszweige sprechen vom Mangel an beruflichem Nachwuchs. Als Gründe werden die geringere Zahl von Schulabgängern, die zunehmende Zahl von Studierenden, aber auch Nachteile bei der Ausbildungsvergütung, bei Arbeitszeiten und körperlicher Belastung genannt. Nicht erst die Covid-19-Pandemie hat besonders dem Nahrungsmittelhandwerk geschadet, das einen Rückgang der Lehrlingseinstellungen von mehr als 40 Prozent meldete. Dabei nimmt das Handwerk für sich in Anspruch, mit 33 Auszubildenden je 100 Betriebe eine hohe Ausbildungsquote aufzuweisen.

Für viele Handwerksbetriebe wird es immer schwieriger, geeignete Nachfolger zu finden, zumal die Betriebsinhaber im Schnitt älter sind als die anderer Erwerbszweige. Bei einer Umfrage gaben fast 30 Prozent an, ihr Geschäft in den nächsten fünf Jahren übergeben zu wollen. Drei Viertel meinten, die Nachfolge sei geklärt, wobei fast die Hälfte berichtete, dass ein Familienangehöriger die Tradition fortführe.[236]

Wohlsein

»Der Feriengast aus der Großstadt wünscht sich zum Verweilen gar kein hypermodernes Gasthaus … Vielmehr sucht er die Behaglichkeit und das Urgemütliche einer echten bäuerlichen Wirtschaft, in der man sich auch ohne prunkhafte Überladung wohl fühlen kann.«[237]

So interpretierte ein Journalist zu Beginn der Sechzigerjahre die Bedürfnisse des klassischen Feriengastes im Hessenland. Mehr als 60 Jahre später klagt der Hotel- und Gaststättenverband: »In vielen Betrieben reichten die Gewinnmargen […] nicht mehr aus, um die Holzvertäfelung, die Sitzpolsterung und den Resopaltresen aus den 70ern zu erneuern.«[238]

Die Branche steht unter Druck: Die Jahre der Pandemie, der Ukrainekrieg, die Inflation, der Fachkräftemangel und die veränderten Konsumgewohnheiten der Gäste erfordern ein Umdenken und hohe Investitionen. Mehr als vier Fünftel der hessischen Hotel- und Gastronomiebetriebe sind kleine und mittlere Betriebe in Familienbesitz, denen Rücklagen fehlen.

Hessen ist kein typisches Urlaubsland. Nach Schätzungen des Verbandes Dehoga wird die Zahl von Tagesreisen nach Hessen weiter sinken. In den Zentren des hessischen Südens leidet die Hotellerie unter der Abhängigkeit vom stark saisonal geprägten Messe- und Kongressbetrieb. Die noch rund 1000 Gaststätten, also Gasthäuser, Dorfgaststätten und Kneipen sind wegen des Strukturwandels auf dem Land in ihrer Existenz bedroht. Nach Angaben der Dehoga haben infolge der Corona-Pandemie in Hessen 2700 Betriebe des Gastgewerbes schließen müssen.[239]

Fast zehn Prozent der in der Industrie tätigen Mitarbeiter sind mit der Herstellung von Nahrungsmitteln und Getränken beschäftigt. Die Ernährungsbranche ist seit vielen Jahren durch Konzentrationsprozesse gekennzeichnet. Nestlé, der größte Lebensmittelkonzern der Welt, hat seine Deutschlandzentrale in Frankfurt, wo auch die Wurzeln des Unternehmens liegen. Oetker hält für die Radeberger Gruppe (in Frankfurt) und Henkell (in Wiesbaden) zwei Unternehmenszentralen in Hessen. Radeberger ist die größte deutsche Brauereigruppe; zu ihr gehören die früher selbstständigen Marken Binding und Henninger aus Frankfurt.[240]

Seit der Übernahme des spanischen Unternehmens Freixenet 2018 ist die Wiesbadener Oetker-Tochter Henkell der weltweit größte Sekthersteller. Der Rheingau ist seit dem 19. Jahrhundert ein Zentrum der Sektherstellung. Mittlerweile gehören die größeren Kellereien zu Henkell oder zur Rotkäppchen-Mumm-Gruppe (unter anderem Matheus Müller und Burgeff).[241]

Bei den nicht-alkoholischen Getränken sticht Hessen mit seinem hohen Marktanteil bei Mineralwässern heraus. Wichtige Brunnen liegen in der Rhön, im Westerwald, in der Wetterau und am Rand des Taunus. Eine der bekanntesten Marken ist Selters aus dem gleichnamigen Ort. In der Wetterau werden rund zehn Prozent aller deutschen Mineralwässer abgefüllt. Für Bad Vilbel sind die Mineralquellen der bedeutendste Bodenschatz, sie dienen zugleich als Heilquellen. Hassia hat dort seinen Sitz. Mit fast 390 Millionen Litern ist das Familienunternehmen, zu dem Rosbacher und Elisabethen gehören, Marktführer in Hessen.

In Südhessen sind weitere große Arbeitgeber der Nahrungsindustrie zu finden: Brandenburg mit rund 1400 Beschäftigten, Produzent von Wurst- und Fleischwaren (»Original Frankfurter Würstchen«); die Glockenbrot Bäckerei mit knapp 500 Mitarbeitern. Auch Milupa, Herstellerin von Säuglings- und Kleinkindernahrung, sowie Danone Waters haben ihren Deutschlandsitz in Frankfurt. Mit Abfüllanlagen oder Logistikzentralen sind die Getränkeproduzenten PepsiCo und Coca-Cola im Rhein-Main-Gebiet vertreten. In Bad Schwalbach verarbeitet die größte hessische Molkerei »Schwälbchen« Milch von hessischen Höfen.

Die Döhler GmbH in Darmstadt liefert Fruchtsaftkonzentrate, Fruchtzubereitungen, Aromen und Farben. In Heppenheim betreibt Langnese, eine Tochter von Unilever, eines der größten Eiscremewerke Europas.[242]

Im mittelhessischen Stadtallendorf hat der größte Arbeitgeber der Ernährungsindustrie im Land seine Produktion seit 1956 angesiedelt. Der Süßwarenhersteller Ferrero beschäftigt allein 4000 Mitarbeiter in einem Ort, der bis Kriegsende als Rüstungszentrum mit der größten Sprengstoffproduktion Europas bekannt war. Stadtallendorf ist nun der weltweit größte Produktionsstandort für Nutella, Mon Chéri oder Duplo.[243]

UNESCO-WELTDOKUMENTENERBE
Kinder- und Hausmärchen der Brüder Grimm

CHANCENGLEICHHEIT ALS PRINZIP

Das hessische Bildungssystem auf dem Weg in die digitale Welt

Das wichtigste Ziel der hessischen Bildungspolitik lässt sich auf die einfache Formel bringen: Gleiche Bildungschancen für alle. Das stellt heute angesichts neuer digitaler Entwicklungen eine wahre Herkulesaufgabe dar.

Um dieses Ziel zu erreichen oder ihm wenigstens näherzukommen, waren in der Vergangenheit viele kleine Schritte nötig, die trotzdem oft für große Unruhe sorgten.

In Hessen hat Chancengleichheit im Bildungssystem Verfassungsrang.

In der Hessischen Verfassung, die am 1. Dezember 1946 mit Volksentscheid angenommen wurde, sind »Erziehung und Schule« gleich mehrere Artikel gewidmet. Die Erziehung solle dazu dienen, heißt es in Artikel 56, »den jungen Menschen zur sittlichen Persönlichkeit zu bilden, seine berufliche Tüchtigkeit und die politische Verantwortung vorzubereiten zum selbständigen und verantwortungsvollen Dienst am Volk und der Menschheit durch Ehrfurcht und Nächstenliebe, Achtung und Duldsamkeit, Rechtlichkeit und Wahrhaftigkeit«[244]. Deutlich ist die Distanz zur nationalsozialistischen Schulpolitik zu spüren, die der Erziehung zum Krieg und der ideologischen Indoktrination gedient hatte. Bereits in der Verfassung wurden das Mitbestimmungsrecht der Eltern, die Lernmittelfreiheit und der weitgehend kostenfreie Besuch von öffentlichen Schulen und Hochschulen festgeschrieben. Gerade die Lernmittelfreiheit, die heute in den meisten Bundesländern nur noch eingeschränkt oder gar nicht mehr gilt, war und ist eine wichtige Voraussetzung dafür, dass ein Bildungserfolg nicht vom Geld der Erziehungsberechtigten mitbestimmt wird. In der Verfassung wurde auch festgeschrieben, dass der Zugang zu höheren Schulen und Hochschulen »nur von der Eignung des Schülers abhängig zu machen«[245] ist. Das war eine weitere deutliche Abgrenzung gegenüber der NS-Zeit, aber auch schon, bewusst oder unbewusst, gegenüber der Sowjetischen Besatzungszone und späteren DDR, in der eine erfolgreiche Schulkarriere von der politischen Einstellung zum kommunistischen Regime abhängig war.

Der ideologische Ballast, den junge Menschen nach Kriegsende mit sich trugen, war für das hessische Schulsystem eine schwere Hypothek. Die politische Indoktrination von zwei Schülergenerationen nach 1933 hatte tiefe Spuren hinterlassen. Die amerikanischen Besatzungsbehörden suchten zusammen mit den entsprechenden deutschen Stellen nach Mitteln und Wegen, um jungen Menschen, die bis dahin nur eine Diktatur kennengelernt hatten, das demokratische System nahezubringen. Der Schule kam dabei eine entscheidende Rolle zu und bereits am 1. November 1945 nahm das Hessische Kultusministerium seine Arbeit auf. Aber die Voraussetzungen dafür waren alles andere als günstig. Lehrer, die oft der NSDAP angehört hatten, durften nicht mehr unterrichten und wurden durch schnell ausgebildete »Schulhelfer« ersetzt. Schulgebäude lagen in Trümmern, Heizmaterial fehlte und viele Kinder hungerten, bis die Amerikaner die Schulspeisungen einführten. Die alten Schulbücher waren ideologisch kontaminiert und damit unbrauchbar. Aber gerade für die politische Bildung, die in dieser Phase den höchsten Stellenwert hatte, war eine mediale Verbreitungsform dringend nötig. Da kam das Radio wieder ins Spiel: Hören statt Lesen. Bereits im Sommer 1946 wurde der Schulfunk mit zunächst zwei morgendlichen Sendungen eingeführt. Schulen wurden mit Radioapparaten und Geräten zur Wiedergabe von Tonträgern ausgestattet. Die kindgerechten Sendungen, die zunächst von Radio Frankfurt (dem späteren Hessischen Rundfunk) produziert wurden, leisteten damit einen wichtigen Beitrag zur »Reeducation«, wie die amerikanischen Besatzungsbehörden den von ihnen angestoßenen und überwachten Demokratisierungsprozess nannten.

Frankfurter Schulfunk: eine Schulklasse hört eine Radiosendung, undatiert, vermutlich 1953. Foto: Sepp Jaeger

»Politik der sozialen Verantwortung«

Die positive wirtschaftliche Entwicklung in Hessen schuf die finanziellen Voraussetzungen für die von dem seit 1950 regierenden SPD-Ministerpräsidenten Georg August Zinn so bezeichnete »Politik der sozialen Verantwortung«. Zu ihr gehörte auch das Ziel, jedem Kind in Hessen eine angemessene Schulausbildung zu ermöglichen. Das stieß besonders in ländlichen Regionen auf Probleme. Denn dort gab es noch viele Zwergschulen mit nur unzureichend ausgebildeten Lehrkräften. 1957 existierten, einer Aufstellung von Christoph Führ zufolge, noch über 1000 einklassige Volksschulen, in denen alle Altersgruppen gemeinsam unterrichtet wurden. »Um Stadt- und Landkindern eine gleichwertige Ausbildung zu sichern, entwickelte Hessen das Konzept der ›Mittelpunktschulen‹. Sie waren von Anfang an mehrzügig und verbanden meist Volks- und Realschulen.«[246] Unter Kultusminister Ernst Schütte kam der Ausbau schnell voran. 1966 gingen nur noch 2,7 Prozent aller Volksschüler in die verbliebenen Zwergschulen. Auch diese schulpolitische Entwicklung wurde, wie später so viele, von Kritik begleitet.

Die CDU-Opposition sah die dörfliche Kultur gefährdet. »Sie witterte sogleich bildungspolitischen Sozialismus, eine Vermassung der Schülerschaft und warf der Regierung vor, mit dieser Zentralisierung eine sozialistische Einheitsschule nach östlichem Muster einzurichten.«[247]

Mit der Einführung von Mittelpunktschulen wurden angehende Volks- und Realschullehrer verpflichtet, ein akademisches Studium zu absolvieren. Das brachte eine deutliche Verbesserung der schulischen Ausbildung.

Mit dem »Hessenkolleg« als zweitem Bildungsweg wurde für Erwachsene schon früh eine Möglichkeit geschaffen, versäumte Schulabschlüsse nachzuholen. Das erste »Hessenkolleg« wurde 1959 in Wiesbaden eingerichtet. Es folgten Frankfurt (1960), Kassel (1962) und Wetzlar (1963). Wie bei den Abendgymnasien kann schon mit dem Hauptschulabschluss die Hochschul- oder Fachhochschulreife erworben werden. Allerdings findet der Unterricht, im Unterschied zu den Abendschulen, tagsüber statt.

Eine Säule der Erwachsenenbildung in Hessen sind die 32 Volkshochschulen, für die über 13.000 Kursleiterinnen und -leiter arbeiten. Sie bieten jedes Jahr rund 45.000 Kurse an, die von einer halben Million Fortbildungswilligen besucht werden. Das inhaltliche Spektrum der einzelnen Volkshochschulen ist breit. Grundbereiche sind die berufliche Qualifizierung, die Vorbereitung auf Schulabschlüsse und die Themen Geschichte, Politik, Psychologie, Philosophie, Kunst, Länder- und Heimatkunde, Naturwissenschaft, Technik, künstlerisches und handwerkliches Gestalten, Sprachen, Hauswirtschaft sowie Gesundheitsbildung. Ein starkes Gewicht wird auch auf alle Formen der Digitalisierung, auf ökologische Fragen und die Auswirkungen des Klimawandels gelegt. Die Veranstaltungen finden in Form von Kursen, Seminaren, Workshops, Vorträgen, Arbeitsgemeinschaften, Gesprächskreisen oder Bildungsreisen statt.

Die Volkshochschulen, die bereits 1946 ihre Arbeit aufgenommen hatten, sind die älteste Institution der Erwachsenenbildung in Hessen. Sie waren auch dabei, als 1966 vom Hessischen Rundfunk und dem Hessischen Kultusministerium das »Funkkolleg« aus der Taufe gehoben wurde, für das sich später der Begriff »Fernstudium im Medienverbund« fand. Mit dem Radio und über das Radio konnten sich die eingeschriebenen Kollegiaten weiterbilden und nach einer erfolgreich bestandenen Prüfung Zertifikate erwerben.

Schulpolitik als Dauerthema

»Es hat in Hessen Tradition, bildungspolitische Streitfragen in den Rang ›kulturkämpferischer‹ Fundamentalkonflikte zu heben«[248], schreiben Imke Friedrich und Wilfried Rudloff in ihrer Analyse der hessischen Bildungspolitik und gehen sogar noch einen Schritt weiter, wenn sie feststellen:

»In kaum einem anderen Bundesland ist in der Vergangenheit – und zu Wahlkampfzeiten ganz besonders – mit solcher Hingabe über schulpolitische Konzepte gestritten worden.«[249]

Nach der Auflösung der Zwergschulen und der Errichtung von Mittelpunktschulen sorgten die Einführung der Förderstufe und der Gesamtschule als Regelschule für neue Auseinandersetzungen. Bereits im Mai 1954 war mit amerikanischer Finanzhilfe das Schuldorf Bergstraße als erste Gesamtschule in Deutschland eingeweiht worden. Das pädagogische Laboratorium mit einem großen Campus als Zentrum vereinigte alle Schulformen in einem Komplex. Es enthielt auch die erste Förderstufe, die allerdings noch niemand so nannte. In der 5. und 6. Klasse wurden die Schüler nicht getrennt nach Zweigen, sondern gemeinsam unterrichtet, um den Wechsel in eine der Schulformen besser vorbereiten zu können. Obwohl bald weitere Gesamtschulen u. a. in Kirchhain (1956) und Wolfhagen (1957) folgten, blieb dieses Modell des Lernens, das sich auch gegen das von vielen Eltern favorisierte dreigliedrige Schulsystem wendete, zunächst die Ausnahme. Mit der Ernennung von Hildegard Hamm-Brücher zur Staatssekretärin im Kultusministerium setzte Georg August Zinn 1967 aber ein eindeutiges Zeichen, wohin die Bildungspolitik in Hessen steuern sollte. Denn die FDP-Politikerin galt als Vorkämpferin für die Gesamtschule. Schon zwei Jahre später wurden mit dem Schulverwaltungsgesetz die Förderstufe und die Gesamtschule zu regulären Einrichtungen des hessischen Bildungssystems. Bis 1972 erhöhte sich die Zahl der Gesamtschulen sprunghaft von 7 auf 84.

Die Erfolge der sozialdemokratischen Bildungspolitik waren beeindruckend. In der Mitte der Sechzigerjahre wies Hessen von allen Flächenstaaten der Bundesrepublik die höchste Abiturienten- und Studentenquote auf. Im Bundesdurchschnitt kamen 1966 auf 100.000 Einwohner 401 Studenten. In Hessen waren es 548. Bis in die Siebzigerjahre hinein, so der Bildungshistoriker Johann Zilien, habe Hessen schulpolitisch an der Spitze der westdeutschen Flächenstaaten gestanden. »Der zeitgenössische, teils bewundernd, teils anerkennend geäußerte Ausspruch ›Hessen vorn‹ speiste sich zum guten Teil aus diesen Schulreformen.«[250]

Dieser Aufbruch war Teil des »Großen Hessenplans«, mit dem die Landesregierung seit 1965 erhebliche Summen vor allem in die Verbesserung der schulischen Bildung und in den Krankenhausbau investiert hatte. Die Basler Gesellschaft für Wirtschaftsforschung, die Prognos AG, stellte Hessen 1966 unter den Bundesländern besonders heraus und erteilte Bestnoten. Hessen wandle sich von einem »roten Musterland« zu einem »goldenen Musterland«.[251]

SPD-Ministerpräsident Albert Osswald, der 1969 die Nachfolge von Zinn antrat, setzte die Landesentwicklung unter dem Titel »Hessen 80« fort. Schwerpunkte dieses gesellschaftspolitischen Programms waren die Herbeiführung gleichwertiger Lebens- und Arbeitsbedingungen in allen Teilen Hessens, die Gewährleistung sozialer Sicherheit und die Verwirklichung der Chancengleichheit, unabhängig von Herkunft, Wohnort und Einkommen. In den programmatischen Vorstellungen zur Bildungspolitik hatten die Studentenproteste am Ende der Sechzigerjahre ihre deutlichen Spuren hinterlassen. Ausgangspunkt war die Tatsache, dass nur relativ wenige Kinder aus Arbeiterfamilien Gymnasien und Hochschulen besuchten. Die Gründe dafür waren aus Sicht der hessischen Bildungsreformer zum einen die eingeschränkten finanziellen Möglichkeiten der Eltern und zum anderen ein Schulsystem, das sich in der Gestaltung von Unterricht und Lehrplänen stark an bildungsbürgerlichen

Leitbildern orientierte. Die Aufgabe, dieses System grundlegend umzugestalten, fiel dem Kultusminister Ludwig von Friedeburg zu. Seit 1966 war er Direktor des Instituts für Sozialforschung, das als »Frankfurter Schule« den theoretischen Überbau für die Studentenproteste geliefert hatte. Als Kultusminister wurde er zum Feindbild für Eltern, die um die Zukunftsaussichten ihrer Kinder fürchteten. Dabei führte von Friedeburg nur das konsequent fort, was unter Zinn bereits in die Wege geleitet worden war: den Ausbau von Förderstufen und die Errichtung von Gesamtschulen. Ziel der Reformen blieb es, allen jungen Menschen in Hessen die gleichen Bildungschancen zu eröffnen, egal aus welcher gesellschaftlichen Schicht sie kamen. Niemand sollte nur aufgrund seiner sozialen Herkunft vom Besuch einer weiterführenden Schule ausgeschlossen werden. Die Sorge vieler Eltern war, dass durch die Rücksicht auf die Schwächeren leistungsstärkere Schüler benachteiligt würden.

»Die ›Aufbruchstimmung‹ der Studenten ergriff auch die Schulen«, so Christoph Führ. »Bildungsplanung gewann an Gewicht (eine entsprechende Planungsgruppe wurde im Kultusministerium geschaffen). Ein Schulversuch, eine Reform jagte die andere: Mengenlehre, Sexualerziehung, Eingangsstufen für Fünfjährige an Grundschulen, Frühbeginn des Englischunterrichts an Grundschulen, Ablösung der Lehrpläne durch lernzielorientierte Rahmenrichtlinien bis hin zur forcierten Durchsetzung von Förderstufen und Gesamtschulen sowie Einführung von ›Stufenlehrern‹ und dem Referendariat für Lehrer an Grundschulen und der Sekundarstufe I – ein umfassendes ›Programm‹, um die angeblich in der Nachkriegszeit versäumte ›Strukturreform‹ endlich nachzuholen.«[252]

Für besonderen Zündstoff sorgten dabei die 1972 erlassenen »Rahmenrichtlinien« für die Klassen 5 bis 10, die eine reine Wissensvermittlung in Frage stellten und stattdessen vor allem in Deutsch und dem aus der Zusammenlegung von Geschichte, Sozialkunde und Erdkunde neu geschaffenen Fach Gesellschaftslehre die Fähigkeit der Schüler zum kritischen Nachdenken und Nachfragen stärken sollten. Auch die Einführung der Mengenlehre im Mathematikunterricht stieß auf wenig Verständnis.

Bei der Landtagswahl 1974 rückten die Bildungs- und die Gebietsreform in das Zentrum der Auseinandersetzungen. Die SPD/FDP-Koalition erlitt herbe Stimmenverluste, konnte aber weiterregieren.

Weitaus friedlicher verliefen die Änderungen in der universitären Ausbildung. 1971 wurde in Kassel die erste integrierte Gesamthochschule in Deutschland eröffnet, die im sogenannten Kasseler Modell wissenschaftliche Lehre und praktische Berufsausbildung zusammenführen wollte. Parallel dazu wurden die anderen Universitäten und Hochschulen in Hessen ausgebaut und weitere Forderungen der Studentenbewegung aufgegriffen. So waren künftig Studierende und Bedienstete zusammen mit den Professoren an wichtigen Entscheidungen beteiligt.

»Freie Schulwahl«

Die Verluste der Regierungsparteien SPD und FDP bei der Landtagswahl 1974 führten dazu, dass auch bei der Bildung Reformen modifiziert oder gar zurückgenommen wurden. Ludwig von Friedeburg wechselte als Geschäftsführender Direktor an das Institut für Sozialforschung. Sein Nachfolger als Kultusminister wurde Hans Krollmann, der kein leichtes Erbe antrat. Denn die Konflikte waren mit dem Ministerwechsel keineswegs vom Tisch. Zankapfel blieb die Förderstufe, die alle Schüler der 5. und 6. Klasse gemeinsam besuchen sollten. Im Schuljahr 1961/62 waren die ersten 12 Förderstufen in einem Modellversuch eingeführt worden. Zwei Jahrzehnte später gab es bereits über 300, und die unterdessen rot-grüne Landesregierung beschloss, die Förderstufe landesweit zum einzigen Schulangebot für die 5. und 6. Klassen zu machen. Bei der Landtagswahl 1987 wurde das zu einem großen Thema. Der Frankfurter Oberbürgermeister Walter Wallmann, der als Spitzenkandidat für die CDU ins Rennen ging und die »Bürgeraktion Freie Schulwahl« gründete, war zwar mit einer Klage gegen die Förderstufe beim Staatsgerichtshof gescheitert, gewann aber die Wahl und konnte eine CDU/FDP-Koalition bilden. Mit dem »Gesetz zur Wiederherstellung der freien Schulwahl im Lande Hessen« vom 2. Juni

1987 wurde die Pflicht zum Besuch einer Förderstufe aufgehoben. Eltern können seither nach der Grundschule wieder frei wählen, ob ihr Kind eine Hauptschule, eine Realschule oder ein Gymnasium besuchen soll. Im Gegensatz zum Beispiel zu Bayern bestimmt in Hessen nicht der Notendurschnitt aus der Grundschule die weitere schulische Laufbahn der Kinder. Für den Bildungshistoriker Christoph Führ war das eine »für die hessische Bildungspolitik bezeichnende Kompromisslösung: Die von der CDU ursprünglich angestrebte Beseitigung der Gesamtschulen ließ sich ebenso wenig verwirklichen wie die seit zwei Jahrzehnten von der SPD befürwortete Abschaffung des dreigliedrigen Sekundarschulwesens. Es entstand eine Gemengelage: In einigen Landesteilen gibt es kaum oder wenige Gesamtschulen, in anderen kein voll ausgebautes dreigliedriges System (d. h. z. B. die Hauptschule besteht nicht flächendeckend).«[253]

Und gerade die Hauptschule ist heute das Sorgenkind der Bildungsplanung. Denn jedes Jahr verlassen rund 50.000 junge Menschen in Deutschland die Hauptschule ohne Abschluss.

An der größten allgemeinbildenden Schule in Deutschland, der Kopernikusschule in Freigericht, haben Lehrerinnen und Lehrer deshalb ein pädagogisches Konzept entwickelt, das unterdessen vom Kultusministerium anerkannt ist. Nach den Worten von Ulrich Mayer, der die kooperative Gesamtschule leitet, werden dadurch die Talente und Fähigkeiten der Kinder individuell gefördert. »Multiprofessionelle Teams aus Lehrkräften, Förderschullehrkräften, Sozialpädagoginnen und weiteren pädagogischen Unterstützungskräften gestalten einen mit dem Ganztagsangebot verbundenen Schultag, in dem sich freie Lernzeiten, Fachunterricht mit großen Anteilen selbstorganisierten Lernens, Bewegungszeiten und gezielten Förderangeboten abwechseln. Auch die Berufsorientierung spielt eine große Rolle. Ihr früher Beginn, verbunden mit Kompetenzdiagnostik, und unser Kooperationsnetzwerk mit Betrieben und der Agentur für Arbeit ermöglicht einen guten Start ins Berufsleben oder eine weiterführende Schullaufbahn.« Ulrich Mayer betont in diesem Zusammenhang auch die internationale

Vernetzung der Kopernikusschule als »Europaschule«. In internationalen Austauschprojekten »arbeiten die Lernenden gemeinsam mit ihren europäischen oder auch außereuropäischen Partnern Lösungsszenarien für die Verständigung zwischen den Kulturen, für ökologische Problemstellungen oder gesellschaftliche Aufgaben wie Inklusion oder die Aufarbeitung geschichtlicher oder politischer Problemstellungen aus. Damit möchte die Europaschule einen Beitrag zu mehr Europa und mehr zivilgesellschaftlichem Engagement leisten.«

Der PISA-Schock

Trotz Kompromisslösungen bot und bietet die Schulpolitik auch weiterhin genügend Anlässe für Diskussionen. Als »Dauerbrenner« erwies sich dabei der Mangel an Lehrkräften, den bisher keine Landesregierung so recht in den Griff bekommen hat. Um Unterrichtsausfälle zu vermeiden, führte die CDU/FDP-Regierung von Roland Koch 2005 die »Unterrichtsgarantie plus« ein. Da aber nicht genügend ausgebildete Lehrerinnen und Lehrer als »Reserve« bereitstanden und zudem für den landesweiten Vertretungsunterricht Geld fehlte, wurden auch Hilfskräfte angeworben, die über keine pädagogische Erfahrung verfügten. Nach Protesten von verschiedenen Seiten werden den Eltern im Nachfolgeprogramm »Verlässliche Schule« feste Betreuungszeiten angeboten, für die weiterhin Externe eingesetzt werden können.[254]

Für kräftigen Wirbel in der Bildungslandschaft sorgte 2001 die erste PISA-Studie, ein Schul-Leistungsvergleich der 16 Bundesländer untereinander sowie mit anderen Ländern in Europa und darüber hinaus. Sie wird von der OECD, der Organisation für wirtschaftliche Zusammenarbeit und Entwicklung, im dreijährigen Rhythmus durchgeführt, wurde während der Corona-Pandemie allerdings ausgesetzt. Untersucht werden dabei mit wechselnden Schwerpunkten drei Kompetenzbereiche bei 15-jährigen Schülerinnen und Schülern: Lesekompetenz, mathematische Grundbildung und naturwissenschaftliche Grundbildung. Deutschland belegt dabei meist mittlere Plätze im Ranking, aber stabil über dem

Durchschnitt. Das war bei der ersten Studie noch anders und löste den »PISA-Schock« aus, der in allen Kultusministerien für heftige Aktivitäten sorgte. Die Ergebnisse zeigten, dass Bildungserfolge stark von »soziökonomischen« Faktoren abhingen und Kinder mit Migrationshintergrund im Vergleich schlechter abschnitten. Beim Ranking der Bundesländer hatten Bayern und Baden-Württemberg die besten Ergebnisse erzielt. Hessen belegte bei den drei untersuchten Kompetenzen mittlere Plätze. Der Bildungsaktivismus, der danach einsetzte, führte nicht immer zu nachhaltigen Verbesserungen. Neben sinnvollen Maßnahmen wie dem Ausbau der Ganztagsschulen wurden auch wenig durchdachte Reformen angestoßen. Um im internationalen Vergleich bestehen zu können und jungen Menschen den früheren Eintritt ins Berufsleben zu ermöglichen, wurde die Regelbeschulung bis zum Abitur von neun auf acht Jahre (G8) verkürzt. Trotzdem sollten Schülerinnen und Schüler auch weiterhin fast so viel lernen wie vorher. Das heißt, der Unterricht wurde verdichtet. Kritik kam von verschiedenen Seiten, sodass die Reform weitgehend zurückgenommen wurde. Heute gibt es für die Schulen Wahlfreiheit zwischen G8, G9 und dem Parallelangebot G8/G9. Aber nur noch in wenigen Schulen wird G8 weiterhin angeboten.

Lebenslanges Lernen

Das Bildungssystem in Hessen hält Angebote für alle Altersstufen bereit. Dafür hat sich das Schlagwort vom »Lebenslangen Lernen« eingebürgert.

Für Kinder, die noch nicht schulpflichtig sind, stehen in Hessen über 4000 Kindertagesstätten mit ihren vielfältigen Möglichkeiten offen. Im Gegensatz zu den staatlichen Schulen und Hochschulen werden die Kitas von verschiedenen Trägern eingerichtet und unterhalten, von Städten und Gemeinden über Kirchen, Vereine und Verbände bis zu weiteren freien Trägern. Das Land Hessen beteiligt sich allerdings an der Finanzierung.

Im Rahmen des »Gute-KiTa-Gesetzes« erhielt die Landesregierung 2022 412 Millionen Euro vom Bund, um die Personalausstattung zu verbessern und damit die Qualität der Betreuung zu erhöhen. Zudem fließen aus dem Programm »Starke Heimat Hessen« bis 2024 weitere 720 Millionen Euro an die Träger der Kitas.[255] Für die frühkindliche Bildung und die Integration von Kindern mit nicht-deutscher Muttersprache ist die Arbeit, die von Erzieherinnen und Erziehern in den Kindertagesstätten geleistet wird, von enormer Bedeutung. In Hessen werden über 90 Prozent der Kinder zwischen 3 und 6 Jahren in einer Kindertageseinrichtung betreut. Unterdessen stammt fast die Hälfte der Kinder aus Familien, bei denen zu Hause nicht Deutsch gesprochen wird. Das ist für Erzieherinnen und Erzieher eine besondere Herausforderung, sowohl in Kontakt mit den Kindern als auch mit den Eltern zu kommen. Unterdessen gibt es aber pädagogische Programme, die dabei helfen, wie die »Lilo Lausch-Hörclubs« der Stiftung Zuhören, die bei einem Modellversuch in Wiesbaden entwickelt wurden und gleichzeitig in ganz Deutschland im Einsatz sind. Mit diesem Programm, bei dem die Eltern eng eingebunden sind, wird die Mehrsprachigkeit spielerisch gefördert, ohne das Erlernen der deutschen Sprache zu vernachlässigen.

Neben den staatlichen Kitas und Schulen gibt es ein breites Angebot von privaten Trägern, die für ihre Arbeit Zuschüsse aus der öffentlichen Hand erhalten. Dabei unterscheiden sich die Konzepte und Ziele mehr oder weniger deutlich von den staatlichen Einrichtungen. Bei der Kindertagesbetreuung sind Kirchen, Religionsgemeinschaften, die Wohlfahrtsverbände, Diakonie, Caritas und Firmen die bekanntesten Träger. Spezielle Bildungskonzepte für Kitas und Schulen bieten die Montessori- und die Waldorfpädagogik. Die Waldorfpädagogik, die auf die anthroposophische Lehre von Rudolf Steiner zurückgeht, orientiert sich an den Stufen menschlicher Entfaltung in Kindheit und Jugend. In den Waldorfschulen werden von den Lehrkräften statt Zeugnisse mit Noten detaillierte Beurteilungen geschrieben. Künstlerisch-handwerklicher Unterricht steht gleichwertig neben der Wissensvermittlung. Das von der italienischen Ärztin und Philosophin Maria Montessori entwickelte Bildungskonzept strebt vor allem danach, die Eigenständigkeit der Kinder zu fördern. Lehrer und Lehrerinnen verstehen sich als Coach und Begleiter. Die Schule soll ein Ort des Wohlfühlens sein. Montessori- und Waldorfschulen sind staatlich anerkannte Ersatzschulen, wie auch viele der von Religionsgemeinschaften und anderen privaten Trägern eingerichteten Schulen. Etwa 53.000 Schülerinnen und Schüler besuchen in Hessen Privatschulen. Das ist ein Anteil von 6,6 Prozent aller schulpflichtigen Kinder. Zu den Privatschulen zählen auch die internationalen Schulen, die in der Regel bi- oder sogar multilingualen Unterricht anbieten. Die hessische Landesregierung fördert die Ersatzschulen mit wachsenden Zuschüssen, 2025 werden sie 470 Millionen Euro betragen.

Im Bildungsetat des Landes Hessen, der für das Jahr 2024 insgesamt 5,1 Milliarden Euro beträgt, entfällt ein großer Teil auf den Schulbereich. Im Schuljahr 2022/23 wurden in 1859 allgemeinbildenden Schulen in Hessen 671.420 Schülerinnen und Schüler unterrichtet, von denen 113.376 oder 16,9 Prozent ausländische Wurzeln hatten.

Der Eintritt in das hessische Schulsystem erfolgt in der Regel im Alter von sechs Jahren. Damit beginnt auch die Schulpflicht. Die Grundschule mit ihren vier Jahrgangsstufen ist die Primarstufe, von der aus sich das Bildungssystem verzweigt. Für Kinder mit Beeinträchtigungen gibt es sonderpädagogische Förderschulangebote. In der Sekundarstufe I kann nach insgesamt neun Jahren der Hauptschlussabschluss und nach zehn Jahren der Realschulabschluss erreicht werden. Mittelstufenschulen, zum Beispiel in Michelstadt, Bad Nauheim oder Immenhausen bieten neben berufsbezogenem Unterricht beide Abschlüsse an. In der gymnasialen Oberstufe kann nach zwei Jahren der schulische Teil der Fachhochschulreife erworben werden. Voraussetzung ist der Nachweis einer ausreichenden beruflichen Tätigkeit oder eines mindestens einjährigen Praktikums, das während oder nach der Schulzeit absolviert werden kann. An den allgemeinbildenden und den beruflichen Gymnasien endet die schulische Ausbildung mit dem für alle verbindlichen Zentralabitur.

Die beruflichen Gymnasien bieten neben dem »klassischen« Schulstoff auch stärker berufsbezogene Fächer aus den Themenfeldern Ernährung, Gesundheit, Wirtschaft, Technik, Informatik, Psychologie und Pädagogik an. Eine Sonderstellung nimmt die 2003 gegründete Internatsschule Schloss Hansenberg im Rheingau ein. Sie ist ein Oberstufengymnasium mit einem mathematisch-naturwissenschaftlichen und einem politisch-wirtschaftlichen Schwerpunkt. In dem Internat sollen begabte, leistungsstarke und sozial engagierte Schülerinnen und Schüler besonders gefördert werden. Dazu dienen u. a. Studientage, Auslandspraktika, Arbeitsgemeinschaften und das »Lernlabor« als flexible, personalisierte Unterrichtsform. Bei allen Angebotsformen steht das selbstbestimmte Lernen im Mittelpunkt.

Seit der UN-Behindertenrechtskonvention, die 2009 in Kraft trat, haben alle Kinder und Jugendlichen mit umfassenden Beeinträchtigungen einen Rechtsanspruch darauf, inklusiv beschult zu werden. Das heißt, sie erhalten in allgemeinbildenden und beruflichen Schulen im gemeinsamen Unterricht individuelle sonderpädagogische Förderung. »Eine wesentliche Maßnahme der allgemeinen Schule ist der Nachteilsausgleich in Form von Differenzierungen hinsichtlich der Art und Weise der Leistungserbringung.«[256]

Um versäumte Bildungsabschlüsse nachholen zu können, bietet Hessen den kostenlosen Besuch des Hessenkollegs als Ganztagsschule und der Abendgymnasien für das Abitur sowie von Abendhaupt- und Abendrealschulen an.

Auch in den Berufsfachschulen, die in verschiedenen Fachrichtungen und mit verschiedenen Schwerpunkten eine berufliche Grundbildung oder eine vollschulische Berufsausbildung anbieten, kann neben einem mittleren Abschluss die Fachhochschulreife erworben werden.

Die Berufsschule wird nach dem Ende der Vollzeitschulpflicht im Rahmen des dualen Systems neben der Ausbildung im Betrieb je nach Lehrberuf für zwei bis dreieinhalb Jahre besucht. Sie soll das theoretische Fachwissen vermitteln. Nach dem erfolgreichen Abschluss der Berufsausbildung stehen weitere Schulformen wie die

Fachoberschule oder die Fachschule offen. Einjährige Fachschulen bieten Weiterbildungen in Mal- und Lackiertechnik, Bürokommunikation, Garten- und Landschaftsbau und Landwirtschaft an. In den zweijährigen Fachschulen für Gestaltung, Technik und Wirtschaft können Abschlüsse erworben werden, die zur Übernahme von Führungsaufgaben qualifizieren oder auf die Selbstständigkeit vorbereiten. Mit dem erfolgreichen Abschluss einer Fachschule ist außerdem die Hochschulzugangsberechtigung verbunden.

Eine besondere Aufmerksamkeit genießen angesichts fehlender Erzieherinnen und Erzieher die staatlichen und nichtstaatlichen Fachschulen für Sozialwesen mit den Fachrichtungen Sozialpädagogik, Heilerziehungspflege und Heilpädagogik, die Fachkräfte in den Tageseinrichtungen für Kinder aus- und weiterbilden.

In Hessen führen viele Wege zum Hochschul- oder Universitätsstudium, denn neben den bereits erwähnten Qualifikationen berechtigt auch die bestandene Meisterprüfung im Handwerk zum Studium.

In den hessischen Universitäten und Hochschulen waren 2023 über 256.000 Studierende eingeschrieben. Neben den Universitäten in Darmstadt, Frankfurt am Main, Gießen, Kassel und Marburg bilden Hochschulen für Angewandte Wissenschaften, Kunsthochschulen, Verwaltungsfachhochschulen, kirchliche Hochschulen, Hochschulen des Bundes und Hochschulen in freier Trägerschaft den wissenschaftlichen Nachwuchs aus. Die größte Universität in Hessen ist die Frankfurter Goethe-Universität mit 40.600 Studierenden im Jahr 2023.

Das wichtigste Ziel des hessischen Bildungssystems ist seit dem Verfassungsauftrag von 1946 die Chancengleichheit. Um das zu erreichen, ist das dreigliedrige Schulsystem immer wieder erweitert worden. Es wurde durchlässiger. Die Vielfalt bietet diverse und individuell steuerbare Möglichkeiten, versäumte Abschlüsse nachzuholen oder erst zu erwerben.

So gehören zum hessischen Bildungssystem neben Kitas, Schulen und Hochschulen auch die Einrichtungen der Erwachsenenbildung und der politischen Bildung. Neben den bereits erwähnten

Volkshochschulen sind es freie Träger vom Landessportbund über die Kirchen bis zum Deutschen Gewerkschaftsbund, die entsprechende Angebote machen. Sie haben mit dem Hessischen Kultusministerium 2020 den 2. Weiterbildungspakt geschlossen, für den das Land zwischen 2021 und 2025 insgesamt 13 Millionen Euro zur Verfügung stellt, um »Integration, Inklusion, Teilhabe und Chancengerechtigkeit nachhaltig zu fördern«[257].

Eine Sonderstellung nimmt die 1954 gegründete Landeszentrale für politische Bildung ein, die zwar unmittelbar dem Hessischen Ministerpräsidenten zugeordnet ist, aber überparteilich arbeitet. Sie bietet Publikationen und Veranstaltungen an. Ihr Ziel ist es, Jugendliche, aber auch alle anderen Bürgerinnen und Bürger beim Erwerb demokratischer Kompetenzen zu unterstützen.

Probleme und Chancen

Ein Bildungssystem wie das hessische, das Chancengleichheit gewährleisten und zukunftsorientiert sein will, ist auf viele Fachkräfte angewiesen: Erzieherinnen und Erzieher, Lehrerinnen und Lehrer, Dozentinnen und Dozenten. Aber daran mangelt es. Nach einer Studie der Bertelsmann-Stiftung, die 2022 veröffentlicht wurde, fehlen bis 2030 25.000 zusätzliche Erzieherinnen und Erzieher. Es bestehe erheblicher Handlungsbedarf, heißt es in der Studie. Um in Hessen »im Jahr 2023 den Rechtsanspruch für alle Kinder, deren Eltern einen Betreuungsbedarf haben, erfüllen zu können, müssten also rund 37.200 neue Plätze geschaffen werden«[258]. Die Autoren der Studie empfehlen »eine langfristige und für die KiTas erkennbare politische Priorisierung für eine bessere Personalausstattung«.

Aber nicht nur Erzieherinnen und Erzieher fehlen, auch in den Schulen sind zahlreiche Lehrerstellen unbesetzt, obwohl seit 2014 5000 neue Lehrkräfte eingestellt wurden und im Doppelhaushalt 2023/24 weitere 4000 Neueinstellungen vorgesehen sind. Der Generationenwechsel in den hessischen Schulen trifft auf immer größere Anforderungen: Inklusion, d. h. die Beschulung von Schülern mit Beeinträchtigungen, Integration, d. h. die Beschulung von Schülern mit anderer Familiensprache aufgrund von Migration,

Flucht und Asyl, die Jahr für Jahr steigende Anzahl von Kindern mit Sprach- und Lernproblemen, die Absicherung der Notengebung, die bei Klagen vor Gerichten standhalten muss, die Digitalisierung, die neue Unterrichtsformen und vor allem durch ChatGPT neue Aufgabenformate verlangt, sowie die Bürokratisierung auch des Lehrwesens bedeuten einen zunehmenden Zeitaufwand neben dem Unterrichten, der dazu führt, dass die Bewerberanzahl für das Lehramt zurückgeht, obwohl der Bedarf an Lehrern größer wird.

Die Coronavirus-Pandemie sorgte seit 2020 für erhebliche Einschränkungen im Schulbetrieb und für zusätzliche Belastungen sowohl bei den Lehrkräften als auch bei den Schülerinnen und Schülern. Andererseits wurde durch Online- oder Hybridunterricht die Digitalisierung der Schulen in Hessen massiv vorangetrieben. Das Kultusministerium versucht mit dem Programm »Löwenstark«, das bis 2024 fortgeführt wird, die Folgen der Krise zu mildern. Die den Schulen zur Verfügung gestellten finanziellen Mittel »können für die Kompensation coronabedingter Lernrückstände bei Schülerinnen und Schülern, für die coronabedingte Förderung von Kernkompetenzen und bei Bedarf für eine psychosoziale Unterstützung eingesetzt werden«[259].

Kaum waren die schlimmsten Folgen der Pandemie überwunden, bedeutete der Überfall Russlands auf die Ukraine neue Herausforderungen. 16.000 Kinder und Jugendliche sind nach Hessen geflüchtet, die in den Schulbetrieb und in die Klassen integriert werden müssen. Da die jungen Menschen in der Regel kein Deutsch und nur selten Englisch sprachen, konnten sie zunächst nicht am Regelunterricht teilnehmen. Sie wurden deshalb mit Schülerinnen und Schülern, die aus anderen Ländern kommen, in rund 2000 Intensivklassen unterrichtet, bei denen die Sprachförderung im Vordergrund steht.

Wie die IGLU-Studie zeigte, die im Mai 2023 veröffentlicht wurde, erreichen Kinder der 4. Grundschulklasse, die zu Hause nur manchmal oder nie Deutsch sprechen, deutlich schlechtere Leseleistungen als Kinder, die zu Hause Deutsch sprechen. Insgesamt erreichte ein Viertel der getesteten Kinder in Deutschland »nicht den international festgelegten Mindeststandard beim Lesen, der zum erfolgreichen Lernen nötig wäre«[260]. Wobei Kinder aus Haushalten, in denen mehr als 100 Bücher standen, deutlich besser abschnitten. Der soziale Status der Eltern und die zu Hause gesprochene Sprache seien verantwortlich für die Leistungsunterschiede, fasste die Studienleiterin für Deutschland, Nele McElvany, in ZEIT ONLINE die Ergebnisse zusammen. Lehrerinnen und Lehrern in den Grundschulen fällt die Aufgabe zu, diesen sozioökonomischen Defiziten entgegenzuwirken. Aber auch in den Grundschulen fehlen, wie in den anderen Schulformen, Lehrkräfte. Dem Mangel versucht das Kultusministerium mit der Aktion »Die Zukunft braucht dich!« entgegenzuwirken. Lehrerin und Lehrer zu sein, sei ein echter Zukunftsberuf. Dem ist nicht zu widersprechen. Denn der Bildungs- und spätere Berufserfolg junger Menschen in Hessen hängt ganz wesentlich von dem ab, was sie in der Schule gelernt haben. Das Bewusstsein dafür hat sich nicht zuletzt durch äußere Einflüsse verändert. Dafür steht auch eine stärkere thematische Ausrichtung, zum Beispiel in den Kultur- und Umweltschulen.

Kulturelle Praxis ist nach dem Hessischen Schulgesetz eine besondere Bildungs- und Erziehungsaufgabe. In den zertifizierten Kulturschulen werden für die Sekundarstufe I künstlerische Curricula mit kreativen Lernmethoden entwickelt, die das Lernen mit allen Sinnen fördern sollen.

Mit der »Agenda 2030« haben die Vereinten Nationen 17 Ziele für eine nachhaltige ökonomische, ökologische und soziale Entwicklung definiert. Fächerübergreifend widmen sich mehr als 200 Umweltschulen in Hessen Themen wie Klimaschutz, biologische Vielfalt, fairer Handel, ressourcenschonende Ernährung und Landwirtschaft, Mobilität oder globales Lernen. Sie arbeiten eng mit den regionalen Umweltbildungszentren zusammen und sind untereinander vernetzt. 2021 wurde das Netzwerk vom Bundesministerium für Bildung und Forschung sowie der Deutschen UNESCO-Kommission im Rahmen des Aktionsprogramms »Bildung für nachhaltige Entwicklung« ausgezeichnet. In der Begründung der Jury hieß es, das Netzwerk helfe den beteiligten Schulen, »Bildung für nachhaltige Entwicklung in die Breite zu tragen«[261].

Digitale Schule

Der Siegeszug der Heimcomputer begann in Deutschland mit Commodore 64, auch C64, der 1982 auf den Markt gebracht wurde. Mitte der Achtzigerjahre stand in jedem 20. Haushalt ein solches Gerät. Die Entwicklung verlief stürmisch, aber nicht in den Schulen, auch weil lange leistungsstarke Breitbandanbindungen fehlten. Erste Schritte waren die Ausstattung der Klassenräume mit digitalen Tafeln, den Activboards. Im Vogelsbergkreis hielten sie bereits ab 2009 in allen Schulen Einzug. Und es wurden erste iPad-Klassen eingerichtet. Damit gehört der Vogelsbergkreis zu den digitalen Pionieren.[262]

2019 legte die Landesregierung ihr Programm »Digitale Schule Hessen« auf, das seither kontinuierlich weiterentwickelt wird. Ziel ist es, »Schülerinnen und Schüler auf die zunehmend digitalisierte Lebens- und Arbeitswelt vorzubereiten sowie sie als mündige Bürgerinnen und Bürger zur Teilhabe an dieser digitalen Welt zu befähigen«[263]. Dazu ist an den Schulen eine umfangreiche Ausstattung mit Geräten und Software nötig, wie das Beispiel des Starkenburg-Gymnasiums in Heppenheim zeigt. Neben interaktiven Tafeln, auf denen die Lerninhalte digital dargestellt werden, und einer großen Zahl von iPads und Laptops sind es auch 3D-Drucker, Lasercutter für extrem feine Schnitte und VR-Brillen, um virtuelle Lernumgebungen herzustellen. Auch die verwendete Software bietet ein breites Spektrum von Einsatzmöglichkeiten zum spielerischen Lernen, für Projektarbeiten oder zum Einsatz im Unterricht.[264]

Nach und nach werden in Schulen ab der Jahrgangsstufe 5 iPad-Klassen eingerichtet. Die Schülerinnen und Schüler lernen nicht nur im Netz zu recherchieren, sondern auch den sensiblen und kritischen Umgang mit den gefundenen Informationen. Ihnen wird aber mehr als nur digitales Grundwissen vermittelt. Denn in den iPad-Klassen werden Fähigkeiten erlernt, die in der Berufswelt selbstverständlich sind: mit Apps etwas darstellen, Präsentationen erarbeiten, Podcasts und Lehrfilme produzieren.[265]

Seit 2022 läuft an zwölf hessischen Schulen mit 70 Klassen ein Modellversuch mit dem neuen Unterrichtsfach »Digitale Welt«.

Schülerinnen und Schüler des Neuen Gymnasiums Rüsselsheim arbeiten in einem Klassenraum an ihren Tablet-PCs.

Es soll ab der 5. Klasse »grundlegende Kompetenzen mit der – in der Berufswelt immer mehr eine Schlüsselrolle einnehmenden – ökonomischen und ökologischen Bildung«[266] verbinden. Verpflichtenden Informatikunterricht gibt es in anderen Bundesländern schon länger. Die Kombination in Hessen, die drei Bildungsbereiche zusammenführt, ist aber bisher einmalig in der Bundesrepublik. Nach dem erfolgreichen Start sind im Schuljahr 2023/2024 52 neue Pilotschulen hinzugekommen. Damit erhöhte sich die Zahl der Schülerinnen und Schüler, die an dem Pilotprojekt teilnehmen, auf 9000.

Für die Digitalisierung der hessischen Schulen steht durch den »DigitalPakt Schule« zwischen Bund und Ländern für den Zeitraum von 2019 bis 2024 rund eine halbe Milliarde Euro zur Verfügung, um die Schulen entsprechend auszustatten und Lehrkräfte zu qualifizieren. Gefördert werden öffentliche Schulen, genehmigte Ersatzschulen und staatlich anerkannte Pflegeschulen. Das heißt, alle Schulformen werden berücksichtigt, um Schülerinnen und Schüler von der ersten Klasse an bis zum Ende der Schulzeit wichtige Kompetenzen für das Leben in einer digitalen Welt zu vermitteln.

Kritik an der zunehmenden Digitalisierung der hessischen Schulen kommt von Pädagogen, Ärzten und Vertretern der Gewerkschaft Bildung und Erziehung. Sie befürchten gesundheitliche und psychische Schäden sowie Gefahren für die geistige Entwicklung der Kinder.[267]

Dass Handlungsbedarf auf verschiedenen Feldern besteht, machte die im Dezember 2023 veröffentlichte PISA-Studie deutlich, bei der Deutschlands Schülerinnen und Schüler sowohl im Lesen als auch im Rechnen und den Naturwissenschaften schlechter denn je abschnitten.

Um künftig bessere Ergebnisse zu erreichen, beschlossen Bund und Länder im Februar 2024 das »Startchancen«-Programm. Mit einem Volumen von 20 Milliarden Euro sollen in den nächsten zehn Jahren bundesweit 4000 Schulen gefördert werden, davon 320 in Hessen. Im Fokus stehen dabei die Grundschulen. Das Programm richtet sich speziell an Schulen in sozial herausfordernden Lagen durch eine verstärkte, an einem Sozialindex ausgerichtete Lehrerzuweisung, Stellen für sozialpädagogische Fachkräfte, eine größere Selbstständigkeit der Schulen und finanzielle Unterstützung der Schulträger beim Schulbau.[268] Ziel ist die Verbesserung der Kompetenzen im Lesen, Schreiben und Rechnen. Im Schuljahr 2024/25 werden zunächst 80 hessische Schulen an dem Programm teilnehmen.

UNESCO-WELTDOKUMENTENERBE
Die Goldene Bulle

»MEIN HESSENLAND BLÜHE.«

Außergewöhnliches aus Kultur und Sport

Publikumsmagnet: Museumsufer Frankfurt

Kaum übertritt der Besucher die Schwelle, beginnen seine Knie zu federn, Kopf, Oberkörper und Hüften wippen zu den bassbetonten Rhythmen, die den schwarzgestrichenen Raum erfüllen. Im MOMEM gibt es vor allem etwas auf die Ohren, mal mit, mal ohne Kopfhörer. Auf gut 500 Quadratmetern unter der Frankfurter Hauptwache präsentiert das »Museum of Modern Electronic Music« seit 2022 die Geschichte von New Wave, Techno und House, Stilarten der elektronischen Tanzmusik, die in den 1980ern in Frankfurter Clubs wie »Dorian Gray« oder »Omen« mitgeprägt und in aller Welt gefeiert wurden.

Mit seinem Clubfeeling ist das MOMEM das 39. Haus des »Museumsufers Frankfurt« – und gleichermaßen einzigartig. Ab 1978 formte Frankfurts damaliger Kulturdezernent Hilmar Hoffmann die Sammlungen der Stadt neu. So entstand ab 1980, als andere deutsche Städte sich jeweils exakt einen aufsehenerregenden Museumsneubau leisteten,[269] in Frankfurt ein ganzes Museumsufer. Bestehende Häuser wurden erweitert, Patriziervillen umgebaut und spektakuläre Museumsneubauten ergänzt. Heute glänzen entlang des Schaumainkai neun Museumsperlen, darunter das 2012 um eine unterirdische Halle erweiterte Städel, das Deutsche Architekturmuseum von Oswald Mathias Ungers mit seinem Haus-im-Haus-Konzept oder das vom US-Architekten Richard Meier errichtete Museum Angewandte Kunst. Ufernah auf der anderen Mainseite strahlen die Ausstellungshalle Schirn oder das von Hans Hollein für einen kniffligen Grundstückszuschnitt postmodern entworfene »Tortenstück« des Museums für Moderne Kunst (MMK).

Das unter Hoffmanns Motto »Kultur für alle« verwirklichte Ensemble ist längst zum großräumigen Museumsquartier angewachsen. Neue Häuser sind hinzugekommen – 2008 das Caricatura,

Vom Untermainkai aus blickt man auf einen Teil des Museumsufers mit Städel Museum und Holbeinsteg.

das den Zeichnern, Dichtern und Titanic-Gründern der »Neuen Frankfurter Schule« ein humorvolles Denkmal setzt, das genrespezifische Fotografie Forum Frankfurt oder der 2020 neueröffnete Komplex des Jüdischen Museums. Etliche Häuser stehen für große Künstler und Kunst »made in Hessen«. Städel und Städelschule erinnern an den 1933 von den Nazis vertriebenen Maler Max Beckmann und spätere Kunstakademie-Lehrende wie Thomas Bayrle, Martin Kippenberger, Christa Näher oder Tobias Rehberger[270]. MMK-Direktorin Susanne Pfeffer gewann als Kuratorin des Deutschen Pavillons 2017 mit der »Faust«-Performance der in Gießen geborenen, in Fulda aufgewachsenen und heute abseits herkömmlicher Verortungen weltweit tätigen Städelabsolventin Anne Imhof den Goldenen Löwen der Biennale in Venedig.

Die Dachmarke »Museumsufer«, zu der die Stadt ihre Kunstschatzkammern seit 2007 publikumswirksam bündelt, umfasst indessen auch Stationen in Offenbach und Bad Homburg – und lockt jährlich mehr als zwei Millionen Besucher an den Main.[271]

Erinnerungsreisen – für jedes Alter, interaktiv, multimedial

Auch anderswo im Land hat der kulturinteressierte Besucher es nie weit zum nächsten Museum. Mit gut 400 kommunalen und privaten Sammlungshäusern ist Hessens Museumslandschaft reich ausgestattet, quantitativ und qualitativ. Als Flaggschiffe bieten die Landesmuseen besondere Schätze. Wiesbaden etwa beherbergt gut 100 Gemälde des russischen Expressionisten Alexej von Jawlensky, der die letzten zwanzig Jahre seines Lebens in der Stadt verbrachte. Anziehungspunkt im Landesmuseum Darmstadt ist neben Schmuck- und naturkundlicher Sammlung der »Block Beuys« mit 290 Werken des exzentrischen Rheinländers. Das Landesmuseum Kassel repräsentiert zusammen mit weiteren Museen, Schlössern und Parks die große Sammelleidenschaft der Landgrafen und Kurfürsten von Hessen-Kassel. Zur »Hessen Kassel Heritage«, wie die »Museumslandschaft Hessen Kassel« seit Mai 2023 offiziell heißt, gehört auch das »Deutsche Tapetenmuseum«, das die Geschichte der Wandbekleidung derzeit in Sonderausstellungen zeigt; 2026 soll es einen Neubau gegenüber dem Landesmuseum beziehen.

An Hessen kommt nicht vorbei, wer Spezialthemen sucht. Sterben, Bestattung, Trauer, Vergänglichkeit – dem sensiblen Thema Tod öffnet das europaweit einmalige Museum für Sepulkralkultur in Kassel Raum. Umfangreiche Einblicke in das künstlerische Schaffen des Jugendstils vermittelt die Künstlerkolonie Mathildenhöhe in Darmstadt[272] – mit Joseph Maria Olbrichs Hochzeitsturm sowie Wohn- und Musterhäusern von sechs weiteren Künstlern[273], die Großherzog Ernst Ludwig 1899 an die Kolonie berufen hatte, gemäß seinem Leitspruch: »Mein Hessenland blühe und in ihm die Kunst«.

Eine Blüte eigener Art, die Erbacher Rose, steht für die Kunst des Elfenbeinschnitzens im Odenwald. Ende des 18. Jahrhunderts hatte Franz I. Graf zu Erbach-Erbach seinen Bein- und Horndrehern den exotischen Werkstoff mitgebracht und Erbach zu einem Zentrum der europäischen Elfenbeinschnitzerei gemacht. Geschnitzt wird noch heute, mit alternativem Material.[274] Feinste Originale aus dem »weißen Gold« präsentiert das Deutsche Elfenbeinmuseum in Schloss Erbach.

Modernem Werkstoff, der Produktwelten und den Landkreis industriell geprägt hat, widmet sich die »Kunststoffstraße Darmstadt-Dieburg«. In zehn Kommunen zeigen Museen die Handwerksgeschichte von Kamm- und Knopfmachern oder den Einsatz von Kunststoff in Füllfederhaltern, Schirmgriffen und Puppen.[275] Ein illuminierter Lochstreifenweg führt im osthessischen Hünfeld zu den Anfängen von PC und KI. Das Konrad-Zuse-Museum erinnert an den Bauingenieur, Erfinder und Unternehmer, der von 1957 bis zu seinem Tod 1995 im Ort lebte – unter anderem mit dem funktionsfähigen Nachbau eines Z3, Zuses 1941 entwickeltem erstem vollautomatischen Rechner der Welt.

Dem Lehrer und Rechtschreibreformer Konrad Duden gedenkt Bad Hersfeld mit einem Museum im einstigen Wohnhaus. Duden leitete von 1876 bis 1905 das örtliche »Königliche Gymnasium«, heute Konrad-Duden-Schule, und veröffentlichte 1880 hier sein *Vollständiges Orthographisches Wörterbuch der deutschen Sprache*. Die letzten Jahre verbrachte Duden in Wiesbaden-Sonnenberg, nach seinem Tod 1911 wurde er im Familiengrab in Bad Hersfeld beigesetzt.

Museum und Denkmal des Monats

Ob Stadt-, Heimat-, Technik- oder Naturkundemuseum – die Ambition, das Klischee musealer Langeweile zu widerlegen, ist allerorten spürbar. Multimedia-Elemente, Audioguides und Zusatz-Infos hinter Türchen und Kläppchen versprechen unterhaltsame Touren in die Kunst- und Kulturgeschichte – interaktiv und generationsübergreifend. Unterstützt mit öffentlichen Mitteln und fachlich beraten vom Museumsverband Hessen[276] haben viele Häuser ihre Präsentation neukonzipiert, Schulen, Anwohner mit Migrationshintergrund oder lokale Experten beteiligt und durch die Corona-Zwangspause digitale Angebote entwickelt.

Qualitätsvolle Museumsarbeit, die für besondere Vermittlung, Forschung oder Ausstellungen steht, fördert Hessens Wissenschafts- und Kulturministerium (HMWK) seit 2018 als »Museum des Monats«. Darunter zum Beispiel das Philipp-Reis-Haus in Friedrichsdorf, das nach Umbau und Erweiterung das Wirken des Telefonerfinders neu erlebbar macht.[277] Als Pendant würdigt das »Denkmal des Monats« besondere denkmalpflegerische Maßnahmen wie die einstige Dorfschmiede in Laubach-Freienseen, die zum Mehrgenerationenhaus mit Dorfladen umgestaltet wurde.[278] Die Preisträger werden vom Landesamt für Denkmalpflege ausgewählt. Das Landesamt kümmert sich um den Erhalt von Kulturdenkmalen – Schlösser, Burgen, Kirchen, Klöster und Parks, Wohnungsbauten wie die Ernst-May-Siedlungen in Frankfurt oder Ruhestätten wie den Alten Friedhof in Darmstadt, der mit Grabmalen bekannter Persönlichkeiten der bedeutendste Friedhof der Stadt ist. Zu unterschiedlichsten Denkmalen führen die jährlichen »Tage der Industriekultur Rhein-Main« sowie die gleichnamige Route. »Wasser« als Thema des Jahres 2023 lenkte den Blick auf Häfen, Wassertürme, Brunnen oder Kläranlagen.[279]

Bühnen-Reichtum

»Das Staatstheater Wiesbaden, das Hessische Staatsballett und die Oper Frankfurt haben Chancen auf den begehrten ›Faust‹. Choreograf William Forsythe wird fürs Lebenswerk geehrt.«[280] Die Mediennotiz aus der Landeshauptstadt zur Vergabe des wichtigsten deutschen Theaterpreises verweist auf Breite und Potenzial der hessischen Spielstätten.

Das Staatstheater Wiesbaden etwa zählt – trotz Theaterdonner an der Spitze in jüngerer Zeit – zu den erfolgreichsten Bühnen im deutschsprachigen Raum und mit mehr als 300.000 verkauften Karten zu den am besten besuchten.[281] Über 50 Produktionen sind in einem Theaterjahr auf den vier Bühnen zu sehen. Hinzu kommen Gastspiele und Festivals wie die Internationalen Maifestspiele und die Wiesbaden Biennale. Das Gießener Stadttheater ist mit Schauspiel, Musiktheater, Konzerten und modernem Tanztheater ein kultureller Mittelpunkt in Mittelhessen; auch das Kinder- und Jugendtheater hat seinen Platz in dem vom Jugendstil beeinflussten Klassizismus-Kleinod von 1907.

Kulturelles Zentrum Wiesbadens: das 1894 im wilhelminischen Prunk errichtete Hessische Staatstheater

Wenn das Hessische Landestheater mit Sitz in Marburg nicht zu Gastspielen im Land unterwegs ist, spielt es zu Hause auf vier Bühnen in der Stadt, unter anderem im 2016 neugebauten Erwin-Piscator-Haus, das als Marburger Stadthalle ebenso wie das Kulturzentrum »Waggonhalle« Ziel für Konzerte, Schauspiel oder Kabarett ist.

Die Städtischen Bühnen Frankfurt vereinen seit 1963 Schauspiel und Oper unter einem Dach. Frankfurts Oper gilt als eines der bedeutendsten Musiktheater in Europa und wurde zwischen 1996 und 2023 sieben Mal von der Zeitschrift *Opernwelt* als Opernhaus des Jahres ausgezeichnet. Das Haus unter Intendant Bernd Loebe (seit 2002) ist bekannt für innovative Spielpläne, die traditionell deutsche Erst- und Uraufführungen beinhalten.

Ausgezeichnet ist auch der Ruf des Frankfurter Schauspiels, mit vier Spielstätten das größte Sprechtheater der Region Rhein-Main. Immer wieder werden Produktionen zu großen Theatertreffen eingeladen, in der Intendanz von Oliver Reese (2009–2017) stiegen die Besucherzahlen um 45 Prozent. Nachdem sich die Doppelanlage am Willy-Brandt-Platz als kostspieliger Sanierungsfall erwiesen hatte,[282] wurde im Magistrat lange über Abriss, Neubauten oder vielleicht doch Sanierung diskutiert. Ende 2023 fiel dann vergleichsweise kurzfristig die Entscheidung Doppel-Neubau – für die Oper an der jetzigen Adresse, für das Schauspiel im Bankenviertel an der Neuen Mainzer Straße.[283]

Frankfurts Ballett wurde 2004 geschlossen. William Forsythe, einer der bedeutendsten zeitgenössischen Choreographen und seit 1984 Intendant, setzte sein Programm ab 2005 mit der »Forsythe Company« fort, die seit 2015 »Dresden Frankfurt Dance Company« heißt.

Die 1944 zerstörte und bis 1981 wiederaufgebaute Alte Oper ist heute Bühne für internationale Stars aller Musiksparten.

Mit der Musicalbühne im Schlosstheater hat Fulda seit Jahren einen festen Platz in der Riege der deutschen Musicalstädte. 2023 ließ *Robin Hood* und 2024 *Die Päpstin* Musical-Anhänger nach Osthessen pilgern. In den Sommermonaten inszenieren Sänger, Chor und Orchester die großen Emotionen unter freiem Himmel, auf Deutschlands größter Musicalbühne direkt vor dem Dom.[284]

Auch andernorts können Bühnenfans ihrer Leidenschaft weiter frönen, wenn Hessens Theater Sommerpause machen: bei Open-Air-Festspielen in Arolsen, Wetzlar, Bad Vilbel, Hanau oder Heppenheim.[285] In der Stiftsruine Bad Hersfeld brachte schon 1902 ein Festspielverein Stücke auf die Bretter. Ab den 1950ern traten zunächst Salzburg- und später TV-Stars auf, der Bundespräsident war Schirmherr und eröffnete auch schon mal selbst. Heute scheinen das Finanzdebakel der Intendanz Freytag 2014 und der #MeToo-Rücktritt von Dieter Wedel 2018 überwunden. 2023 überzeugte Charlotte Schwab als King Lear, und die Besucherzahlen stimmten.

Für Open-Air-Konzerte wird der Georg-Büchner-Platz vor dem Staatstheater Darmstadt genutzt. In dem Vier-Sparten-Haus mit seinen vier Bühnen stehen Schauspiel, Musical, Oper, Tanz und Konzerte auf dem Programm. Das von Rolf Prange errichtete Gebäude mit dem auffälligen Portal und der mit Metallplatten durchsetzten Fassade gehörte zu den markanten Theaterbauten der 1970er-Jahre.

Irgendwie auch ein Must-have: der Kultur-Skandal

Darmstadts Theater war es auch, das für einen der ersten Nachkriegs-Skandale im Kulturbetrieb Hessens sorgte – das alte Theater wohlgemerkt.[286] 1957 führte ein Ionesco-Abend zu Aufruhr, unter Pfiffen verließen viele Zuschauer den Saal.[287] Was bis heute weniger aussagt über die Qualität der Inszenierung als über die Verfasstheit des Publikums. Das nämlich reagiert auf Tabubrüche mit Tumult, siehe spätere Bühnen-Aufreger wie Hans Neuenfels' *Medea* 1976 am Schauspiel Frankfurt, seine *Aida* 1981 an der Oper und 1985 Rainer Werner Fassbinders *Der Müll, die Stadt und der Tod*.[288]

Dass der Skandal immer nah ist, wenn die Kultur zur Bühne für aktuelle Politik wird, bewies 2018 in Wiesbaden die Biennale. Eine als Kunstaktion aufgestellte goldene Statue des türkischen Präsidenten Erdogan ließ die Stadt kurzerhand abbauen, aus Gründen der Sicherheit.[289] Kontrovers diskutiert wurde ob des russischen Angriffskriegs auf die Ukraine der Auftritt der russischen Opernsängerin Netrebko bei den Maifestspielen 2023.

Den ritualisierten Skandal erlebt das internationale Kunstpublikum alle fünf Jahre wieder mit der documenta in Kassel. Meist sind es Kunstwerke, die polarisieren – der *Vertikale Erdkilometer* (1977), Beuys' Basaltbrocken (1982), ein Obelisk mit Bibelzitat (2017) und zuletzt 2022 initial eine indonesische Arbeit, die heftige Antisemitismus-Vorwürfe auslöste. Zwischendurch gab es Misswirtschaft und Details zur NS-Vergangenheit des frühen documenta-Mitleiters Werner Haftmann. Gleichwohl gilt dem Skandal an dieser Stelle Dank, da er als beste PR das Augenmerk so dauerhaft auf »das Ineinandergreifen von Kunst und Politik und ihre Wirkung auf die Gesellschaft«[290] richtet. Dafür steht die relevanteste Weltausstellung zeitgenössischer Kunst seit ihrer Gründung 1955 durch Arnold Bode.

Grenzenlos vielstimmig: Hessens Musikszenen

Noch nicht im Museum, aber im Mainstream angekommen sind die deutschen Varianten von Hip-Hop und Rap. Der Sprechgesang der Subkultur schwappte in den 1980ern über GIs aus Amerika auch in den Raum Frankfurt und verlieh Jugendlichen der urbanen Multikulti-Szene eine raue Stimme für ihre raue Wirklichkeit.[291] Urgestein des Deutschrap ist der Frankfurter Moses Pelham, der vom Rapper der ersten Stunde zum erfolgreichen Produzenten des Genres wurde. Fast zehn Millionen verkaufte Tonträger belegen seinen Erfolg – nahezu nostalgisch in Zeiten von Streamingdiensten –, dazu eine Goldene Kamera, der HipHop.de-Award für sein Lebenswerk und die Goetheplakette seiner Heimatstadt.

Hessisches Jazz-Urgestein war der Frankfurter Posaunist Albert Mangelsdorff. Der Erfinder der »Multiphonics« – der Mehrstimmigkeit auf der Posaune –, den Duke Ellington in den 1970ern als einen der wichtigsten Jazzmusiker Europas bezeichnete, war nach dem Zweiten Weltkrieg entscheidend an der Wiederbelebung der deutschen Jazzszene beteiligt. Aus seinen »Frankfurt All Stars«, bei denen schon sein älterer Bruder Emil mitwirkte, ging 1957 das Jazz-Ensemble des Hessischen Rundfunks hervor, das Mangelsdorff bis 2005 leitete. Der Hobby-Ornithologe, dem der Gesang der Vögel ideale Musik bedeutete, war auch überzeugter Lehrer, unter anderem an der Hochschule für Musik und Darstellende Künste (HfMDK) in Frankfurt.[292]

Den Brüdern Mangelsdorff mitzuverdanken hat Frankfurt seinen Ruf als zeitweilige Jazz-Hauptstadt Deutschlands. Geblieben davon ist das 1953 am Main gegründete und damit älteste Deutsche Jazzfestival sowie das renommierte Jazz-Stipendium, das die Stadt vergibt. Aktuell blüht Hessens Jazz erneut auf. Die HfMDK bietet seit 2021 zusammen mit der hr-Bigband einen Masterstudiengang für Jazzmusik.[293] Der Hessische Jazzpreis ehrt herausragende Musiker des Landes; dessen Jazztradition widmet sich seit 2022 der neue Jazzverband Hessen.[294] Hörbare Akzente setzen regionale Festivals wie das Bergsträßer Jazz-Festival[295] oder die vielbeachtete Jazzreihe des Kunstvereins Montez in Frankfurt. Ziel für Musikhistoriker ist das Jazzinstitut in Darmstadt, mit Europas größter öffentlicher Jazzsammlung.[296]

Hessens größte Musikbewegung sind die Menschen, die gemeinsam singen. 44.000 Sängerinnen und Sänger in rund 2200 Chören und 1200 Gesangsvereinen verzeichnet der Hessische Sängerbund. Er ist nicht nur Interessenvertretung, sondern auch Ausbilder, Veranstalter und »Dirigent« internationaler Chornetzwerke.[297]

Karthago, Epsilon, Pell Mell – Fans wissen Bescheid, hier geht es um Hessens »Krautrock«. So bezeichnete die britische Musikpresse die experimentelle Rockmusik, die zwischen 1969 und 1979 in Deutschland entstand, mit deutlich elektronischem Einschlag. Die eingangs genannten Bands prägten das Genre in Marburg, Xhol Caravan wirkten in Wiesbaden und Nektar im Raum Seeheim/Heidelberg. Seit den 1970ern führt ein Krautrockfestival nach Finkenbach im Odenwald; dort spielten 2023 die Alt-Krautrocker Birth Control und Kraan.[298]

Noch ehe der erste Ton erklingt, erscheint das Rheingau Musik Festival als Reigen der Rekorde. 1987 gegründet, ist es das größte Musikfestival Europas. Aus 19 Veranstaltungen zu Beginn sind 2023 gut 160 geworden, gespielt wird an 29 Kulturstätten zwischen Frankfurt, Wiesbaden und dem Mittelrhein, in Schlössern, Kirchen, Kulturzentren wie dem Wiesbadener Schlachthof oder Weingütern. Auf dem Programm: alle Sparten von E- und U-Musik sowie Musikalisch-Literarisches, dargeboten immer auch von Stars, 2023 etwa Sol Gabetta und Götz Alsmann.[299] Eröffnet wird das Festival traditionell im Kloster Eberbach vom hr-Sinfonieorchester. Das wiederum feiert selbst weltweit Erfolge mit Konzerten und Produktionen unter den stets hervorragenden Chefdirigenten; auf Paavo Järvi und Andrés Orozco-Estrada folgte 2021 Alain Altinoglu. Zeitgenössische Klänge bringt das »SO« gemeinsam mit dem in Frankfurt beheimateten Ensemble Modern in der »Biennale für aktuelle Musik« auf die Bühne.

Charme-Offensive Hessisch

»Erbarmen – zu spät – die Hesse komme« – der bundesweite Durchbruch der »Rodgau Monotones« in den 1980ern transportierte in seinem kunstvollen Klangarrangement auch schon zeitgemäße Rap-Elemente. Noch weiter vorn war die Band um Gitarrist Ali Neander durch ihre herrlich selbstironische Persiflage hessischer

Eigenheit. Ihr größter Hit war zugleich Charme-Offensive für die Heimat, ein Sprach- und Kulturkurs »Hessisch für Anfänger«[300] – und angeblich populärer als das »Hessen-Lied«[301].

Bei den Monotones mit dem Saxophon dabei war von 1978 bis 1980 Hendrik »Henni« Nachtsheim, der ab 1984 als Stimme der Counterpart von Gerhard Knebel wurde. Als Duo »Badesalz« sind die beiden Wortkünstler seitdem als eigensinnige Multiplikatoren für Hessen-Humor und Hessens Sprache tätig auf Kabarettbühnen, mit Büchern, Filmen und ihrem Radio-Podcast »e bissi anders«[302] – und als Botschafter der Landesregierung.[303] Ehrerbietung auch an Matthias Beltz, einen weiteren Meister der scharfzüngigen Karikatur aus Hessen. Im Frankfurter Nordend erinnert ein Platz an den 2002 zu früh verstorbenen hochdekorierten Sprachpolemiker, der in den 1970er-Jahren in der »linksradikalen Spontiszene« – mit Daniel Cohn-Bendit, Joschka Fischer und Tigerpalast-Gründer Jonny Klinke – und später in der Hochzeit des politischen Kabaretts in Rundfunk, Fernsehen und live unterwegs war,[304] unüberhörbar mit hessischem Zungenschlag.

Überhaupt die Sprache. Was als Hessisch populär wurde, bereits durch Originale der frühen TV-Geschichte wie Heinz Schenk, Lia Wöhr oder die Frankfurter Volksschauspielerin Liesel Christ in ihrer Paraderolle als Mama in *Die Firma Hesselbach*, ist als sogenannter Regiolekt eine Melange der verschiedenen hessischen Dialekte, von denen etliche die zweite Lautverschiebung nicht mitgemacht haben und deshalb mit weichen statt harten Konsonanten kommunizieren (mit Bitte um Nachsicht an die Linguistik für die unbotmäßig verkürzte Erklärung hessischer Sprachcharakteristik)[305]. Diese und andere Eigenheiten des Hessischen legt der Sprachwissenschaftler Lars Vorberger dar.[306] Und er erklärt auch, dass es das Hessische als solches gar nicht gibt.[307] Bei ihm erfährt man zudem, dass Deutschlands bedeutendster Dichter Goethe, bekanntlich gebürtig aus Frankfurt, Hessisch gesprochen haben muss, denn aus »Ach neige/Du Schmerzensreiche« wird nur dann ein eleganter Reim, wenn man das g – wie seinerzeit in Frankfurt üblich – als ch spricht, also »neiche«.[308]

Literaturland Hessen

Jedes Jahr im April und Mai feiert Frankfurt zwei Wochen lang das Lesefest »Frankfurt liest ein Buch«. Seit 2010 steht jeweils ein Roman im Mittelpunkt von fast 100 Veranstaltungen, der ganz oder in Teilen in Frankfurt spielt. 2023 war es *Streulicht* von Deniz Ohde. Im Rückblick erzählt sie die Bildungsgeschichte einer jungen Frau aus einem Arbeiterhaushalt, die lernen muss, mit Enttäuschungen und Ungerechtigkeiten zu leben, ohne sich selbst aufzugeben. Deniz Ohde wurde in Frankfurt geboren. Als Tochter einer türkischstämmigen Mutter und eines deutschen Vaters hat sie eine doppelte Ausgrenzung erlebt. Auch wenn sich ihre Erfahrungen von denen ihrer Eltern unterscheiden, betreffen sie immer noch die »falsche« Herkunft, das Anderssein.

Als »Arbeitsmigrant« der ersten Generation ist der in Hanau lebende Franco Biondi 1965 von Italien nach Deutschland gekommen. In seinen Romanen begibt sich der *Gastarbeiter* Dario Binachi auf Identitätssuche in seiner alten Heimat. Aber: Es gibt keine Rückkehr mehr. Und der deutsche Alltag vermittelt ihm: »Du darfst hier sein, du gehörst aber nicht dazu.« In Ihren Büchern entlarven er und Deniz Ohde nicht offen zutage tretende Diskriminierungen und machen sie über ihre Literatur bewusst.

Einen einjährigen Aufenthalt und einen Geldpreis bietet der Frankfurter Stadtteil Bergen(-Enkheim) Autorinnen und Autoren seit 1974 mit dem Stadtschreiberamt. Die meisten von ihnen genossen die Zeit im »Dorf« und suchten Kontakt mit den Bürgern. Der Preis ist zum Vorbild für viele andere Städte geworden. In Frankfurt hat Literatur einen hohen Stellenwert, zum Beispiel mit den 1959 ins Leben gerufenen Poetikvorlesungen an der Universität, mit Lesefesten wie Open Books während der Buchmesse und festen Veranstaltungsorten wie der Romanfabrik, dem Hessischen Literaturbüro im Mousonturm und dem Literaturhaus in der ehemaligen Stadtbibliothek. Literaturhäuser mit anspruchsvollen Programmen für Erwachsene und Kinder finden sich auch in Wiesbaden, Darmstadt und Kassel.

Hessen ist ein Literaturland, in dem bedeutende Dichterinnen und Dichter nicht zwingend aus den großen Städten oder Residenzen stammen mussten. So wurde der wichtigste deutsche Barockautor, Hans Jacob Christoffel von Grimmelshausen, in Gelnhausen geboren und der aufgeklärte Zyniker Georg Christoph Lichtenberg in Ober-Ramstadt. Die Brüder Grimm kamen in Hanau zur Welt, wuchsen in Steinau auf und lebten lange in Kassel. An allen drei Orten wird an sie erinnert. Georg Büchners Geburtshaus in Goddelau (Riedstadt) wurde, gegen nicht unerhebliche Widerstände aus der Bevölkerung, renoviert und 1988 als Museum eröffnet. Büchner und vor allem seine radikale Flugschrift, der *Hessische Landbote*, waren noch 150 Jahre nach seinem Tod umstritten. 1987 weigerte sich das Bundespostministerium zum Jubiläum eine Sonderbriefmarke herauszugeben, mit der Begründung, Büchner sei nicht »ehrungswürdig«, weil er es an der nötigen »Ausgewogenheit« habe fehlen lassen. Heute werden seine Texte in der Schule gelesen und sind Abiturstoff in Hessen.

Auch den anderen Klassikern sind attraktive Ausstellungen und Museen gewidmet. Einen besonderen Rang nimmt Goethes Geburtshaus ein, das im Zweiten Weltkrieg zerstört, aber originalgetreu wieder aufgebaut wurde. Direkt daneben wurde, ebenfalls vom Freien Deutschen Hochstift, 2021 das Deutsche Romantik-Museum eröffnet, das die Epoche der Blauen Blume auf ebenso anschauliche wie innovative Weise präsentiert, darunter auch zahlreiche Zeugnisse von Bettine von Arnim und Clemens Brentano. Sie lebten nur wenige hundert Meter entfernt vom heutigen Museum. Das frühere Landhaus der Familie Brentano in Oestrich-Winkel, in dem auch Goethe logierte, ist aufwändig renoviert worden und vermittelt einen sinnlichen Eindruck von der damaligen »Sommerfrische« einer vermögenden Familie.

Die literarischen Institutionen und Vereine in Hessen begehen alle zwei Jahre den Tag für die Literatur, der auf eine Initiative des Hessischen Rundfunks zurückgeht. Die rund 200 Veranstaltungen in Hessen präsentieren neben dem klassischen Erbe auch die Werke von zeitgenössischen Autorinnen und Autoren. Zum Beispiel von der Kinder- und Jugendbuchautorin Gudrun Pausewang (*Räuber Grapsch* und *Die Wolke*), die in Schlitz Lehrerin war, von Christine Brückner (*Wenn du geredet hättest, Desdemona*), die in Kassel lebte, von Peter Härtling (*Ben liebt Anna* und *Hölderlin*), der 1973 nach Mörfelden-Walldorf gezogen war, und von Peter Kurzeck aus Staufenberg bei Gießen, der in seinen autobiografischen Romanen und mündlichen Erzählungen akribisch eine kleinbürgerliche Welt beschrieb, die so nicht mehr existierte, aber nicht nur ihn geprägt hatte.

Von den zahlreichen literarischen Orten ist Frankfurt der wichtigste. Große Namen sind Eva Demski, Martin Mosebach, Robert Gernhardt und Bodo Kirchhoff. Martin Mosebach und der 2018 verstorbene Wilhelm Genazino wurden mit dem renommierten Georg-Büchner-Preis ausgezeichnet, den die seit 1950 in Darmstadt beheimatete Deutsche Akademie für Sprache und Dichtung vergibt. Genazino sei, so hieß es in der Begründung, der unbändige Komödiant, »der unsere Zeit belauscht und ausspäht, um sie im Alltag unscheinbarer Einzelner zu spiegeln«.

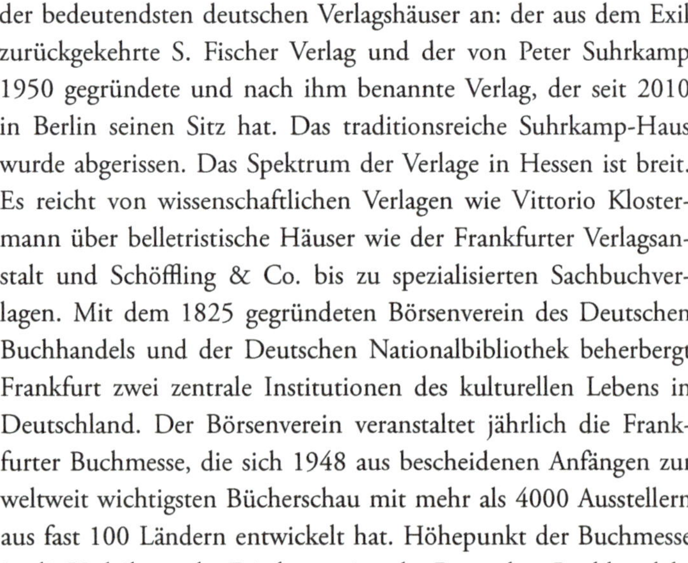

In Frankfurt siedelten sich nach dem Zweiten Weltkrieg zwei der bedeutendsten deutschen Verlagshäuser an: der aus dem Exil zurückgekehrte S. Fischer Verlag und der von Peter Suhrkamp 1950 gegründete und nach ihm benannte Verlag, der seit 2010 in Berlin seinen Sitz hat. Das traditionsreiche Suhrkamp-Haus wurde abgerissen. Das Spektrum der Verlage in Hessen ist breit. Es reicht von wissenschaftlichen Verlagen wie Vittorio Klostermann über belletristische Häuser wie der Frankfurter Verlagsanstalt und Schöffling & Co. bis zu spezialisierten Sachbuchverlagen. Mit dem 1825 gegründeten Börsenverein des Deutschen Buchhandels und der Deutschen Nationalbibliothek beherbergt Frankfurt zwei zentrale Institutionen des kulturellen Lebens in Deutschland. Der Börsenverein veranstaltet jährlich die Frankfurter Buchmesse, die sich 1948 aus bescheidenen Anfängen zur weltweit wichtigsten Bücherschau mit mehr als 4000 Ausstellern aus fast 100 Ländern entwickelt hat. Höhepunkt der Buchmesse ist die Verleihung des Friedenspreises des Deutschen Buchhandels.

2023 ist der britisch-indische Autor Salman Rushdie damit ausgezeichnet worden, der wegen seines Romans *Satanische Verse* seit 1989 mit dem Tod bedroht wird.

Wirtschaftsfaktor Kultur

Ohne Moos nichts los, diese simple Weisheit bewahrheitet sich im Bereich Kultur stets aufs Neue. Ebenso stimmt aber auch ihre Umkehrung. Schon Hessens Landesfürsten adelten ihre Residenzstädte durch den Erwerb von Kunstschätzen oder die Berufung großer Kreativer. Auch heute verhelfen Kultur und Kreative dem Standort Hessen zu Wahrnehmung und Bedeutung. Zum einen als Wirtschaftsfaktor: Die Kultur- und Kreativwirtschaft ist einer der Wachstumsmärkte und Innovationstreiber im Land.[309] Ob international bedeutende Verlage, Werbe- und Designagenturen, Architektur, Musik, Film, darstellende Künste oder der Kunstmarkt – in den elf Teilmärkten der Branche arbeiten rund 125.000 Menschen und 17.600 Unternehmen; 2021 erzielten sie einen Jahresumsatz von rund 15,36 Milliarden Euro.[310] Zum anderen ist Kultur ein Gesellschaftsfaktor. Sie fördert das Image von Land und Kommunen, sie unterhält, bildet, weitet den Horizont, und sie fördert den Dialog – zwischen denen, die hier leben, die neu dazu oder allein dafür hierherkommen.

Damit Kultur – Staatsziel in Landesverfassung und Grundgesetz – frei, kreativ und für alle zugänglich sein kann, wird sie aus vielen Quellen gespeist. Projekte der Kreativwirtschaft etwa erhalten Unterstützung über die »Hessen Agentur«[311], Filmförderung übernimmt die »Hessen Film & Medien GmbH«[312]. Den Kulturetat hatte die Landesregierung in der Legislaturperiode 2018–2023 um rund zehn Millionen Euro erhöht. Gefördert werden von Landesseite kulturelle Initiativen und Institutionen aller Art, regional etwa Vereine und Brauchtum, »die künstlerische oder kulturelle Traditionen lebendig halten«[313]. Bei den Kulturschaffenden stehen besondere Gruppen im Fokus: Das Ottilie-Roederstein-Stipendium unterstützt seit 2021 gezielt Künstlerinnen[314], das Programm »Hafen der Zuflucht Hessen« Menschen,

Bestens geschützt: das immaterielle Kulturgut

Durstlöscher. Die Hessische Apfelweinkultur

Serviert wird er im Bembel, getrunken aus dem Gerippten, und er selbst heißt Äppler, Ebbelwoi, Schobbe oder Stöffche. Als Hessens Nationalgetränk steht der Apfelwein für Heimat und Tradition. Die Äpfel fürs Glas wachsen auf ökologisch bewirtschafteten Streuobstwiesen, gekeltert wird oft noch im Familienbetrieb. Bestellt wird er in der Äpplerkneipe oder beim Apfelweinfest, pur, sauer oder tief gespritzt, meist als Durstlöscher[315]; bei gut fünf Volumenprozent Alkohol braucht es viel zum Rausch. Ein roter Apfel im grünen Pfeil markiert die hessische Apfelwein- und Obstwiesenroute, vorbei an Keltereien, Gaststätten oder Lehrgärten zwischen Main und Taunus.[316] Überzeugt hat der »Hessebubb« auch offiziell: Seit 2022 ist Hessens Apfelweinkultur als immaterielles Kulturerbe geschützt.[317]

Dekor am Bau. Der Hessische Kratzputz

Der Hessische Kratzputz wurde bereits 2016 in das Bundesweite Verzeichnis für Immaterielles Kulturerbe aufgenommen.[318] Zu finden ist er in Form von Blumen, Ornamenten oder Figuren auf den Fassaden historischer Fachwerkhäuser in der Schwalm und im Landkreis Marburg-Biedenkopf. Mit Nagelbrettern, Stempeln und Modelliereisen werden die Schmuckmotive in den noch frischen Putz der Gefache – der Flächen zwischen den Holzbalken – gekratzt, modelliert und mit Kalkfarbe ausgemalt. Bis ins 17. Jahrhundert lässt sich die traditionelle Putztechnik zurückverfolgen; ihr Erhalt wird vom Denkmalschutz gefördert.

Kratzputz an einem Fachwerkhaus in Marburg an der Lahn

die wegen ihrer künstlerischen Tätigkeit verfolgt werden[319]. Öffentliche Mittel vergeben auch die Hessische Kulturstiftung und der Kulturfonds Frankfurt RheinMain.

Die ehemals Freie Reichsstadt Frankfurt verdankt die Strahlkraft ihrer Kultur dem außerordentlichen Engagement ihrer Bürger, die sich stets als großzügige Sammler und Stifter zeigten. Private Banken und Stiftungen leben den Gedanken des Mäzens bis heute fort, etwa bei Ankäufen, Ausstellungen oder Aufführungen, Wirtschaftsunternehmen stiften Preise oder wirken als Sponsoringpartner – wertvolle Ergänzungen der öffentlichen Mittel.

Die kreative Zukunft Hessens in den Blick genommen hat die Landesregierung mit dem »Masterplan Kultur«. Erarbeitet wurde der »erste Kulturentwicklungsplan eines Bundeslandes«[320] über mehrere Jahre gemeinsam mit Kulturschaffenden aus allen Regionen und Kulturbereichen. Mit Handlungsfeldern, Visionen und Empfehlungen bündele er die aktuellen Fragen der Kulturpolitik, skizziere Lösungen und sei Handreichung auch für die Kulturpolitik künftiger Regierungen, hieß es bei der Vorstellung im Februar 2023.[321]

Bewegt und beflügelt: Spitzen- und Breitensport

Schaut man auf Namen, Zahlen und Orte, ist auch im Sport vieles typisch hessisch – und Teil der Alltagskultur im Land. Nachhaltig groß ist die emotionale Nähe zu Top- und Profisportlern, die aus derselben Region stammen, mit denen man aufwuchs, womöglich sogar im selben Verein trainierte oder ihnen dort nacheifert. Unvergessen die fußballbegeisterte Lotte Specht, die 1930 zusammen mit 35 gleichgesinnten Frauen in Frankfurt den DFFC, Deutschlands ersten »Damen Fußballclub« gründete.[322] Unvergessen auch die 21 Titel des Frankfurter Schwimmers Michael Groß oder die Hürdenflüge des Gelnhäuser Leichtathleten Harald Schmid, bleibend begeisternd die Erfolge von Turnstar Fabian Hambüchen, Tischtennis-Crack Timo Boll, Hammerwerferin Betty Heidler, Bob-Pilotin Kim Kalicki sowie die vier WM-Siege von Heppenheims Formel-1-Held Sebastian Vettel. Viele hessische Sportgrößen beeindrucken auch nach Ende ihrer Karriere:

Die ehemalige Dressurreiterin Ann Kathrin Linsenhof fördert seit Langem junge Menschen via Unicef und eigener Stiftung. Frauenfußballlegende Steffi Jones verlieh im Herbst 2023 jener Grundschule im Frankfurter Stadtteil Bonames ihren Namen, die ihr einst selbst Werte fürs Leben vermittelte.[323]

Es sind vor allem Hessens Fußballerinnen und Fußballer, die die Herzen ihrer Anhänger höherschlagen lassen. Der Traditionsverein Kickers Offenbach blickt auf erfolgreiche Zeiten zurück und hat Bundesliga- und Pokalgeschichte über viele Jahre mitgeschrieben. SV Wehen Wiesbaden gelang nach 2019 auch 2023 der Aufstieg in die Zweite Liga; die Darmstädter Lilien beendeten die Saison 2022/23 mit dem Aufstieg in die 1. Bundesliga. Und kein Bundesliga-Wochenende, an dem nicht Mengen von Eintracht-Schals die öffentlichen Verkehrsmittel Frankfurts Richtung Stadion bevölkern. Maßstäbe im internationalen Frauenfußball setzten die Kickerinnen des 1998 gegründeten 1. FFC Frankfurt. Vier Champions-League-Siege, darunter der erstmals ausgetragene UEFA Women's Cup 2002, sieben Deutsche Meisterschaften und neun DFB-Pokalsiege machten die Frankfurterinnen zum erfolgreichsten deutschen Frauen-Fußballverein, mit Stars wie der dreifachen Weltfußballerin Birgit Prinz und Nia Künzer, seit Januar 2024 DFB-Sportdirektorin für den Frauenfußball.[324] 2020 fusionierte der FFC mit Eintracht Frankfurt – und wurde zu deren Frauenfußballabteilung.

SCHON GEWUSST?

Mit 130.000 Mitgliedern ist Eintracht Frankfurt Hessens sechstgrößter Sportverein und lebt das Miteinander von Leistungs- und Breitensport »unter einem Dach«. Legenden wie die Weltmeister von 1974, Bernd Hölzenbein und Jürgen Grabowski, oder der Rekord-Bundesligaspieler Karl-Heinz »Charly« Körbel (602 Einsätze) sind unsterblich. Außer der Fußballabteilung, die 1963 zu den Mitgründern der Bundesliga gehörte, bietet die Eintracht 18 weitere Sportarten, darunter Boxen, Handball, Rugby, Turnen und Triathlon.

Aus der Nachbarstadt Hanau stammt übrigens Rudi Völler, Nationalspieler, Nationaltrainer und Sportdirektor des Deutschen Fußballbundes, mit Sitz in Frankfurt.

Solch Fitnessangebot zieht, auch anderswo. Einen Rekord konnte Anfang 2023 der Landessportbund Hessen (lsb h) als zuständige Dachorganisation melden – mit gut 2,1 Millionen Mitgliedern in den 7444 Sportvereinen des Landes. Das waren 62.594 mehr als im Vorjahr und insgesamt mehr denn je. Mehr als der Hälfte der Neumitglieder waren Kinder und Jugendliche bis 18 Jahren; Vereinssport sei ein wichtiger Beitrag zur gesunden Entwicklung der Jüngsten, freute sich der lsb h.[325]

Auch die beliebtesten Sportarten des Landes lassen sich an der Mitgliedsstärke ablesen: Auf Platz 1 der 58 hessischen Sportverbände lag 2023 der Hessische Fußballverband (585.287 Mitglieder), gefolgt vom Turnverband (574.370) und vom Tennisverband (130.824).[326] Größter Breitensportverein in Hessen und einer der größten in Deutschland ist die Turngemeinde, kurz TG Bornheim in Frankfurt, mit mehr als 31.000 Mitgliedern.[327]

Rund 192.000 Menschen engagieren sich ehrenamtlich in Hessens Vereinen. Das Land leitet jährlich 20,1 Millionen Euro aus den Spiel- und Wetteinsätzen an den Landessportbund direkt weiter und sichert auf diese Weise die Basis des organisierten Sports.[328] Insgesamt förderte die Landesregierung den organisierten Sport 2023 mit mehr als 68 Millionen Euro.[329]

Das Netz der hessischen Sportvereine ist dicht, divers und inklusiv – und hier und da besonders. So findet sich in Frankfurt der Verband der jüdischen Turn- und Sportvereine in Deutschland, Makkabi, und auch dessen größter Ortsverein TuS Makkabi Frankfurt, mit über 2000 Mitgliedern in 27 Abteilungen. Die Rollstuhlbasketballer des RSV Lahn-Dill in Wetzlar gehören international zu den Besten ihrer Sportart; die erste Mannschaft spielt in der Bundesliga, ist Weltpokalsieger 2010, 14-facher deutscher Meister und achtfacher Europa-Pokal-Sieger.[330] Der »Fechtclub Offenbach von 1863«, Deutschlands zweitältester Fechtverein, trumpfte in seiner Geschichte immer wieder mit Spitzen-Frauen auf – Helene Mayer gewann 1924 als 15-Jährige ihre erste deutsche Meisterschaft, Cornelia Hanisch stand ab 1979 auf den Siegertreppchen; in den 1990ern stellten Offenbacherinnen oftmals die komplette

Am Frankfurter Römer empfängt am 19. Mai 2022 gefühlt ganz Hessen seine Frankfurter Eintracht nach dem fulminanten Gewinn der UEFA Europa League.

deutsche Damendegen-Nationalequipe. 2017 gab es WM-Bronze im Herrendegen; seit 2002 trainieren auch Rollstuhlfechter in Hessens Fecht-Leistungszentrum.

Sportlich aktiv sind viele Hessen auch außerhalb des Vereins, wie die motivierten Massen gut trainierter Läufer oder Radler bei alljährlichen Großsportfesten wie dem J.P. Morgan-Firmenlauf, Marathons oder dem Radklassiker »Eschborn-Frankfurt«[331] den Zuschauern am Wegesrand demonstrieren. Profiatmosphäre schnuppern kann man seit 2022 auch im Bürgerpark gleich neben dem neuen DFB-Campus in Frankfurt-Niederrad. Auf dem Gelände der früheren Galopprennbahn ist die Zentrale des Deutschen Fußballbundes entstanden, mit DFB-Akademie, Trainingszentrum für die Nationalmannschaften der Männer und Frauen sowie Plätzen, auf dem auch Jugendteams der Region trainieren können.

Profi-Geschichte bietet seit 2007 in der Haupttribüne des früheren Waldstadions (heute Deutsche-Bank-Park) das Eintracht-Frankfurt Museum, mit Gründungsurkunde, Pokalen und dem Originalball des Endspiels im Europapokal der Landesmeister 1960. Auf

Bestellung führen einstige Helden wie »Stepi« Stepanovic durch die Schau. Dessen Bonmot »Lebbe geht weider« hat Kulturkarriere gemacht durch Aufstieg in den Alltagswortschatz. Ebenso wie andere Eintracht-Perlen: »Bruda, schlag den Ball lang«[332] beflügelt nicht nur Hessen.

KULTURPREISE

Bedeutende Auszeichnungen in allen Sparten der Kultur werden im und vom Land Hessen vergeben. Eine Auswahl (Ziel; Dotierung; Vergabe; Auslober; erster und aktueller Preisträger):

Georg-Büchner-Preis

Der renommierteste und mit 50.000 € höchstdotierte Literaturpreis für deutschsprachige Autoren im deutschen Sprachraum. Jährlich; Deutsche Akademie für Sprache und Dichtung, Darmstadt. **1951: Gottfried Benn, 2023: Lutz Seiler**

Friedenspreis des Deutschen Buchhandels

Besondere Tätigkeit in Literatur, Wissenschaft und Kunst zur Verwirklichung des Friedensgedankens; 25.000 €; jährlich am Buchmessen-Sonntag in der Paulskirche; Börsenverein des Deutschen Buchhandels. **1950: Max Tau, 2023: Salman Rushdie**

Hessischer Friedenspreis

Engagement für Frieden und Völkerverständigung; 25.000 €; jährlich; Albert-Osswald-Stiftung. **1994: Marianne Heiberg (Norwegen), 2022: Ilwad Elman (Somalia)**

Deutscher Buchpreis

Bester deutschsprachiger Roman des Jahres; 25.000 €; jährlich zum Auftakt der Frankfurter Buchmesse; Börsenverein des Deutschen Buchhandels. **2005: Arno Geiger, 2023: Tonio Schachinger**

Ludwig-Börne-Preis

Hervorragende Leistung deutschsprachiger Autoren in Reportage, Essay und Kritik. 20.000 €. Jährlich in der Paulskirche; Ludwig-Börne-Gesellschaft. **1993: Joachim Kaiser, 2023: Robert Habeck**

Hessischer Kulturpreis

Besondere Leistungen in Kunst, Wissenschaft und Kulturvermittlung; 45.000 €; jährlich; Landesregierung Hessen. **1982: Eugen Kogon, Thomas Michael Mayer; 2023: Bernd Loebe**

Goethepreis der Stadt Frankfurt

Besondere schöpferische Arbeit im Sinne und zu Ehren Goethes; 50.000 €; alle drei Jahre am 28. August (Goethes Geburtstag); Stadt Frankfurt. **1927: Stefan George, 2023: Barbara Honigmann**

Goethe-Plakette des Landes Hessen

Höchste Kulturauszeichnung des Landes; undotiert und unregelmäßig vom Ministerium für Wissenschaft und Kunst. **1949: Lily Hohenstein, Johann Hoffmann, 2022: Ursula Jungherr, Birgit Kümmel**

Goetheplakette der Stadt Frankfurt

Besonderes Wirken von Dichtern, Schriftstellern, Künstlern und Wissenschaftlern zum Andenken Goethes; undotiert; Vergabe im heutigen Sinn seit 1947; Stadt Frankfurt. **1947: Franz Volhardt, Gustav Mori, Franz Schultz, 2023: Anne Imhof**

Max Beckmann-Preis

Herausragende Leistungen in Malerei, Grafik, Bildhauerei und Architektur; 50.000 €; alle drei Jahre; Stadt Frankfurt. **1978: Richard Oelze, 2022: Valie Export**

Hessischer Filmpreis

Für Regisseurinnen und Regisseure, die »inhaltlich Mut beweisen oder ästhetisch neue Wege gehen«; 75.000 € (in drei Kategorien); jährlich; Hessisches Ministerium für Wissenschaft und Kunst. Liste der Preisträger[333]; **2021 erhielt Volker Schlöndorff (*1939 in Wiesbaden) den Ehrenpreis des Ministerpräsidenten.**

Rheingau im Herbst mit Blick auf Geisenheim

DIE ZUKUNFTSMACHER

Findige Köpfe in Wissenschaft und Forschung

Dass sie im Frühjahr 2023 bei der traditionellen Weinversteigerung in Kloster Eberbach nur am Rand der zwölf Anbieter aus dem Verband Deutscher Prädikatsweingüter (VDP) zu finden war, hatte ebenso wenig Bedeutung wie ihre geografische Lage an der südwestlichen Landesgrenze Hessens. Denn im Alltag der Rheingauer Winzer spielt die Hochschule Geisenheim University mit Sitz im gleichnamigen idyllischen Rheinstädtchen eine zentrale Rolle – als Forschungslabor zum Thema Wein inmitten der Weinberge. Im hochschuleigenen Versuchs-Weingut, das seit 1996 Mitglied im Verband Deutscher Prädikatsweingüter (VDP) ist, arbeiten Lehrende und Studierende aus Bereichen wie Rebenzüchtung, ökologischer Weinbau und Önologie gemeinsam zu Fragestellungen, die auch die umliegenden Weinbauern beschäftigen.

Aktuell sind das die spürbaren Folgen des Klimawandels. Was etwa sichert Qualität und Ertrag des weltweit geschätzten Rheingau-Rieslings, wenn er inzwischen unter mediterranen Bedingungen wachsen muss? Wie bewässert man in extremer Sommerhitze und bei sinkendem Grundwasser? Was tun gegen neue Schädlinge? Für nachhaltige Antworten bewirtschaften die Geisenheimer verschiedene Lagen mit Riesling und anderen Rebsorten, testen Böden und Trockenmauern, experimentieren mit Neuzüchtungen und Ausbaustilen. Ziel der Forschung, deren Erkenntnisse in die Studieninhalte einfließen: bewährte Kulturtechniken des Weinbaus erhalten und zugleich die gesamte Wertschöpfungskette der Weinwirtschaft innovativ aktualisieren.

Als Kostprobe ihres Könnens brachten die Forschungswinzer im Kloster Eberbach zwei Riesling-Jahrgänge aus der eigenhändig rekultivierten Terrassenlage »Rüdesheimer Krähennest« zur Versteigerung. Der Erlös für »goldene Farbe und Noten von Thymian, Mandel und reifem Honig« – so die Beschreibung des Auktionators – floss zurück in die Hochschule, als Zuschuss für ein Studierendenstipendium.

Die Praxisnähe der Hochschule wird geschätzt: In den Studiengängen rund um Weinbau und Weinwirtschaft nutzen auch viele Jungwinzer aus der Pfalz oder Rheinhessen den kurzen Weg zur akademischen Ausbildung in Hessen, ehe sie zum Beispiel den elterlichen Betrieb übernehmen. Daneben arbeiten die Geisenheimer Wissenschaftler an zukünftigen Formen von Landbewirtschaftung für Obst und Gemüse oder an der Entwicklung von »gesunden, sicheren und nachhaltig produzierten Lebensmitteln für eine wachsende Bevölkerung«[334]. Allen Fragestellungen widmet sich die Hochschule explizit »im globalen wie regionalen Maßstab« und in enger Kooperation mit Partnern aus der Wirtschaft oder Verbänden.[335]

Gegründet wurde die Hochschule Geisenheim University auf Empfehlung des Wissenschaftsrates im Jahr 2013 als Zusammenlegung der Forschungsanstalt für Garten und Weinbau Geisenheim sowie dem Fachbereich Geisenheim der Hochschule RheinMain. Als bundesweit erste »Hochschule neuen Typs« verbindet sie zum einen modellhaft Forschung, Praxis und Lehre. Zum anderen kombiniert sie wesentliche Komponenten der etablierten und trotz aller Aufweichungen immer noch getrennten Hochschultypen: die Anwendungsorientierung der Fachhochschulen sowie das Recht zur Promotion der Universitäten. Ein echtes Novum in der tradierten deutschen Wissenschaftslandschaft.

Mit diesem Ansatz sei die jüngste und mit knapp 1800 Studierenden[336] kleinste Hochschule des Landes ein »herausragendes Beispiel für die Weiterentwicklung der hessischen Bildungslandschaft«, sagte Ministerpräsident Boris Rhein 2022 in Geisenheim.[337]

Förderung für exzellente Forschung

Wie anderswo gelten in Hessen die Hochschulen als Think Tanks und Garanten für Lösungen angesichts massiver Herausforderungen. Als Zukunftswerkstätten der Gesellschaft erschaffen sie die Erkenntnisse, die zu wissenschaftlichen, sozialen und kulturellen Innovationen führen, und eine nachhaltige gesellschaftliche Entwicklung unterstützen. Sowohl in der Grundlagenforschung wie auch in anwendungsbezogenen Fragestellungen geht es um Bio-

Zentrales Instituts- und Laborgebäude der HS Geisenheim

diversität, Klimaschutz und Gesundheit, Armut, Migration und Völkerrecht, Digitalisierung und Globalisierung. Ebenso im Forscher-Fokus stehen die kulturellen Wurzeln und Errungenschaften der Gesellschaft.

Gefördert wird Forschung, sowohl an den Hochschulen als auch an den außeruniversitären Forschungseinrichtungen des Landes, vom Hessischen Ministerium für Wissenschaft und Forschung, Kunst und Kultur (HMWK). Wie im »Hessischen Hochschulpakt 2021–2025« zugesagt, erhalten die Hochschulen für die Einheit von Forschung und Lehre im genannten Zeitraum 11,2 Milliarden Euro – »so viel wie noch nie«, betonte der damalige Ministerpräsident Volker Bouffier bei der Unterzeichnung des Paktes. Hinzu kommen Sonderprogramme, etwa für den Hochschulbau oder der Digitalpakt mit 112 Millionen Euro bis 2024.[338] Im Jahr 2023 betrug die Grundausstattung der Hochschulen für Forschung und Lehre 2,3 Milliarden Euro.

Für die Förderung der außeruniversitären Forschungseinrichtungen – deren Finanzierung von Bund und Ländern getragen wird stellte Hessen 2023 nach HMWK-Angaben 178,4 Millionen Euro bereit, 15 Millionen mehr als im Vorjahr. Die eigenständigen außeruniversitären Forschungsinstitute in Hessen erhielten 2023 rund 12,2 Millionen Euro.

Daneben haben die Hochschulen Aussicht auf weitere Mittel für Forschungsaktivitäten, die mit einer Leistungsperformance verbunden sind. So sind für gezielte zusätzliche Förderungen in den Leitlinien der Hessischen Hochschulstrategie, die Regierung und Hochschulen gemeinsam vereinbart haben, drei Voraussetzungen formuliert: die Bildung von Schwerpunkten, die Initiierung hochschulübergreifender Projekte und Kooperationen mit anderen Forschungseinrichtungen.

Dadurch erhöhen sich die Chancen auf die Einwerbung von Drittmitteln, also Geldern der öffentlichen Hand wie Landes- und Bundesministerien, der EU, Stiftungen oder aus der Privatwirtschaft. Begehrt, weil einem Prädikat für »Forschung höchster Qualität«[339] gleich, sind Drittmittel der Deutschen Forschungsgemeinschaft (DFG), der größten nationalen Forschungsförderungsorganisation Europas. Stellvertretend für zahlreiche ambitionierte Vorhaben an hessischen Hochschulen ein Blick auf ein laufendes Verbundprojekt in den Geisteswissenschaften: Auf zwölf Jahre unterstützt von der DFG untersuchen Germanisten der Universitäten Gießen und Kassel seit 2016 die Grammatik des Neuhochdeutschen von 1650 bis 2000. Hauptziel des hochschulübergreifenden Forschungsprojekts GiesKaNe ist die Erstellung einer Syntax, also einer Art Architektur der Gegenwartssprache, die grundlegend ist für Verständnis und Interpretation von Texten aller Art.

Regelmäßig profitieren Hessens Hochschulen bei der DFG-Förderung von Sonderforschungsbereichen (SFB), fächer- und hochschulübergreifenden Langfristprojekten zur Grundlagenforschung. So waren unter den 28 Sonderforschungsbereichen, die die DFG zum 1. Juli 2022 neu eingerichtet oder weiter unterstützt hat, drei Forschungsverbünde aus Darmstadt und zwei aus Frankfurt. In den beiden SFB der Frankfurter Goethe-Universität geht es um das Thema Gesundheit, konkret: um die Entwicklung neuer Wirkstoffe und Behandlungsmöglichkeiten. Dazu beschäftigen sich Forscher aus Biophysik, Biochemie, Zell- und Strukturbiologie mit Proteinstrukturen an der Zellmembran. Die Molekular-Mediziner des zweiten Frankfurter SFB »Schadenskontrolle durch das stromavaskuläre Kompartiment« konzentrieren sich auf Herz, Gehirn und Blutgefäße; untersucht wird unter anderem, »wie Zellpopulationen dort auf Schäden reagieren und zur Reparaturreaktion beitragen«[340].

Ebenfalls am Puls der Zeit: der SFB »Mathematische Modellierung, Simulation und Optimierung am Beispiel von Gasnetzwerken«, der an der TU Darmstadt in die dritte Förderphase trat. Dort arbeiten Wissenschaftler gemeinsam mit Kollegen der Universität Erlangen-Nürnberg, der TU und HU Berlin sowie der Universität Duisburg-Essen an den Herausforderungen einer effizienten Gasversorgung; besonders im Blick sind Transport, Netztechnik, marktregulatorische Bedingungen und die Kopplung mit anderen Energieträgern.[341] Komplexe Fragestellungen, die mit der Energiekrise durch den Ukrainekrieg neue Aktualität erhalten haben – und die Notwendigkeit richtungsweisender Forschung aufzeigen.

Wie profilbildend die Konzentration von Kompetenzen am Hochschulstandort wirkt, belegt das Kassel Institute for Sustainability, das im Frühjahr 2023 von und an der Universität Kassel eröffnet wurde. 17 Professuren aus den Bereichen Natur, Technik, Kultur und Gesellschaft forschen und lehren hier entlang der 17 Nachhaltigkeitsziele der Vereinten Nationen. Das bundesweit einmalige Konzept entstand in der Hochschule – als Bündelung und Ausbau der langjährigen Kasseler Forschungsaktivitäten zu Themen der sozialen, ökologischen und ökonomischen Nachhaltigkeit. Gearbeitet wird interdisziplinar – durch alle Fachbereiche der Hochschule – und transdisziplinär: Beteiligt am Nachhaltigkeitszentrum ist auch die Kunsthochschule Kassel, mit einer Professur für nachhaltige Produktgestaltung und -entwicklung.[342] Zu den ersten Forschungsprojekten gehören die Rolle der Natur als Rechtsperson, Aufforstungen in Chile und ein Graduiertenkolleg zur Verwertung urbaner Bioabfälle.[343] Bei Ressourcen und Personal des Kassel Institute unterstützt das Land: Der überwiegende Teil der 17 neuen Professuren stammt aus dem sogenannten 300-Professuren-Programm[344] sowie aus dem LOEWE-Programm.[345]

Vernetzt: das Forschungsförderprogramm LOEWE

Für Hessens Spitzenforschung brüllt das Wappentier des Landes höchstpersönlich. Seit 2008 stärkt das Land seine Top-Brains gezielt mit der »Landes-Offensive zur Entwicklung Wissenschaftlich-ökonomischer Exzellenz«, kurz LOEWE. Das bundesweit einmalige Programm fördert herausragende wissenschaftliche Verbundvorhaben, »insbesondere eine intensive Vernetzung von Wissenschaft, außeruniversitärer Forschung und Wirtschaft«[346]. Knapp 1,28 Milliarden Euro hat das Land bislang insgesamt (mit Laufzeiten bis 2028) für LOEWE zur Verfügung gestellt,[347] pro Jahr zwischen gut 70 und 80 Millionen Euro. Die Mittel werden auf Antrag und erfolgsbezogen als Anschubfinanzierung, also befristet vergeben, und verteilen sich auf fünf sogenannte Förderlinien.

SCHON GEWUSST?

Eine davon sind die LOEWE-Zentren. Eine der ersten dieser inzwischen 15 lokalen oder regionalen Forschungshochburgen[348] war 2008 das Senckenberg Biodiversität und Klima Forschungszentrum (BiK-F) in Frankfurt, das sich im Verein mit Partnern wie der Goethe-Universität, dem Institut für sozial-ökologische Forschung (ISOE) und dem Deutschen Wetterdienst mit – stark vereinfacht gesagt – Auswirkungen von Klimaveränderungen auf Ökosysteme weltweit befasst. Nach Auslauf der maximalen Förderung von sieben Jahren gehört das BiK-F seit 2015 zum Senckenberg-Forschungsinstitut und ist damit Teil der vom Land Hessen getragenen Leibniz-Gemeinschaft.

Grünes Licht für eine zweijährige Weiterfinanzierung in Höhe von 18 Millionen Euro erhielt 2023 das 2019 an der Frankfurter Goethe-Universität eingerichtete LOEWE-Zentrum Frankfurt Cancer Institute (FCI). Dort arbeiten Forscher gemeinsam mit Kollegen vom Max-Planck-Institut für Herz- und Lungenforschung in Bad Nauheim und vom Paul-Ehrlich-Institut in Langen an Therapien gegen Krebs – »einem globalgesellschaftlich hochrelevanten Thema« und »an der Schnittstelle zwischen Grundlagenforschung

LOEWE-Zentrum: das Senckenberg Biodiversität und Klima Forschungszentrum in Frankfurt

und angewandter/industrieller Forschung«, wie es in der Zwischenbewertung des LOEWE-Programmbeirats heißt.[349]

LOEWE-Schwerpunkte sind vergleichbar mit Zentren, insgesamt jedoch kleiner dimensioniert. Unter diesem Vorzeichen ging zum Jahresbeginn 2023 der neue LOEWE-Schwerpunkt »Tree-M – Mechanismen der Resilienz und Umweltwirkung des Blattmikrobioms von Bäumen« unter Federführung der Philipps-Universität Marburg an den Start. Gemeinsam mit der Justus-Liebig-Universität Gießen und dem Max-Planck-Institut für terrestrische Mikrobiologie (mit Sitz in Marburg) wird die Rolle von Mikroorganismen in Wäldern für die Ökosysteme sowie die Speicherung von Treibhausgasen untersucht.

Exzellenzen holen und halten

Neu sind seit 2021 die LOEWE-Professuren. Mit dieser Förderung will das Land exzellente Köpfe holen und halten. Und auf diese Weise das Innovationspotenzial Hessens stärken, ausbauen – und sichtbar machen. So konnten zwei international renommierte und durch ihre Medienpräsenz auch einer großen Öffentlichkeit bekannte Wissenschaftlerinnen zu akut-bedrohlichen Fragestellungen weiterhin in Hessen verortet bleiben. Sandra Ciesek, Professorin für Virologie und Leiterin des Instituts für Medizinische Virologie am Universitätsklinikum Frankfurt, erhielt im Oktober 2021 eine LOEWE-Spitzenprofessur – und damit für einen Zeitraum von fünf Jahren zusätzliche Sach- und Personalmittel von gut 1,4 Millionen Euro. Eine deutliche Untermauerung ihrer Forschung zum Corona-Virus und seinen immer neuen Varianten. 2020 hatte die Virologin mit ihrem Team nachgewiesen, dass auch Covid-Patienten ohne Symptome Träger und Überträger des Erregers sein können. Als Expertin aus Hessen informierte sie während der Pandemie – sachlich aufklärend und im Ton beruhigend – gemeinsam mit ihrem Berliner Kollegen Christian Drosten in einem NDR-Podcast über Forschungsstand und Pandemiemanagement.

Vielfach gefragte Expertin, nicht erst seit Beginn des Kriegs in der Ukraine, ist auch Nicole Deitelhoff. Als Professorin für Internationale Beziehungen und Theorien globaler Ordnungspolitik an der Goethe-Universität Frankfurt und Direktorin des Leibniz-Instituts Hessische Stiftung Friedens- und Konfliktforschung (HSFK) forscht und lehrt sie zu Konflikten um Institutionen und Normen, Grundlagen politischer Herrschaft sowie Widerstands- und Protestphänomenen. Ihre besondere Expertise bringt sie in zahlreiche Forschungsverbünde, Gremien und Netzwerke und ebenso engagiert in die Öffentlichkeit ein. Seit Mai 2023 hat die Politikwissenschaftlerin eine LOEWE-Spitzenprofessur an der Goethe-Universität Frankfurt inne. Ausgestattet mit 1,8 Millionen Euro auf fünf Jahre, baut Deitelhoff an Universität und HSFK eine Forschungsgruppe auf, um unter anderem der Dynamik von Konflikten auf die Spur zu kommen – Forschung, die nicht nur das hessische Wissenschaftsministerium auf wichtige Erkenntnisse für »eine tragfähige Sicherheits- und Friedensordnung auf europäischer und globaler Ebene« hoffen lässt.[350]

hessian.AI: das Zukunftslabor für KI

Profilbildung im großen Maßstab hat Hessen zum bundesweiten Vorreiter bei der Erforschung Künstlicher Intelligenz (KI) gemacht. Die KI-Kompetenzen von gleich 13 Hochschulen des Landes fließen ein in das Hessische Zentrum für Künstliche Intelligenz, das 2020 in Darmstadt eingerichtet wurde. Beteiligt sind Grundlagenforscher der federführenden TU Darmstadt, der vier weiteren Landesuniversitäten Frankfurt, Gießen, Kassel und Marburg sowie die praxisnahe Forschung von fünf Hochschulen für Angewandte Wissenschaften – Hochschule RheinMain mit Sitz in Wiesbaden und Rüsselsheim, Technische Hochschule Mittelhessen in Gießen, Hochschule Fulda, Hochschule Darmstadt, Frankfurt University of Applied Sciences –, der Hochschule Geisenheim, der Hochschule für Gestaltung Offenbach sowie der privaten Frankfurt School of Finance & Management. Bündelung der landesweiten Expertise, um den komplexen Fragestellungen zu Chancen und Gefahren von Künstlicher Intelligenz für Wissenschaft, Wirtschaft und Gesellschaft umfassend begegnen zu können.

Gebündelt erfolgt auch die Förderung des KI-Zentrums – durch die drei Landesressorts für Wissenschaft und Forschung, Wirtschaft sowie Digitalisierung und Innovation, mit jeweils ressortbezogenen Zielen. Ein besonderes Augenmerk gelte ethischen Fragestellungen, betonte die seinerzeit amtierende Digitalministerin Kristina Sinemus bei der Institutsvorstellung. Weitere Unternehmensgründungen sind Ziel des Wirtschaftsministeriums; nach Angabe der Landesregierung nutzten 2020 in Hessen mehr Unternehmen KI als in anderen Bundesländern. Von Hessen als möglichem »Zukunftslabor der KI-Forschung« auch im internationalen Wettbewerb sprach Professorin Birgitta Wolf, damalige Präsidentin der Frankfurter Goethe-Universität und Vorsitzende der Konferenz hessischer Universitätspräsidien.[351]

Die Erwartungen an die hessischen Forscher, formuliert angesichts weltweit rasanter KI-Entwicklungen, erwiesen sich nicht als zu hoch gegriffen. Im November 2022, als das amerikanische Unternehmen OpenAI die Menschheit mit »ChatGPT«, seinem scheinbar allwissenden Chatbot, vor völlig neue Herausforderungen stellte, erklärte das Bundesministerium für Bildung und Forschung (BMBF) hessian.AI, wie Hessens KI-Zentrum sich inzwischen international nennt, zu einem von vier bundesweiten KI-Service-Zentren. Der Auftrag für das Qualitäts-Quartett ist klar: »Die KI-Forschung in Deutschland weiter vorantreiben und den Transfer in die Praxis fördern.«[352] Außerdem soll durch die Ermöglichung neuer Produkte Deutschlands technologische Souveränität gestärkt und »KI made in Germany« als Marke »mit internationaler Strahlkraft« geprägt werden, wie es beim BMBF heißt.[353]

Ein Erfolg für KI »made in Hessen«, auch finanziell: Für das hessische KI-Zentrum bedeutet der Aufstieg von der KI-Landes- in die KI-Bundesliga eine zusätzliche Förderung des Bundes in Höhe von knapp 17 Millionen Euro. Wertvolle Unterstützung, etwa für das Projekt »Third Wave of AI« – zu Deutsch die dritte KI-Welle –, mit dem die hessischen KI-Spezialisten 2023 nach eigenen Worten »in eine neue Ära« aufgebrochen sind. Im Fokus steht die Entwicklung von KI-Systemen, die »menschenähnliche Kommunikations- und Denkfähigkeiten erwerben, neue Situationen erkennen, einordnen und sich selbstständig an sie anpassen« können. KI nicht mehr nur als Werkzeug, sondern als »mitlernender Kollege«.[354]

Zur Entwicklung solch komplexer Systeme wurde hessian.AI im Frühjahr 2023 um ein KI-Innovationslabor erweitert. Herzstück ist ein sechs Tonnen schwerer Supercomputer mit 38 Rechenknoten, mehr als 300 Grafikkarten und einer Speicherkapazität von 500 Terabyte, nach Angaben des Digitalministeriums einer der 300 leistungsfähigsten KI-Rechner weltweit und der stärkste in Deutschland.[355] Damit wird das KI-Innovationslabor zum Fitness-Studio für den Kollegen KI: Nutzer aus Unternehmen, Start-ups und Wissenschaft können hier, betreut von den hessian.AI-Forschern, KI-Systeme konzipieren, testen – und trainieren. Die mögliche Produktpalette umfasst rechenintensive Aufgaben wie Prozessbeschleunigung oder Optimierung von Arbeitsabläufen und ist profitabel für Branchen wie Bio- und Umwelttechnologie, Pharma, Finanzwirtschaft, Mobilität und Logistik.

Das Höchstleistungs-Rechenzentrum Green IT Cube im GSI Helmholtzzentrum für Schwerionenforschung in Darmstadt

Zwei flüchtige Hessen kurzfristig gefasst

Untergebracht ist das KI-Innovationslabor von hessian.AI, in das Hessen bislang zehn Millionen Euro investiert hat, im »Green IT Cube« des GSI-Helmholtzzentrums für Schwerionenforschung in Darmstadt. Der Cube, das Rechenzentrumsgebäude des GSI, ist wassergekühlt, was den enormen Energieverbrauch des Riesenrechners vergleichsweise reduziert.

Das GSI ist die einzige Großforschungseinrichtung in Hessen. Es ist Teil der Helmholtz-Gemeinschaft – eines von 18 Forschungszentren der größten nationalen Forschungsförderungsorganisation – und lässt vor allem Physikerherzen höherschlagen. Für Forschungen im Bereich von Kern-, Atom-, Plasma- oder Biophysik stellt das GSI verschiedene technische Großanlagen bereit, darunter Teilchenbeschleuniger, die Schwerionen auf ein Tempo von bis zu 90 Prozent der Lichtgeschwindigkeit bringen; die derart erzeugten kinetischen Höchstenergien können zum Beispiel in Stoßprozessen freigesetzt werden.[356] Zu den auch für Laien nachvollziehbaren und aufsehenerregenden Entdeckungen des GSI zählen die

Eines der bedeutendsten und größten Naturkundemuseen Europas: Das Senckenberg Naturmuseum in Frankfurt am Main

Schwerionentherapie zur Bestrahlung maligner Tumoren sowie sechs neue, ausschließlich künstlich herstellbare Elemente des Periodensystems. Zwei davon, Hassium – abgeleitet vom lateinischen Hassia für Hessen – und Darmstadtium erinnern mit ihren Namen an die Orte, wo sie 1984 und 1994 erstmals nachgewiesen wurden. Noch ehe das notiert ist, sind die beiden flüchtigen Hessen schon wieder zu Nichts zerfallen, denn als radioaktive Isotope haben sie eine Halbwertszeit von Sekunden.

Beständig hingegen ist die Vielfalt in Hessens Forschungslandschaft. Sie umfasst auch unternehmensgebundene privatwirtschaftliche Forschungsinitiativen; genannt seien hier insbesondere Unternehmen der Pharma- und Chemiebranche, aber auch in Bereichen wie Maschinenbau, Elektrotechnik und Mobilität. Zu den weiteren Mitgestaltern gehören fünf Institute der Fraunhofer-Gesellschaft, die als größte anwendungsorientierte Forschungseinrichtung Europas überwiegend unternehmensnah forscht. Das jüngste hessische Fraunhofer-Institut für Translationale Medizin und Pharmakologie (ITMP) mit Sitz in Frankfurt wurde 2021 gegründet und befasst sich mit Arzneimittelforschung und -entwicklung.[357] Empirische Ästhetik, Hirnforschung, Biophysik, Rechtsgeschichte – Grundlagenforschung in verschiedenen Bereichen der Lebens-, Natur- und Geisteswissenschaften betreiben die sieben hessischen Institute der Max-Planck-Gesellschaft.[358]

Forschungsfragen aus allen Wissenschaftsbereichen widmen sich die Institute der Leibniz-Gemeinschaft. Eine der fünf hessischen Leibniz-Einrichtungen kennt rund um Frankfurt jedes Kind: Das Senckenberg Naturmuseum im Stadtteil Bockenheim ist beliebtes Ausflugsziel der örtlichen Schulen und faszinierte schon Generationen mit dem Vulkanausbruch im Miniformat, den gigantischen Saurierskeletten oder der Anakonda, die gerade ein Wasserschwein verspeist – in einem Stück; seit 2023 ist diese Szene einer erstaunlichen Einverleibung zur Restaurierung in der Präparatorenwerkstatt und erst ab 2024 wieder hinter Glas zu betrachten. Neben zahlreichen Sammlungen und Ausstellungen zum Leben auf der Erde präsentiert das Haus immer wieder Wissen zu naheliegenden Fragen. Etwa welche Parasiten Frösche im Gepäck haben, warum die Schmetterlinge verschwinden oder wie man auf dem Balkon ein Paradies für Stadtinsekten anlegen kann.[359] Das Frankfurter Forschungsmuseum ist Teil der Senckenberg-Gesellschaft für Naturforschung, dem größten Mitglied der Leibniz-Gemeinschaft in Deutschland. Allen, die mehr über aktuelle Forschungen zu Evolution und Biodiversität wissen und ihre Zukunft mitgestalten wollen, weist ein T-Rex vor dem Museum den Weg.

Wo der Dachboden »Laube« heißt

»Wer hat mir meinen Korb mit Fleisch gestohlen?« Nein, das ist nicht der empörte Ausruf einer Wochenmarktbesucherin und auch nicht die Klage einer bekannten Märchenfigur. Die Frage gehört zu den 40 Wenker-Sätzen, mit denen der Sprachforscher Georg Wenker Ende des 19. Jahrhunderts die Ortsdialekte des Deutschen abfragte. Wie eigen und unterschiedlich Sprecher aus den verschiedenen Ecken Hessens das hochdeutsche Sätzchen gesprochen haben, kann man sich noch heute anhören – und zwar auf der Website des Forschungszentrums Deutscher Sprachatlas.

Seit fast 150 Jahren befasst sich die beispiellose Einrichtung der Philipps-Universität Marburg mit Sprachvarietäten des Deutschen. Seit 1878 trugen die Wissenschaftler an weit über 40.000 Erhebungsorten im damaligen Deutschen Reich und an deutschen Sprachinseln in Südtirol, der Schweiz oder in Russland Dialekte, Soziolekte und Regiolekte der deutschen Standardsprache zusammen, notierten ihre Wortschätze und Wortbedeutungen, besondere Aussprachen und andere relevante Aspekte. Mit Belegen heute nicht mehr existenter Sprachvarietäten gilt die Sammlung als weltweit einzigartige Totaldokumentation einer Nationalsprache.

Viele Jahre schauten die Marburger Sprachwissenschaftler dem Volk, salopp formuliert, per Fragebogen aufs mundartliche Maul; seit 2001 wird der Sprachatlas digitalisiert, geokodiert, online publiziert und erweitert – unerschöpflicher Fundus für immer neue Forschungsfragen. Keine Sprachforschung ohne die Sprecher: Wer wissen möchte, wo in Hessen der Dachboden Balken, Speicher oder Laube heißt, wo das Brot zur »Braut« wird oder was es mit dem Molkenstehler auf sich hat, der findet neben Tonproben auch Karten auf der Website des Forschungszentrums.[360]

»Nun noch der Blick aufs Wetter«

Deutschlands Wetter wird in Hessen gemacht. Seit seiner Gründung im Jahr 1952 liefert der Deutsche Wetterdienst (DWD) meteorologische Daten aus seiner Zentrale in Offenbach am Main. Die aktuellen Wetterinfos gibt es für jedermann gratis online und für besondere Zielgruppen wie Landwirtschaft, Schifffahrt, Flugverkehr oder Wissenschaft speziell aufbereitet. Der DWD warnt vor wetterbedingten Gefahren wie Sturm, Starkregen oder Gewittern, vor UV-Strahlung und Pollen.[361] Mit einem bundesweit dichten Netz von Messstationen in Regionalzentren, Wetterwarten und Innenstädten sowie mit datenintensiven Wettermodellen und Visualisierungssystemen haben die DWD-Wissenschaftler

die Erdatmosphäre im Blick. Sie überwachen und dokumentieren das Klima weltweit mit Fokus auf Deutschland und bewerten dessen Veränderungen, auch durch Grundlagenforschung zu Wettervorhersage und Klimamonitoring im DWD-eigenen Hans-Ertel-Zentrum für Wetterforschung. Mit ihren Erkenntnissen sind die Meteorologen vom Main auch international im Einsatz als Partner in wissenschaftlichen Projekten, Berater der Umweltpolitik oder Akteure von Klimakonferenzen.[362]
Die Bürgerinnen und Bürger animiert der DWD zur interaktiven Klimabeobachtung im 2005 eröffneten »Wetterpark Offenbach«, mit einem Modell des Wettersatelliten Meteosat 9 und an Erlebnisstationen zu Lufttrübung, Jetstream oder Veränderungen beim Pflanzenwachstum.

Das deutsche Fernsehwetter hat der DWD bereits 1960 an den Hessischen Rundfunk als Koordinator für die ARD abgegeben. Heute erstellen die Wetterfrösche der Medien ihre »Nun noch der Blick aufs Wetter«-Vorhersagen auch mithilfe zahlreicher privater Meteo-Dienstleister.

Ausgezeichnet – auch der Nachwuchs

Hessens kluge Köpfe sind gefragt – und zu allen Zeiten ausgezeichnet. Emil von Behring, 1901 einer der ersten Träger des damals neuen Nobelpreises, folgten viele weitere. Ferdinand Braun etwa, Erfinder der Braunschen Röhre und damit technischer Wegbereiter des Fernsehens, erhielt 1909 den Nobelpreis für Physik. Geboren wurde Braun in Fulda, studiert hat er unter anderem in Marburg – ebenso wie Otto Hahn, Nobelpreisträger für Physik 1944. Und Benjamin List, der 2021 den Nobelpreis für Chemie erhielt und damals schon als Direktor des Max-Planck-Instituts für Kohlenforschung in Mülheim an der Ruhr tätig war, ist im Grunde Hesse auf ewig – nicht nur wegen der Liebe zu seiner Geburtsstadt Frankfurt, sondern als Ehrenmitglied seiner Eintracht.[363] Regelmäßig werden hessische Wissenschaftler für ihre visionären Forschungen mit Advanced Grants des Europäischen Forschungsrats (ERC) bedacht, die als »kleine Nobelpreise« gelten.[364] 2021 erhielt die Frankfurter Biodiversitätsforscherin Katrin Böhning-Gaese den renommierten Deutschen Umweltpreis.[365]

Die klugen Köpfe von morgen stehen schon parat. Seyma Celik (17), Anja Armstrong (18) und Jennifer Boronowska (19) von der Gustav-Heinemann-Schule in Rüsselsheim siegten im März 2023 mit der von ihnen entwickelten Einwegtüte aus kompostierbarem Biokunststoff beim Jugend forscht-Landeswettbewerb in Darmstadt.[366] Zwei Monate später überzeugten die drei Jungforscherinnen mit ihrer nachhaltigen Erfindung auch die Bundesjury von Deutschlands bekanntestem Nachwuchswettbewerb – und wurden zu Siegerinnen im Bereich Arbeitswelt gekürt.[367]

Frühe Spitzenforscher aus Hessen

Maria Sibylla Merian (1647–1717)

Wäre sie 300 Jahre später geboren, hätte sie eine der ersten Teilnehmerinnen des Bundeswettbewerbs »Jugend forscht« und später international gefragte Expertin für den Arten- und Klimaschutz werden können. Doch Maria Sibylla Merian kam bereits 1647 zur Welt, in Frankfurt am Main, als Tochter einer Verleger- und Künstlerfamilie. Schon im Kindesalter fiel ihr zeichnerisches Talent auf. Nachdem sie als 13-Jährige die Entwicklung einer Seidenraupe zum Falter beobachtet hatte, galt fortan ihre Leidenschaft den Insekten. Die Jugendliche sammelte und züchtete hunderte verschiedenster Raupen und hielt alle Entwicklungsstadien bis zum Schmetterling in detaillierten Insekten- und Pflanzenzeichnungen fest. Als Erwachsene bereiste sie zwei Jahre lang die niederländische Kolonie Surinam und dokumentierte ihre Untersuchungen der dortigen Insektenwelt ebenfalls in akribischen Bildern. Das 1709 entstandene Buch *Metamorphosis insectorum Surinamensium* begründet zusammen mit dem *Blumenbuch* (1675) und ihren Raupenbüchern Merians Ruf als Pionierin der Entomologie und als frühe Ökologin mit sensiblem Blick für biologische Systeme.

Heute berufen sich Wissenschaftskollegen in aller Welt auf die wegweisende Frankfurter Forscherin: Zwischen 2015 und 2020 wurden fünf Forschungszentren in Indien, Lateinamerika und Afrika nach ihr benannt.[368] Das Gebäude des Senckenberg Biodiversität und Klima Forschungszentrums (BiK-F) in Frankfurt heißt seit 2017 Maria-Sibylla-Merian-Haus. Das Museum Wiesbaden, das neben etlichen Tierpräparaten Merians auch eine Originalausgabe ihrer Metamorphosen besitzt, will Merian zum 200. Geburtstag des Museums im Jahr 2025 einen neuen Raum widmen – zum Phänomen des Wandels.

Justus von Liebig (1803–1873)

Seine Karriere beginnt mit einem Knall: Bei privaten Versuchen mit hochexplosivem Knallsilber verursacht der Apothekerlehrling Justus Liebig auf dem Dachboden seines Lehrherrn in Heppenheim einen Dachstuhlbrand. Das bedeutet das sofortige Ende seiner Lehre, führt den experimentierfreudigen jungen Darmstädter aber schließlich ab 1819 zum Studium der Chemie nach Bonn, Erlangen und Paris. 1824, mit gerade 21 Jahren, erhält er auf Empfehlung Alexander von Humboldts eine Professur für Chemie an der Ludwig-Universität Gießen. Seine neuartigen Experimentalvorlesungen und sein Charisma ziehen bald Studierende aus aller Welt an.

Findig erweist sich Liebig auch als Forscher: Gemeinsam mit seinem Kollegen und Freund Friedrich Wöhler, der in Kassel am Polytechnicum arbeitet, entwickelt er die Elementaranalyse, den »Fünf-Kugel-Apparat« zu deren Vereinfachung sowie die Radikaltheorie zum Aufbau organischer Verbindungen – Meilensteine der organischen Chemie. Mit seinen Erkenntnissen zu Pflanzen und ihrer Nährstoffaufnahme hat Liebig die moderne Mineraldüngung etabliert und die Agrochemie begründet.

Seine Erkenntnisse verschaffen ihm im Laufe seiner Karriere unter anderem den preußischen Orden »Pour le mérite für Wissenschaft und Künste« und auch international große Anerkennung.

1845 wird Liebig auf eigenen Wunsch von Großherzog Ludwig II. von Hessen-Darmstadt als Freiherr geadelt. 1852 wechselt der Wissenschaftler an die Universität München, wo er sich künftig auf die Forschung konzentriert und 1873 hochgeehrt stirbt.

Nach 1945 benannte sich »seine« hessische Hochschule nach ihrem berühmtesten Chemiker Justus-Liebig-Universität. Der küchenaffinen Öffentlichkeit ist der Forscher durch die Erfindung des »Liebig Fleischextrakts« ein Begriff, dessen Lizenz er 1862 verkaufte, und der heute als Brühwürfel geschmacksbildend wirkt – ganz geräuschlos.[369]

Emil von Behring (1854–1917)

Schon während seiner Ausbildung zum Militärarzt hatte Emil Behring tagtäglich mit Hygiene, Wundversorgung und Seuchenprävention zu tun; er beschäftigte sich insbesondere mit Infektionskrankheiten und ihrer Entstehung durch Bakterien. Nach seiner Ansicht waren »Infektionskrankheiten nicht mit körperfremden Chemikalien zu bekämpfen, sondern mit körpereigenen Gegengiften«[370]. Am Hygienischen Institut der Universität Berlin, wohin er 1889 als Assistent des Mediziners und Mikrobiologen Robert Koch abkommandiert worden war, entwickelte Behring im Team mit Kollegen erste wirksame Seren gegen Diphterie, seinerzeit die Kinderkrankheit mit der höchsten Sterblichkeit, und Wundstarrkrampf. 1893 kam es in Zusammenarbeit mit Paul Ehrlich zu ersten erfolgreichen Impfungen an Menschen. 1894 begann die Massenproduktion des Diphterieheilserums in Kooperation mit den Farbwerken Hoechst, 1895 wurde Behring zum Professor und Direktor des Hygienischen Instituts in Marburg ernannt. Für die Entdeckung der Antikörper und die damit mögliche Herstellung von Impfstoffen erhielt der Forscher 1901 den ersten Nobelpreis für Medizin – nun als Emil von Behring; im Januar des Jahres war er in den Adelsstand erhoben worden.

Mit dem Preisgeld gründete der Mediziner und Immunologe 1904 im Marburger Ortsteil Marbach das Behringwerk oHG und nahm die Produktion seiner Impfstoffe selbst in die Hand. Das Unternehmen wuchs rasant: Als Behring 1917 mit 63 Jahren in Marburg starb, war er Marburgs größter Grundbesitzer; in seinem Werk wurden Millionen Dosen optimierter Diphterie-, Tetanus-, Tuberkulose- und weiterer Impfstoffe hergestellt.[371]

Paul Ehrlich (1854–1915)

Sein größtes Glück lag im Allerkleinsten – nämlich im Mikrokosmos der Zelle. Bereits im Medizinstudium färbte Paul Ehrlich Gewebeproben, Bakterien und Krankheitserreger mit unterschiedlichen Farbstoffen, um Bestandteile und Abläufe unter dem Mikroskop sichtbar zu machen. »Ehrlich färbt am längsten« sollen ihn seine Kommilitonen geneckt haben[372] – zweifellos mit Respekt. Denn mithilfe der Färbemethoden gelangen Ehrlich fundamentale Entdeckungen. Er schuf die Differenzierung der weißen und roten Blutkörperchen und damit die Grundlagen zum Verständnis von Leukämien und Anämien. Er verhalf Robert Koch zu einem verbesserten Färbenachweis für Tuberkelbazillen und Emil von Behring durch standardisierte Prüfverfahren zur erfolgreichen Entwicklung von Diphterieseren. Mit der Seitenkettentheorie erklärte Ehrlich die Funktion des menschlichen Immunsystems – und erhielt dafür 1908 den Nobelpreis für Medizin.

Bereits 1899 war der umtriebige Forscher mit seinem Institut für Serumforschung und Serumprüfung von Berlin nach Frankfurt umgezogen und hatte seine zwischen Medizin, Chemie und Biologie angesiedelten Arbeiten am Main fortgesetzt. Dank einer Spende der Frankfurter Bankierswitwe Franziska Speyer entstand 1906 als Erweiterungsbau von Ehrlichs Institut das »Georg-Speyer-Haus für Chemotherapie«. Hier entwickelte Paul Ehrlich 1909 das Medikament Salvarsan zur Behandlung der Syphilis – und damit die erste Chemotherapie der Medizingeschichte. Vorausgegangen waren seiner Erfindung Forschungen mit Methylenblau, einem kationischen Farbstoff, den Ehrlich von der »Farbwerke, vorm. Meister, Lucius & Brüning AG« bezog, der späteren Hoechst AG in Höchst am Main.

Anmerkungen

1 Van Rahden, Till: Demokratie, eine gefährdete Lebensform, Frankfurt am Main 2019, S. 11

2 Schaal, Stephan F.K./Smith, Krister T./Habersetzer, Jörg (Hg.): Messel. Ein fossiles Tropenökosystem. Stuttgart 2018, S. 7 ff.

3 Pletsch, Alfred: Alle Wege kreuzen sich in Hessen, S. 16, in: Kürzinger, Georg/ Wohmann, Gabriele/Pletsch, Alfred: Hessen. Edition der Deutschen Länder. München/Berlin 1992; Hessisches Landesamt für Naturschutz, Umwelt und Geologie (Hg.): Geologie von Hessen. Stuttgart 2021, S. 6–16

4 Ebd., S. 15

5 Ebd., S. 593ff.

6 Verfassung des Landes Hessen, Artikel 26c

7 https://www.hessen-nachhaltig.de/leitbild.html (30.08.2023)

8 »Wo drohen Hochwasser und Starkregen in Südhessen?« Darmstädter Echo vom 8.12.2021

9 www.senckenberg.de/de/magazin/no-4/forschung/das-verschwinden-der-wasserinsekten (31.10.2023)

10 https://www.hessen-forst.de/waldzustandsbericht-2023#:~:text=2023%20ist%20 die%20mittlere%20Kronenverlichtung,Beginn%20der%20Erhebungen%20 in%201984.; »Dem hessischen Wald geht es schlechter denn je«, Frankfurter Allgemeine Zeitung (FAZ) vom 16.11.2023; Wiesbadener Kurier (WK) vom 25.7.2022

11 Geologie von Hessen, S. 475–480; WK vom 4.5.2023; statistik.hessen.de/sites/ statistik.hessen.de/files/2022-06/Poster_Landwirtschaft_StatistikHessen.pdf

12 hessen.de/presse/land-auf-dem-weg-zur-klimaneutralitaet#:~:text=Der%20 neue%20Klimaplan%20Hessen%20ist,Hessen%20bis%20sp%C3%A4testens%20 2045%20
klimaneutral (31.10.2023); WK vom 13.10.2022; www.bund-hessen.de/ klimaschutz/ (31.10.2023)

13 umwelt.hessen.de/sites/umwelt.
hessen.de/files/2022-10/
biodiversitaetsbericht-2021_bf.pdf (31.10.2023)

14 www.wwf.de/themen-projekte/artenschutz/politische-instrumente/die-fauna-flora-habitat-richtlinie-ffh (31.10.2023)

15 www.naturefund.de/projekte/biberbiotop_in_oberzell/informationen (31.10.2023)

16 umwelt.hessen.de/naturschutz-und-artenvielfalt/gruenes-band-hessen; www.bund. net/gruenes-band/; www.naturschutzgrossprojekt-vogelsberg.de/ (alle: 31.10.2023)

17 https://umwelt.hessen.de/sites/umwelt.hessen.de/files/2021-11/022-0117022_ hmuklv_massnahmenkatalog_rz_bf.pdf (31.10.2023)

18 www.klima-kommunen-hessen.de/kommunen-fuer-den-klimaschutz.html (31.10.2023)

19 Fiedler, Lutz: Die Alt- und Mittelsteinzeit. In: Herrmann, Fritz-Rudolf/ Jockenhövel, Albrecht (Hrsg.): Die Vorgeschichte Hessens. Stuttgart 1990, S. 110

20 Jockenhövel, Albrecht: Die Bronzezeit. In: Herrmann/Jockenhövel, a.a.O., S. 195f.

21 Siehe dazu auch das Kapitel »Regionen« in diesem Band

22 Zit. n.: Haus, Rainer/Sarkowicz, Hans: Feuer und Eisen. 275 Jahre Wärme von Buderus. München/Zürich 2006, S. 15

23 Suchy, Barbara: Zwischen Geborgenheit und Gefährdung. Jüdisches Leben in hessischen Kleinstädten und Dörfern, in: Schultz, Uwe (Hrsg.): Die Geschichte Hessens, Stuttgart 1983, S. 145–159, hier S. 147

24 Ebd.

25 König Lustik!? Jérôme Bonaparte und der Modellstaat Königreich Westphalen. (Ausstellungskatalog) Kassel/München 2008, S. 532

26 Artikel 2 der Bundesakte vom 8. Juni 1815, zit. n. Möller, Horst: Fürstenstaat oder Bürgernation. Deutschland 1763-1815. Berlin 1994, S. 658

27 Zobel, Henriette | Frankfurter Personenlexikon (frankfurter-personenlexikon.de)

28 Ausführlicher im Kapitel »Demografie« in diesem Band

29 Siehe dazu für die weitere politische Entwicklung das Kapitel »Politik« in diesem Band

30 Mobilität in Deutschland. Kurzreport Hessen. Bonn 2020

31 www.wiesbaden.de/microsite/stadtlexikon/a-z/Goethe_in_Wiesbaden.php (31.10.2023)

32 Mobilität in Deutschland. Kurzreport Hessen. Bonn 2020

33 wirtschaft.hessen.de/verkehrsverbuende-in-hessen (31.10.2023)

34 www.altstrassen-in-hessen.de/ (31.10.2023), https://www.hessen-netz.com/168/Routen-Touren-Wanderwege/Historische-Wege.html (31.10.2023)

35 Brake, Ludwig: Die ersten Eisenbahnen in Hessen. Eisenbahnpolitik und Eisenbahnbau in Frankfurt, Hessen-Darmstadt, Kurhessen und Nassau bis 1866. Wiesbaden 1991; Eckert, Dieter u. a.: Anschluss an die weite Welt. Zur wechselvollen Entwicklung der Eisenbahn in Oberhessen. Friedberg 2014; »Auf den Spuren der Schienen, Fünf Orte der Frankfurter Eisenbahngeschichte«, FAZ vom 16.1.2022

36 https://www.lagis-hessen.de/de/subjects/gsrec/current/1/sn/edb?q=hafraba (31.10.2023); »Ein Straßenmärchen«, in *Der Spiegel*, 3/1963; mobil.hessen.de/Planung-und-Bau/Projekte/Besondere-Projekte/Das-Frankfurter-Kreuz (31.10.2023)

37 Auskunft Pressestelle vom 21.6.2023 Claudia Münchow, Sprecherin DB-Kommunikation Hessen, Rheinland-Pfalz und Saarland: https://bruecken.deutschebahn.com/br%C3%BCckenkarte

38 Dazu zählen auch kleinere Reparaturen, wie beispielsweise der Austausch von Geländern, Erneuerung von Schutzplanken o. ä. Im Regelwerk (Richtlinie zur einheitlichen Erfassung, Bewertung, Aufzeichnung und Auswertung von Ergebnissen der Bauwerksprüfungen) werden Zustandsnotenbereiche von 1,0 bis 4,0 definiert. Ab einer Zustandsnote > 2,9 können kurz- bis mittelfristige Instandsetzungen erforderlich werden

39 »Sanierung ohne Tempolimit«, FAZ vom 19.4.2021; mobil.hessen.de/service/faq-reihe/bruecken-in-hessen (31.10.2023)

40 www.mobileshessen2030.de/elisa (31.10.2023); wirtschaft.hessen.de/verkehr/verkehrswende (31.10.2023); Eisenmann, Christine: Die Bedeutung des automatisierten Fahrens für die Mobilität von morgen. Hessischer Mobilitätskongress DLR.de, 2019; https://www.sueddeutsche.de/wirtschaft/verkehr-wiesbaden-autonomes-fahren-in-hessen-pilotversuch-mit-lkw-geplant-dpa.urn-newsml-dpa-com-20090101-200129-99-684814 (2.11.2023); https://de.statista.com/statistik/daten/studie/255182/umfrage/bestand-an-pkw-in-hessen/ (28.1.2024)

41 www.nahmobil-hessen.de/unterstuetzung/hessen-erfahren/raddaten-hessen (31.10.2023)

42 Wasserstoff-Infrastruktur für Straße, Schiene und Wasserwege, Hessisches Ministerium für Wirtschaft, Energie, Verkehr und Wohnen, Wiesbaden 2021; www.bund-hessen.de/mobilitaet/ice-neu-und-ausbaustrecken/ (31.10.2023); www.frankfurt-mannheim.de/auf-einen-blick.html (31.10.2023); www.fr.de/rhein-main/landespolitik/schienennetz-in-hessen-das-jahrzehnt-des-bauens-91550386.html (31.10.2023); »In 17 Jahren zum Fernbahntunnel«, FAZ vom 24.7.2023

43 www.dfs.de/homepage/de/flugsicherung/ (31.10.2023)

44 www.fraport.com/de/newsroom/pressemitteilungen/2021/q1-2021/fraport-verkehrszahlen-2020--passagieraufkommen-infolge-der-covi.html; www.faz.net/aktuell/rhein-main/frankfurt/flughafenausbau-seit-25-jahren-dagegen-18712728.html; www.fraport.com/de/geschaeftsfelder/bau/flughafenausbau.html (alle: 31.10.2023); »Der neue Frankfurter Flughafen«, FAZ vom 23.5.2023

45 navship.org/de/welche-fluesse-gibt-es-in-hessen /; Flüsse und Flusstäler als Wirtschafts- und Kommunikationswege, in: Siedlungsforschung. Archäologie – Geschichte – Geographie 25, Bamberg 2007

46 »Zahl der Displaced Persons in der britischen und amerikanischen Zone, 29. Mai 1945«, in: Zeitgeschichte in Hessen https://www.lagis-hessen.de/de/subjects/idrec/sn/edb/id/3462

47 »Ermittlung der Zahl der Ausländer in Hessen, 23. Juli 1945«, in: Zeitgeschichte in Hessen https://www.lagis-hessen.de/de/subjects/idrec/sn/edb/id/896

48 »Noch etwa 82.000 Displaced Persons in Hessen, 1. Oktober 1948«, in: Zeitgeschichte in Hessen https://www.lagis-hessen.de/de/subjects/idrec/sn/edb/id/2980

49 Härtling, Peter: Brief an eine Fremde. In: Eichel, Hans (Hrsg.): Mir fremd, doch nah. Vom Miteinander in Hessen. Frankfurt am Main/Leipzig 1993, S. 22

50 Messerschmidt, Rolf: Aufnahme und Integration der Vertriebenen und Flüchtlinge in Hessen 1945–1950. Wiesbaden 1994, S. 305f.

51 Zit. n.: Sarkowicz, Hans (Hrsg.): Hessische Geschichte in neun Reden. Frankfurt am Main 2016, S. 56f.

52 Grzimek, Martin: Trutzhain. München 1984, S. 38f.

53 Hardach, Gerd: Kontinuität und Wandel. Hessens Wirtschaft seit 1945. Darmstadt 2007, S. 30

54 »Angaben zur Anzahl der Gastarbeiter in Hessen, 12. Juli 1966«, in: Zeitgeschichte in Hessen https://www.lagis-hessen.de/de/subjects/idrec/sn/edb/id/3538

55 Ulrich, Ralf: Die Übersiedlerbewegung in die Bundesrepublik und das Ende der DDR. Berlin, 1990, S. 3. D0COPY-20160517152121 (wzb.eu)

56 Siehe dazu auch S. 98f.

57 BerichtHeimatvert_6-final.indd (hessen.de)

58 Statistische Daten | Integrationskompass (hessen.de)

59 Schroeder, Wolfgang/Neumann, Arijana (Hrsg.): Politik und Regieren in Hessen. Wiesbaden 2016, S. 291

60 Zit. n.: Sarkowicz, Hans (Hrsg.), Neun Reden, a.a.O., S. 52f.

61 https://staatskanzlei.hessen.de/sites/staatskanzlei.hessen.de/files/2023-05/studie_berlin_institut_wanderungsgeschehen_hessen.pdf, S. 22

62 Ebd., S. 4

63 Ebd., S. 5

64 Ebd., S. 11

65 Ebd., S. 15

66 Vgl. Die Bevölkerung der kreisfreien Städte und Landkreise Hessens am 31. Dezember 2022 nach Alter und Geschlecht: AI6-j_22.pdf (hessen.de)

67 Vgl. https://de.statista.com/statistik/daten/studie/1184759/umfrage/bevoelkerungsdichte-kreise-hessen/ (Stand: 31.12.2021)

68 Vgl. Ausländische Bevölkerung in Hessen steigt um 11 Prozent: https://statistik.hessen.de/presse/auslaendische-bevoelkerung-in-hessen-steigt-um-11-prozent

69 Jüdische Gemeinde Frankfurt am Main | Geschichte (jg-ffm.de): https://jg-ffm.de/de/gemeinde/geschichte

70 Ebd.

71 https://statistik.hessen.de/presse/zahl-der-pflegebeduerftigen-in-hessen-weiter-angestiegen

72 Vgl. Mehr als 130.000 Altenpflegekräfte gesucht. In: FAZ vom 22. Juni 2023, S. 15

73 Vgl. Regionalisierte Bevölkerungsvorausberechnung für Hessen bis 2070: https://statistik.hessen.de/sites/statistik.hessen.de/files/2023-03/AI8_j21.pdf

74 Arbeitsmarkt- und Berufsprognosen für Hessen und seine Regionen bis 2028. Bericht der Hessischen Fachkräfteinitiatibve – Zukunftsgerecht und regional, S. 35: https://www.hessische-berufsprognosen.de/wp-content/uploads/2023/01/Abschlussbericht.pdf

75 Ebd., S. 38

76 Regierungspräsidium Kassel, Pressemitteilung 02.02.2022, https://rp-kassel.hessen.de/presse/rp-kassel-erteilt-immissionsschutzrechtlichen-bescheid-zur-errichtung-von-18-windkraftanlagen

77 Hessisches Statistisches Landesamt, Angabe 2022

78 Institut für Wirtschaft, IW 2022, https://www.iwkoeln.de/studien/johannes-ewald-vanessa-rebecca-huennemeyer-hanno-kempermann-staedteranking-2022-wo-lebt-es-sich-am-besten.html

79 Landesbetrieb Landwirtschaft Hessen, https://llh.hessen.de/umwelt/biorohstoffnutzung/agroforstsysteme/

80 https://www.kunststoff-magazin.de/thermoplaste/uni-kassel-forscht-an-intelligentem-kunststoff.htm

81 Website Universität Kassel, FB Biologie, https://biooekonomie.de/service/mediathek/kirstin-gutekunst-die-lichtleserin]

82 »Der Meißener liegt ungefehr eine Meilwegs von der Statt Eschwegen / wird vor dem allhöchst- und gröseste in ganz Niderhessen gehalten …« In: Johann-Just Winkelmanns Gründliche und Warhafte Beschreibung Der Fürstenthümer Hessen und Hersfeld. Band 1, Bremen 1697, S. 38 (linke Spalte)

83 In den *Deutschen Sagen* der Brüder Grimm heißt es unter »4. Frau Hollen Teich«: »Bald zeigt sie sich als eine schöne weiße Frau in oder auf der Mitte des Teichs, bald ist sie unsichtbar und man hört bloß aus der Tiefe ein Glockengeläut und finsteres Rauschen.« Rölleke, Heinz (Hg.): Deutsche Sagen herausgegeben von den Brüdern Grimm. Frankfurt am Main 1994, S. 40

84 Vgl.: Rölleke, Heinz/Schindehütte, Albert: Es war einmal … Die wahren Märchen der Brüder Grimm und wer sie ihnen erzählte. Frankfurt am Main 2011, S. 287

85 Kroll, Frank-Lothar: Geschichte Hessens. Verlag C.H.Beck, München, 2006; 3. erw. Auflage 2017 (Sonderauflage für die Hessische Landeszentrale für politische Bildung), S. 22

86 https://www.hna.de/lokales/willingen-upland-ort317386/naturpark-diemelsee-mit-strategie-zum-klimawandel-91039031.html

87 Eröffnung Lagunenbad geplant für 2024, https://www.willingen.de/lagune (13.03.2024)

88 https://skywalk-willingen.de/informationen-skywalk-bruecke.html (09.11.2023)

89 https://www.hessen-tourismus.de/de/naturerlebnis/naturlandschaften/naturpark-lahn-dill-bergland/

90 https://www.marburg-tourismus.de/sehenswuerdigkeiten/pois/RPT/96c70f9b-795d-47c3-b5db-ecaf2fd61f49/alte-universitaet

91 https://www.deutsche-maerchenstrasse.com/orte/marburg

92 Quartett »Die hässlichsten Städte Deutschlands«, Riva-Verlag, 2018; https://www.m-vg.de/riva/shop/article/15028-die-haesslichsten-staedte-deutschlands-quartett/

93 https://www.mathematikum.de/das-mathematikum (28.06.2023)

94 Laak, Jeanette van/Mück, Florentin (Hrsg.): Sehnsuchtsort Gießen? Stadt Gießen, 2016

95 Nach Angaben der Hessischen Landeszentrale für politische Bildung, Trägerin des Lern- und Erinnerungsortes Notaufnahmelager Gießen

96 Der Lern- und Erinnerungsort am Gießener Meisenbornweg ist die zeitlich jüngste sowie die erste landeseigene der zahlreichen Gedenk- und Erinnerungsstätten, mit denen das Land Hessen in allen Regionen über die geschichtlichen Ereignisse und Opfer des Nationalsozialismus sowie des DDR- und SED-Regimes informiert (siehe Karten im Buchumschlag). Zu den großen Einrichtungen gehören Hadamar, Breitenau, Trutzhain sowie die beiden Mauer-Museen Schifflersgrund und Point Alpha. Alle Gedenkstätten halten ein breites Bildungsangebot für Gruppen- und Einzelbesuche bereit. Fahrten von Schulklassen, Jugend- und Erwachsenengruppen werden von der Hessischen Landeszentrale für politische Bildung (HLZ) gezielt gefördert. Informationen dazu auf der HLZ-Website unter https://hlz.hessen.de/themen/hessen-erinnert/

97 https://naturpfade.digital/portfolio/Lahnauen

98 https://www.hessenschau.de/panorama/leica-kamera-fuer-144-millionen-euro-in-wetzlar-versteigert,teuerste-kamera-auktion-wetzlar-100.html

99 Dehio, Georg: Handbuch der Deutschen Kunstdenkmäler. Hessen I: Regierungsbezirke Gießen und Kassel. Bearbeitet von Folkhard Cremer, Tobias Michael Wolf u. a. München/Berlin 2008, S. 567–569

100 https://programm.ard.de/TV/hrfernsehen/die-schoensten-kirchen-in-hessen/eid_281087143950629

101 Hessisches Statistisches Landesamt, Bevölkerung Landkreise Hessens (30.06.2022): https://statistik.hessen.de/sites/statistik.hessen.de/files/2023-06/AI6-j_22.pdf

102 Pressemeldung Hessisches Landesamt für Naturschutz, Umwelt und Geologie (HLNUG), 24.11.2022

103 https://www.sgv-ev.de (06.09.2023)

104 https://www.darksky.org/our-work/conservation/idsp/reserves/rhon/

105 https://www.biosphaerenreservat-rhoen.de/unesco-biosphaerenreservat/lage-und-eckdaten

106 Bei der Entgegennahme des Point-Alpha-Preises für die Verdienste um die Einheit Deutschlands und Europas. In: Spurensuche entlang der Grenze, mit Fotografien von Siegfried Wittenberg. Hrsg.: Hessische Landeszentrale für politische Bildung, Wiesbaden, 2019/2020; S. 7

107 Ebd.

108 https://gnaudschun.de/arbeiten/wuestungen/

109 Ländliche Räume. Informationen zur politischen Bildung, Bd. 343, 2/2020; S. 14

110 https://osthessen-news.de/n11665528/zwei-neue-logistikzentren-sollen-ludwigsau-und-bad-hersfeld-starken.html

111 https://www.fulda.de/fd/15_Buergerbuero/Statistik/Statistik/Statistischer_Bericht_2017.pdf; Pressemeldung Stadt Fulda: https://www.fulda.de/news/detail/einwohnerzahl-fuldas-erstmals-ueber-70000

112 https://www.region-frankfurt.de/Unsere-Themen-Leistungen/Kooperation-Metropolregion/Die-Metropolregion-kurz-erkl%C3%A4rt/#:~:text=Die%20Metropolregion%20FrankfurtRheinMain%20mit%20einer,Kr%C3%A4ften%20in%20Deutschland%20und%20Europa (06.09.2023)

113 Ebd.

114 Stadt Frankfurt, Bevölkerung zum Halbjahr 2023, https://frankfurt.de/service-und-rathaus/zahlen-daten-fakten/themen/bevoelkerung; Download »Bevölkerung Ende 2023«

115 Ausführlicher im Kapitel »Wirtschaft« in diesem Band

116 https://frankfurt.de/themen/internationale-stadt

117 https://www.hessenschau.de/wirtschaft/klimaschutz-im-bahnverkehr-erster-wasserstoffzug-des-rmv-gestartet-v1,wasserstoffzug-bad-homburg-100.html

118 https://frankfurt.de/themen/umwelt-und-gruen/aktivitaeten/gaertnern/urban-gardening/urban-gardening

119 https://www.fr.de/frankfurt/in-frankfurt-werden-die-haeuser-gruener-92183006.html

120 https://www.skylineatlas.de/fassadenbegruenung-an-hochhaeusern/

121 https://www.skylineatlas.de/nion/

122 Mayer, Nadja: Lieblingsorte, Frankfurt. Insel Verlag, Berlin, 2020, S. 17

123 Wolf, Tom/Wolf, Rike: 111 Orte in Frankfurt, die man gesehen haben muss. Emons, 2018; S. 48

124 Bauer, Gerd/Boehncke, Heiner/Sarkowicz, Hans, Das Hessenlexikon. Eichborn Verlag, 2. Aufl. 2000, S. 78/79

125 Ebd.

126 Website Hessisches Ministerium des Innern und für Sport, Zusatzbezeichnungen zum Gemeindenamen, die vom Hess. Innenministerium seit 1945 verliehen wurden (Stand: Sept. 2021), https://innen.hessen.de/sites/innen.hessen.de/files/2021-12/gemeinden_mit_zusatzbezeichnung_2021-09.pdf

127 https://www.hessen-tourismus.de/de/stadterlebnis/kleinstadtlieblinge/steinau/

128 Bauer, Boehnke, Sarkowicz: Das Hessenlexikon. Eichborn Verlag, 2. Aufl. 2000, S. 269

129 Website Hessisches Ministerium des Innern und für Sport, Zusatzbezeichnungen zum Gemeindenamen, die vom Hess. Innenministerium seit 1945 verliehen wurden (Stand: Sept. 2021), https://innen.hessen.de/sites/innen.hessen.de/files/2021-12/gemeinden_mit_zusatzbezeichnung_2021-09.pdf

130 Vergleiche dazu auch die Ausführungen im Kapitel »Geschichte« in diesem Band

131 https://www.wiesbaden.de/microsite/stadtlexikon/a-z/thermalquellen.php

132 https://www.bergstrasse-odenwald.de/detail/id=5f2be48d2696b80f587bdb6f

133 https://de.wikipedia.org/wiki/Bensheim

134 Ebd.

135 https://kloster-eberbach.de/de/wein/weingut/domaene-bergstrasse

136 https://www.hessen-tourismus.de/de/das-ist-hessen/genuss/roter-riesling/

137 https://koerlie.de

138 https://de.wikipedia.org/wiki/Nibelungenbahn

139 Mehr zu Rolle und Aufgaben siehe im Kapitel »Forschung« in diesem Band

140 https://www.darmstadt.de/nachrichten/darmstadt-aktuell/news/superblock-darmstadt-begehungen-und-analysen-im-martinsviertel-in-den-kommenden-wochen-buergerbeteiligung-startet-im-2-quartal-2023

141 Bauer, Boehncke, Sarkowicz, Das Hessen-Lexikon, S. 20

142 Deutsche UNESCO-Kommission, https://www.unesco.de/kultur-und-natur (26.09.2023)

143 https://wissenschaft.hessen.de/kultur-erleben/unesco-welterbe/obergermanisch-raetische-limes

144 Quelle: https://www.unesco.de/kultur-und-natur/weltdokumentenerbe/weltdokumentenerbe-deutschland

145 Zitat des Angehörigen/Zeitzeugen Thomas Buergenthal, 2012, und Titel des Begleitbandes zur Dauerausstellung, Arolsen Archives, 2019; https://arolsen-archives.org/content/uploads/aa_ausstellungskatalog_de.pdf (26.09.2023)

146 Mehr zum immateriellen Kulturerbe Hessens siehe S. 234ff.

147 Van Rahden, Till: Demokratie, eine gefährdete Lebensform, S. 11

148 Reutter, Werner: Die deutschen Länder. Eine Einführung. Wiesbaden 2020, S. 42f.

149 Ebd., S. 8ff und 139

150 Schroeder, Wolfgang/Neumann, Arijana: Politik und Regieren in Hessen. Wiesbaden 2016, S. 168ff; https://staatskanzlei.hessen.de/berlin-europa-und-die-welt/hessen-in-europa/europaeische-institutionen-in-hessen/grundlinien-der-hessischen-europapolitik (31.10.2023)

151 https://www.land-hat-zukunft.de/strukturfonds-eler.html (31.10.2023); https://wirtschaft.hessen.de/wirtschaft/efre-europaeischer-strukturfonds (31.10.2023); https://www.esf-hessen.de/esf-hessen/der-esf-plus-in-hessen (31.10.2023)

152 Beneke, Thomas: Hessische Partnerregionen Emilia-Romagna, Aquitaine, Wielkopolska, Wisconsin, Jaroslawl. Blickpunkt Hessen Nr. 7/2007. Hessische Landeszentrale für politische Bildung; https://www.rgre.de/partnerschaft/online-datenbank/listenansicht?tx_fppartnerschaftsdb_show%5Bsearch%5D=536590&cHash=3e70aaf26300aa5ffa4cdee96a0c2cfc (31.10.2023); »Wiesbaden hat eine neue Partnerstadt«, WK vom 11.9.2023

153 Wallmann, Walter: Im Licht der Paulskirche. Memoiren eines Politischen. Potsdam 2002 S. 204; Hessen und Thüringen – Nachbarn und Partner. Begleitheft zur Ausstellung »20 Jahre Friedliche Revolution und deutsche Einheit«. Wiesbaden 2009; Schroeder e.a.: Politik und Regieren in Hessen, S. 165; Mühlhausen: 20. Jahrhundert, S. 493ff; Ders.: Die Gründung des Landes Hessen 1945. Blickpunkt Hessen Nr. 4/2012. Hessische Landeszentrale für politische Bildung, S. 23

154 Schroeder e. a.: Politik und Regieren, S. 11ff; Lange, Klaus: Die Landesverfassung – Fundament des politischen Lebens, in: Hessen, Land und Politik. Hg. Heidenreich, Bernd/Böhme, Klaus S. 197ff; Mühlhausen: 20 Jahrhundert, S. 338–349; Sacksofsky, Ute: Die Hessische Verfassung. Historisches Dokument oder

anspruchsvolle Landesverfassung? Die Diskussion um ihre Aktualität, in Kerwer, Jürgen (Hg.). Zwischen Kriegsende und modernen Ansprüchen. 70 Jahre Hessische Verfassung. Polis 58, S. 18–21

155 Hardach, Gerd: Kontinuität und Wandel. Hessens Wirtschaft seit 1945. Darmstadt 2007, S. 61f.

156 Schroeder e. a.: Politik und Regieren in Hessen, S. 21; Die Diskussion um ihre Aktualität, S. 20, in Kerwer, Jürgen (Hg.). Zwischen Kriegsende und modernen Ansprüchen. 70 Jahre Hessische Verfassung. Polis 58 und »Podiumsdiskussion«, ebda, S. 27

157 Der Hessische Landtag – Daten und Fakten zur 20. Wahlperiode, 2020; »Wir können keine Morde aufklären«, FAZ. vom 18.1.2023; Schroeder e. a..: Politik und Regieren, S. 38-58; ebda, S. 50–53

158 Regierungserklärung Bouffier, in: Hessische Geschichte in neun Reden, hg. von Sarkowicz, Hans, S. 179ff.

159 Für die Schilderung der Phasen des politischen Systems in Hessen waren als Quellen hilfreich: Schroeder e. a..: Politik und Regieren; Mühlhausen: Hessen im 20. Jahrhundert; Schroeder: Parteien und Parteiensystem in Hessen; Hetrodt, Ewald: .Grün im Politiklabor. Hessen – Modell für Berlin? Wiesbaden 2021; Wallmann: Im Licht der Paulskirche, S. 38; Wolfrum, Edgar: Rot Grün an der Macht. Deutschland 1998-2005. München 2013 S. 43; Heptner, Bernd: Der Hessische Landtag, in: Hessen. Eine politische Landeskunde. Hg. Heidenreich, Bernd/ Schacht, Konrad. Wiesbaden 1993, S. 113–127

160 https://hessischer-landtag.de/landtagswahl-2023-endergebnis; »Die CDU auf neuem Kurs«, F.A.Z. vom 11.11.2023; »Tiefschwarz«, Wiesbadener Kurier vom 17.12.2023; »Mit Realpolitik ›oder gar nicht‹«, F.A.Z. vom 15. Dezember 2023

161 Regierungserklärung Osswald zur ersten Lesung des Entwurfs für ein Datenschutzgesetz, in: Hessische Geschichte in neun Reden, hg. von Sarkowicz, Hans, S. 68; Vorgeschichte ebda, S. 65–67; Mühlhausen: Hessen im 20. Jahrhundert, S. 453.

162 Bolay, Friedrich: »Ist die Neue Verwaltungssteuerung in Hessen gescheitert?«, in: Verwaltung & Management, Januar 2012; »Altersvorsorge wird zur Last«, FAZ. vom 19.12.2022; Bott, Harald/Rüdiger, Gerrit: »Doppik auf staatlicher Ebene: Bundesländer im Vergleich – Eine neue Perspektive«, in: Die Öffentliche Verwaltung – Januar 2021 – Heft 1, S. 32–37

163 https://losland.org/kommune/homberg-efze/ (31.10.2023)

164 https://www.rv.hessenrecht.hessen.de/bshe/document/jlr-VerfHErahmenVerfassung Artikel 116, 117 und 124; https://hessen.mehr-demokratie.de/einzelansicht-news/volksentscheidsranking-hessen-weiterhin-nur-mittelmass (31.10.2023); Schroeder e.a.: Parteien und Regieren, S. 15f.

165 Dreßler, Ulrich: Die Spielregeln der Demokratie in den hessischen Gemeinden. Blickpunkt Hessen Nr. 11/2022. Hessische Landeszentrale für politische Bildung, S. 14; https://www.rv.hessenrecht.hessen.de/bshe/document/jlr-GemOHE2005V26P8b; »Der zivilisierte Ungehorsam«, FAZ vom 18.07.2009

166 Kleinert, Hubert: Verwaltung in Hessen, in: Schroeder e. a. Parteien und Regieren, S. 126; Lackner, Stefanie: Neue Verfahren der Bürgerteilhabe. Polis 28. Wiesbaden 1999

167 Guggenberger, Bernd: »Bürgerinitiative« in: Andersen, Uwe/ Woyke, Wichard (Hg.): Handwörterbuch des politischen Systems der Bundesrepublik Deutschland. 8., aktual. Aufl. Heidelberg 2021

168 Landesgeschichtliches Informationssystem Hessen (Lagis) https://www.lagis-hessen.de/de/subjects/xsrec/current/2/sn/edb?q=YToxOntzOjExOiJzYWNoYmVncmlmZiI7czoxODoiQsO8cmdlcmluaXRpYXRpdmVuIjt9//www.lagishessen.de/de/subjects/gsrec/current/10/sn/edb?q=%2ARechte+Gewalt%2Aag (31.10.2023)

169 Boehncke, Heiner/Sarkowicz, Hans: Die Geschichte Hessens. Von den Neandertalern bis zur schwarz-grünen Koalition. Wiesbaden 2017 S. 310ff.; Mühlhausen: Hessen im 20. Jahrhundert, S. 447–459

170 Lagis: https://www.lagis-hessen.de/de/subjects/gsrec/current/1/sn/edb?q=Ohnesorg (31.10.2023); https://www.lagis-hessen.de/de/subjects/gsrec/current/3/sn/edb?q=Dutschke (31.10.2023)

171 Kleinert, Hubert: Die Grünen in Hessen, in: Schroeder e.a.: Parteien und Parteiensystem in Hessen, S. 162; Gründung der Grünen vor 40 Jahren, in: Der Spiegel 15.3.2019; Mühlhausen: Hessen im 20. Jhdt., S. 472ff.

172 Mühlhausen: Hessen im 20. Jahrhundert, S. 450f.; Boehncke/Sarkowicz: Geschichte Hessens, S. 316

173 https://www.lagis-hessen.de/de/subjects/gsrec/current/12/sn/edb?q=RAF (31.10.2023); https://www.lagis-hessen.de/de/subjects/gsrec/current/13/sn/edb?q=RAF (31.10.2023); https://www.lagis-hessen.de/de/subjects/gsrec/current/14/sn/edb?q=RAF (31.10.2023)

174 https://www.lagis-hessen.de/de/subjects/gsrec/current/21/sn/edb?q=RAF (31.10.2023)

175 https://www.lagis-hessen.de/de/subjects/gsrec/current/26/sn/edb?q=RAF (31.10.2023)

176 https://www.lagis-hessen.de/de/subjects/gsrec/current/28/sn/edb?q=RAF (31.10.2023)

177 https://hlz.hessen.de/hlz/aktuelles/rechte-gewalt-in-hessen-seit-1945/ (31.10.2023)

178 Schulze, Christoph: Rechtsextremismus. Gestalt und Gedschichte. Wiesbaden 2021, S. 10

179 Zitiert nach Steinhagen, Martin: Rechter Terror. Der Mord an Walter Lübcke und die Strategie der Gewalt. Hamburg 2021, S. 3; Mühlhausen: Hessen im 20. Jahrhundert, S. 461 und 498

180 Steinhagen: Rechter Terror, S. 235

181 Verfassungsschutz in Hessen, Bericht 2021, S. 47 und »In rechtsextremistische Szene integriert«, WK vom 2.5.2023

182 Steinhagen: Rechter Terror, S. 256f; »Zehn Jahre AfD«, FAZ vom 7.02.2023; »So war das nicht geplant«, Frankfurter Allgemeine Sonntagszeitung (FAS) vom 6.02.2023

183 Hetrodt: Grün im Politiklabor, S. 140; Steinhagen: Rechter Terror, S. 135–170.

184 Schroeder, Wolfgang e.a.: Die Linkspartei in Hessen, in: Parteien und Parteiensystem in Hessen

185 Hetrodt: Grün im Politiklabor, S. 21f.

186 Zitiert nach https://www.wiesbaden.de/kultur/stadtgeschichte/goldenes-buch/eintraege/1945-1957/ 141010100000149867.php und Dreßler: Die Spielregeln der Demokratie in den hessischen Gemeinden, S. 7

187 Mühlhausen: Hessen im 20. Jahrhundert, S. 335; Dreßler: Die Spielregeln der Demokratie in den hessischen Gemeinden, S. 5f; Schroeder e. a.: Hessen Politik und Regieren, S. 133

188 Ausführlich dazu: Dreßler: Die Spielregeln der Demokratie in den hessischen Gemeinden

189 50 Jahre Gebietsreform in Hessen, Referat für Presse- und Öffentlichkeitsarbeit Hessisches Ministerium des Innern und für Sport; siehe auch Kapitel »Demografie«.

190 https://finanzen.hessen.de/Kommunen/Kommunaler-Schutzschirm; »Hessische Kommunen sagen Halt!«, WK vom 4.5.2023

191 »Jede zweite Kommune im Minus«, FAZ vom 13.4.203; »Hessens Kommunen hoch verschuldet«, FAZ vom 16.5.2023

192 Zitiert nach van Rahden: Demokratie als Lebensform, S. 11

193 https://www.rv.hessenrecht.hessen.de/bshe/document/jlr-VerfHEV0Art26f

194 2. Ehrenamtsbericht Förderung des Engagements im Ehrenamt durch die Hessische Landesregierung, Hessische Staatskanzlei, 2023

195 https://staatskanzlei.hessen.de/unsere-themen/ehrenamt

196 »Von Kaufshandlung und Wucher« (1524), zitiert nach https://frankfurter-personenlexikon.de/node/41(31.10.2023)

197 Wirtschaftspolitik in Deutschland 1917–1990. Herausgegeben von Werner Abelshauser, Stefan Fisch, Dierk Hoffmann, Carl-Ludwig Holtfrerich, Albrecht Ritschl, S. 197

198 mittendrin-kassel.de/das-konklave-von-rothwesten/ (31.10.2023)

199 Zitiert nach Hardach: Kontinuität und Wandel, S. 201

200 Ebda, S. 229

201 www.kpluss.com/de-de/ (31.10.2023)

202 www.hlnug.de/themen/geologie/rohstoffe/mineralische-rohstoffe-in-hessen (31.10.2023)

203 wintershalldea.com/de/wer-wir-sind/historie (31.10.2023) und www.umweltbundesamt.de/themen/wasser/gewaesser/grundwasser/nutzung-belastungen/carbon-capture-storage (31.10.2023)

204 statistik.hessen.de/unsere-zahlen/land-und-forstwirtschaft/anteil-der-landwirtschaftlich-genutzten-flaeche-2010-2016-2019-und-2020 (31.10.2023)

205 https://www.deutscheweine.de/anbaugebiet/69/rheingau (31.10.2023)/; https://www.deutscheweine.de/anbaugebiet/67/hessische-bergstra%C3%9Fe (31.10.2023)

206 75 Jahre HessenMetall, S. 83 und https://www.kiongroup.com/de/News-Stories/Pressemitteilungen/Pressemitteilungen-Detail.html (31.10.2023); KI made in Hessen, Hessische Ministerin für Digitale Strategie und Entwicklung, 2022

207 Hessen Agentur: Branchenprofil Elektroindustrie in Hessen: 2023: https://redaktion.hessen-agentur.de/publication/2021/3512_1057_Elektroindustrie_Hessen_Web.pdf; »Schunk investiert in Mittelhessen«, FAZ vom 26.5.2023

208 Die Automobilindustrie in Hessen: Aufbruch in Neuland. Studie für Hessenmetall. 8.9.22 von IW Consult, S. 7

209 wirtschaft.hessen.de/energie/daten-fakten und 8. Monitoringbericht zur Energiewende in Hessen 2022 (Hessisches Ministerium für Wirtschaft, Energie, Verkehr und Wohnen)

210 zitiert nach Hardach: Kontinuität und Wandel, S. 129

211 »Der schmerzhafte Weg zum Verkauf«, Handelsblatt vom 28.4.2023 und www.viessmann.family/de/was-wir-tun/klimaloesungen; https://www.sma.de/newsroom/news-detail/hubertus-heil-sma-frauenfoerderung-fachkraeftesituation (31.10.2023)

212 Hessen Agentur Branchenprofil Chemische und Pharmazeutische Industrie in Hessen, S. 35; www.hessenschau.de/wirtschaft/biontech-investiert-40-millionen-euro-in-marburger-werk---auch-fuer-moegliches-krebsmedikament-v1,biontech-marburg-104.html (31.10.2023)

213 www.bbraun.de/de.html (31.10.2023)

214 Fraunhofer IML, Logistik und Mobilität in Hessen 2035; https://wirtschaft.hessen.de/Wirtschaft/Logistik (31.10.2023)

215 www.fraport.com/de/konzern/ueber-uns/zahlen--daten-und-fakten1.html; Flughafen FAZ vom 27.3.2023

216 Diese Angabe stammt aus dem Jahr 2018 und wurde nicht aktualisiert: www.ja-zu-fra.org/lufthansa-jobmotor-fuer-frankfurt-und-hessen/ (31.10.2023)

217 www.faz.net/aktuell/rhein-main/wirtschaft/deutsche-bahn-will-moderner-werden-16909705.html (31.10.2023); https://www.faz.net/aktuell/rhein-main/frankfurt/ein-brutalistisches-gebaeude-in-frankfurt-wird-saniert-statt-abgerissen-17115202.html (31.10.2023)

218 Helaba Volkswirtschaft/Research, Hessen; und Helaba Volkswirtschaft/Research vertraulich; https://wirtschaft.hessen.de/Wirtschaft/Finanzplatz-Frankfurt

219 FAZ. vom 10.2.23; https://deutsche-boerse.com/dbg-de/unternehmen/frankfurter-wertpapierboerse/historie-der-fwb (31.10.2023)

220 »Rein privat«, in: Der Spiegel, 48/1986

221 https://www.focus.de/finanzen/news/vermisst-in-den-schweizer-bergen-warum-karl-erivan-haub-fuer-das-tengelmann-imperium-so-wichtig-ist_id_8748302.html (31.10.2023)

222 https://www.tegut.com/teo.html (31.10.2023)

223 https://www.alnatura.de/de-de/ueber-uns/presse/daten-und-fakten (31.10.2023)

224 https://www.hertie.de/Info-Seite-Hermann-Tietz_c193 (31.10.2023)

225 Veszelits, Thomas: Die Neckermanns. Licht und Schatten einer deutschen Unternehmerfamilie. Campus, Frankfurt am Main 2005; https://www.hessenschau.de/archiv/2012/neckermann-meldet-insolvenz-an,archiv-2012-neckermann-100.html (31.10.2023)

226 https://www.messefrankfurt.com/frankfurt/de/unternehmen.html (31.10.2023); Stadt Frankfurt am Main, Bundesministerium für Wirtschaft und Energie, Der Bundesverband der deutschen Banken, Helaba, Wirtschaftsförderung Frankfurt, Messe Frankfurt, Wissensportal FrankfurtRheinMain

227 https://www.rmcc.de/veranstaltungen/index.php (31.10.2023)

228 https://www.kreativwirtschaft-hessen.de/kwbericht_epaper/#22 (31.10.2023); »Warum Hessen bei Games im Rückstand ist«, FAZ vom 9.9.2023

229 https://www.hr.de/unternehmen/portrait/portraet-der-hessische-rundfunk,portrait-unternehmen-100.html (31.10.2023)

230 Maak, Niklas: Servermanifest, Architektur der Aufklärung. Data Center als Politikmaschinen. Berlin 2022, S. 19; FAZ vom 7.2.2022; www.bund-hessen.de/pm/news/bund-hessen-fordert-nachhaltigkeit-durch-rechenzentren-mit-abwaermenutzung/ (31.10.2023)

231 1 Terabit pro Sekunde sind 10^3 Gbit/s, 106 Mbit/s, 109 kbit/s bzw. 1012 bit/s, also um 1.000.000.000.000 bits pro Sekunde https://www.convertworld.com/de/datenspeicherung/terabit.html; https://www.connect-professional.de/netzwerke-it-infrastruktur/de-cix-frankfurt-bricht-neuen-datendurchsatz-rekord.327389.html#:~:text=Der%20Deutsche%20Commercial%20Internet%20

Exchange,Qualit%C3%A4t%2C%20die%20gleichzeitig%20gestreamt%20werden. (2.11.2023)

232 Herausforderungen und Chancen durch den Boom beim Neubau von Rechenzentren:, Ralph Hintemann | Simon Hinterholzer | Tim Grothey. Wiesbaden 2022

233 Maak:, Servermanifest, S. 19

234 Studie zu Nachhaltigkeitspotenzialen in und durch Digitalisierung in Hessen: Dr. Ralph Hintemann, Dr. Jens Clausen, Dr. Severin Beucker, Simon Hinterholzer, Wiesbaden 2021

235 Darmstädter Echo (DE) vom 16.8.2021 und 28.7.2022; https://hessen.de/presse/ergebnisse-der-studie-zur-ikt-branche (31.10.2023); »Dunkle Wolken verziehen sich«, DE vom 25.7.2023

236 Das hessische Handwerk in Zahlen 2022. Ergebnisse der organisations-eigenen und der amtlichen Handwerksstatistik; iab 2019. Die Bedeutung des Handwerks in Hessen

237 Oberhessische Presse vom 2.1.1960, zitiert nach Hardach: Aus Kontinuität und Wandel, S. 148

238 www.dehoga-hessen.de/ (31.10.2023)

239 https://www.dehoga-hessen.de/presse-media/pressemitteilungen/detail/news/existenzaengste-im-gastgewerbe-in-hessen-nehmen-zu-preissteigerungen-und-umsatzverluste-drohen/?tx_news_pi1%5Bcontroller%5D=News&tx_news_pi1%5Baction%5D=detail&cHash=05208abf573da7e1ae295a6fa7dfb41f (31.10.2023)

240 www.agrarheute.com/markt/weltbiermarkt-wandel-5-groessten-brauereien-526278 (31.10.2023); FAZ vom 28.1.2023

241 https://www.ihk.de/wiesbaden/blueprint/servlet/resource/blob/1251772/427dbb239e9e38a1872dc5b43e78d710/sonderbeilage-zum-jubilaeum-wiesbadener-kurier-data.pdf; https://www.kuladig.de/Objektansicht/SWB-323049 (31.10.2023)

242 Hessen Agentur Branchenprofil Ernährungsindustrie, in: Hessen, Hessen Agentur Wiesbaden 2022

243 stadtallendorf.de/Leben/Die-Stadt/Geschichte/ (31.10.2023); https://www.ferrero.de (31.10.2023)

244 Faksimile der Urschrift der Hessischen Verfassung. Hrsg. von Klaus Böhme und Bernd Heidenreich. Wiesbaden o. J. (1996), S. 7

245 Ebda., S. 8

246 Führ, Christoph: Schulpolitik in Hessen 1945–1994. In: Heidenreich, Bernd/Schacht, Konrad (Hrsg.): Hessen. Gesellschaft und Politik. Stuttgart u. a. 1995, S. 161f.

247 Mühlhausen, Walter: Hessen im 20. Jahrhundert. Eine politische Geschichte. Wiesbaden 2023, S. 413

248 Friedrich, Imke/Rudloff, Wilfried: Hessische Bildungspolitik: Vom Schulkampf zum Schulfrieden? In: Schroeder, Wolfgang/Neumann, Arijana (Hrsg.): Politik und Regieren in Hessen. Wiesbaden 2016, S. 291

249 Ebda., S. 291f.

250 Zilien, Johann: Schulreformen in Hessen 1945-1965. In: Berding, Helmut/Eiler, Klaus (Hrsg.): Hessen. 60 Jahre Demokratie. Wiesbaden 1996, S. 297

251 Vgl. Beier, Gerhard: Hessen vorn. Die Biografie des Hessischen Ministerpräsidenten Georg-August Zinn. Bearb. von Christopher Kopper. Bonn 2021, S. 369–372, hier: S. 371

252 Führ, Christoph: Schulpolitik, S. 165

253 Ebd., S. 166

254 Verlässliche Schulzeiten für Eltern | https://schulaemter.hessen.de/

255 Das Gute-KiTa-Gesetz in Hessen | soziales. hessen.de

256 Inklusiver Unterricht | kultus. hessen.de

257 Weiterbildungspakt bis 2025 | kultus. hessen.de

258 HE_Laenderprofil_2022.pdf (laendermonitor.de)

259 Das ist Löwenstark / Löwenstark – der BildungsKICK (loewenstark-hessen.de)

260 Lesekompetenz in der Grundschule - Internationale IGLU-Studie – die wichtigsten Ergebnisse (deutsches-schulportal.de)

261 https://umwelt.hessen.de/sites/umwelt.hessen.de/files/2023-01/191222_umweltschulen.pdf

262 https://www.vogelsbergkreis.de/kreisverwaltung/presse-und-oeffentlichkeitsarbeit/pressearchiv/2020/september-2020/ipad-statt-heft-und-bleistift/

263 Bildungsstark in die Zukunft | Digitale Schule Hessen

264 https://starkenburg-gymnasium.de/digitale-schule/

265 Die iPad-Klassen am Grimmels: https://grimmels.de/wordpress/ipad-klassen/

266 https://kultusministerium.hessen.de/presse/hessen-startet-neues-schulfach-digitale-welt

267 Vgl. »Unterricht mit Tablet und Laptops macht dümmer«. In: Frankfurter Allgemeine Zeitung vom 24.11.2023

268 »Startchancen«-Programm der Ampel-Koalition soll zum SJ 24/25 kommen. (steb-wiesbaden.de)

269 In den 1980er-Jahren entstanden in der Bundesrepublik zahlreiche architektonisch aufsehenerregende Museumsbauten, u. a. die Neue Staatsgalerie Stuttgart von James Stirling, die Neue Pinakothek in München von Alexander von Branca, das Abteilbergmuseum Mönchengladbach von Hans Hollein oder das Wallraff-Richartz-Museum/Museum Ludwig in Köln von Peter Busmann und Godfrid Haberer

270 Der Bildhauer und Kunsttausendsassa kuratierte auch die MOMEM-Eröffnungsausstellung über DJ Sven Väth

271 https://www.museumsufer.de/de/ueber-das-museumsufer/ueber-das-museumsufer-geschichte/# (letzter Abruf 22.07.2023)

272 Seit 2021 UNESCO-Weltkulturerbe, siehe dazu auch S. 45, 126, 221 in dieser Publikation

273 Peter Behrens, Paul Bürck, Rudolf Bosselt, Hans Christiansen, Ludwig Habich, Patriz Huber

274 Der Handel mit Elfenbein ist seit dem Washingtoner Artenschutzabkommen 1989 verboten

275 http://www.kunststoffstrasse.info (letzter Abruf 26.07.2023)

276 Der Museumsverband Hessen wird vom Land Hessen institutionell gefördert und präsentiert rund 350 Museen des Landes inklusive Tipps für den individuellen Besuch auf seiner Website https://museen-in-hessen.de

277 Vorgestellt werden die Museen des Monats auf der Ministeriums-Website, https://wissenschaft.hessen.de/presse/philipp-reis-haus-in-friedrichsdorf-als-museum-des-monats-ausgezeichnet (26.07.2023)

278 Denkmal des Monats 2023, https://wissenschaft.hessen.de/presse/mehrgenerationenprojekt-in-laubach-freienseen-ausgezeichnet (26.07.2023)

279 https://www.krfrm.de/projekte/route-der-industriekultur/tage-der-industriekultur/ (25.07.2023)

280 Wiesbadener Kurier, 25.09.2020, https://www.wiesbadener-kurier.de/kultur/theater/faust-theaterpreis-hessische-buehnen-nominiert-1815385 (26.09.2023)

281 Hessen-Tourismus, https://www.hessen-tourismus.de/de/stadterlebnis/kultur-events/buehnen-theater/ (26.09.2023)

282 2017 rechnete ein Expertengutachten mit mehr als 800 Millionen Euro, http://www.hessenschau.de/kultur/umbau-des-schauspiels-frankfurt-kostet-bis-zu-890-millionen-euro,frankfurter-buehnen-sanierung-100.html (31.07.2023)

283 https://www.fr.de/frankfurt/frankfurter-oper-und-schauspiel-werden-neu-gebaut-92667255.html (10.11.2023)

284 https://www.musicalsommer-fulda.de (26.07.2023)

285 Auswahl der Festspielsaison Hessen 2023: https://www.hessenschau.de/kultur/theater-musical-konzerte-die-wichtigsten-festspiele-2023-in-hessen-v3,theater-festival-100.html#Hersfelder. Weitere Feste, Festspiele und Festivals, nicht nur im Sommer: https://www.sommerfest-international.de/hessen.html; Kultur und Events in Hessen: https://www.hessen-tourismus.de/de/stadterlebnis/kultur-events/ (26.09.2023)

286 Die Orangerie war Ausweichspielstätte des 1944 ausgebombten Hessischen Landestheaters

287 Für Details und Hintergründe dazu siehe Ursula Kramer, »›Singt der Tenor in Unterwäsche besser?‹ Darmstadt und seine Theaterskandale«, in: Hessische Skandale, hrsg. Von Alexander Jehn, Andreas Hedwig und Rouven Pons, Verlag Waldemar Kramer, 2021; S. 168ff.

288 Siehe Wikipedia-Eintrag »Theaterskandal«, https://de.wikipedia.org/wiki/Theaterskandal (27.09.2023)

289 https://www.hessenschau.de/kultur/erdogan-statue-abgebautstadt-befuerchtete-kurden-aufmaersche,erdogan-statue-wiesbaden-biennale-100.html

290 Booss, Birgit: »Das Provokationspotenzial der ›documenta ‹«, in: Hessische Skandale, hrsg. von Alexander Jehn, Andreas Hedwig und Rouven Pons, Verlag Waldemar Kramer, 2021; S. 192

291 Siehe dazu auch eine vierteilige Doku des Hessischen Rundfunks zu Hip-Hop und Rap in Hessen: https://www.hr.de/presse/der-hr/2021/vierteilige-hip-hop-doku-ab-sofort-in-der-ard-mediathek-v2,dichtung-und-wahrheit-104.html

292 Albert Mangelsdorff wurde 1928 in Frankfurt geboren und nach seinem Tod 2005 auch dort auf dem Hauptfriedhof begraben

293 https://www.hfmdk-frankfurt.de/studiengang/bigband-spielen-schreiben-leiten-master

294 https://jazzverband-hessen.de/index.php/2022/12/14/gruendung-des-jazzverband-hessen-e-v-i-g/ (28.07.2023)

295 https://www.bergstraesser-jazzfestival.de/programm/programm-2023/programmuebersicht-2023/

296 Untergebracht ist das 1990 gegründete Forschungs- und Informationszentrum im barocken Jagdschloss »Bessunger Kavaliershaus«; das Archiv mit Büchern, Zeitschriften, Tonträgern, Fotos und sonstigen Infos ist öffentlich zugänglich. Informationen: https://www.jazzinstitut.de (29.07.2023)

297 https://www.hessischer-saengerbund.de (30.07.2023)

298 https://www.finkenbachfestival.de (29.07.2023)

299 https://www.rheingau-musik-festival.de/startseite

300 Songtext »Die Hesse komme!«, https://lyricstranslate.com/de/rodgau-monotones-die-hesse-komme-lyrics.html

301 https://de.wikipedia.org/wiki/Rodgau_Monotones#Hessische_„Nationalhymne

302 Podcast »Radio Badesalz« zum Thema Mode, https://radio-badesalz.podigee.io (31.07.2023)

303 Website Hessische Landesregierung, Badesalz zum »Hessisch Babbeln«, https://hessen.de/Wissen/Hessisch-fuer-Anfaenger (31.09.2023)

304 https://www.matthiasbeltz.de/biografie.html (31.09.2023)

305 Zu den hessischen Dialekten und ihrer wissenschaftlichen Bearbeitung im Forschungszentrum Sprache, Marburg, siehe auch Kapitel »Forschung« in dieser Publikation

306 In dem vergnüglich zu lesenden Duden-Bändchen »Hessisch«: Vorberger, Lars: Hessisch. Vom Babbeln und Schnuddeln. Duden Verlag Berlin, 2022

307 Ebd., S. 62f.

308 Ebd., S. 45

309 Website des Hessischen Wirtschaftsministeriums, https://wirtschaft.hessen.de/wirtschaft/kultur-und-kreativwirtschaft (31.09.2023)

310 Ebd.

311 https://www.hessen-agentur.de/projekte/kreativwirtschaft-hessen/ (28.09.2023)

312 https://www.hessenfilm.de (28.09.2023)

313 https://wissenschaft.hessen.de/foerderung-finden/kulturfoerderung/regionale-kulturfoerderung-heimat-und-brauchtumspflege (28.09.2023)

314 240.000 Euro wurden 2017, im ersten Vergabe-Jahr des Stipendiums, an neun Stipendiatinnen vergeben. Benannt ist das Stipendium nach der in Frankfurt und Hofheim wirkenden Malerin Ottilie Roederstein (1859–1937), die sich gemeinsam mit ihrer Lebensgefährtin, der Chirurgin Dr. Elisabeth Winterhalter, für die Gleichberechtigung von Frauen einsetzte. https://wissenschaft.hessen.de/Presse/Hessen-foerdert-neun-Kuenstlerinnen-mit-neuen-Ottilie-Roederstein-Stipendien (27.09.2023)

315 mit Mineralwasser verdünnt

316 www.apfelweinroute.de (28.09.2023)

317 Pressemeldung HMWK, https://wissenschaft.hessen.de/presse/apfelweinkultur-ist-immaterielles-kulturerbe

318 https://www.unesco.de/kultur-und-natur/immaterielles-kulturerbe/immaterielles-kulturerbe-deutschland/hessischer-kratzputz (28.09.2023)

319 https://wissenschaft.hessen.de/presse/hafen-der-zuflucht-hessen-bietet-iranischer-musikerin-arbeitsort-in-giessen (28.09.2023)

320 https://wissenschaft.hessen.de/kultur-erleben/der-masterplan-kultur/vorwort (28.09.2023)

321 Ebd.

322 Hoffmann, Eduard/Nendza, Jürgen: Verlacht, verboten und gefeiert. Zur Geschichte des Frauenfußballs in Deutschland. Verlag Landpresse, Weilerswist 2005

323 Website der am 24.10.2023 umbenannten Schule https://www.august-jaspert-schule.com/über-uns/

324 https://www.dfb.de/news/detail/kuenzer-sportlich-erfolgreich-sein-und-titel-holen-gemeinsam-258112/ (30.01.2024)

325 Pressemeldung Landessportbund Hessen, 21.03.2023, https://www.landessportbund-hessen.de/geschaeftsfelder/kommunikation-und-marketing/pressemitteilungen/pressemeldung/landessportbund-mit-mitgliederrekord/ (31.09.2023)

326 Ebd.; absolute Mitgliedszahlen Sportverbände: https://www.landessportbund-hessen.de/fileadmin/media/bereich_KomMa/Presse/Downloads/Downloads_2023/Bestandserhebung_2023_Fachverbaende.pdf (31.09.2023)

327 Stand: April 2023, https://de.wikipedia.org/wiki/Turngemeinde_Bornheim (02.09.2023)

328 https://innen.hessen.de/Sport/Partner-Gremien-Organisationen

329 Sportförderung der Landesregierung Hessen 2023/24, https://innen.hessen.de/sites/innen.hessen.de/files/2023-05/hmdis_factsheet_sport_030523.pdf (02.09.2023)

330 https://de.wikipedia.org/wiki/RSV_Lahn-Dill

331 Eintagesrennen, 1962 erstmals als »Rund um den Henninger Turm« ausgetragen

332 Zum Inventar des Eintracht-Museums gehört u.a. auch eine Zitate-Sammlung, https://museum.eintracht.de/zitate/ (03.09.2023)

333 https://de.wikipedia.org/wiki/Hessischer_Filmpreis (31.09.2023)

334 https://www.hs-geisenheim.de/forschung/ueberblick/?L=0&tx_news_pi1%5Bnews%5D=5710&tx_news_pi1%5Bcontroller%5D=News&tx_news_pi1%5Baction%5D=detail&cHash=0029404098fa80049ccb740aaef19198 (02.10.2023)

335 Ebd.

336 1718 Studierende im Wintersemester 2022/23; https://www.hs-geisenheim.de/zahlen-und-fakten/ (12.09.2023)

337 https://www.hs-geisenheim.de/150-jahre/ (12.09.2023)

338 Leitlinien der hessischen Hochschulpolitik; https://wissenschaft.hessen.de/Studieren/Hessens-Hochschulstrategie/Leitlinien-der-Hochschulpolitik

339 siehe Satzung der Deutschen Forschungsgemeinschaft, Fassung vom 04. April 2023, Paragraf 1, https://www.dfg.de/dfg_profil/ueber_die_dfg/satzung/index.html#praeambel (letzter Aufruf 13.09.2023)

340 https://wissenschaft.hessen.de/presse/universitaeten-dank-profilbildung-erfolgreich-bei-dfg-foerderung (13.09.2023)

341 https://wissenschaft.hessen.de/presse/universitaeten-dank-profilbildung-erfolgreich-bei-dfg-foerderung (13.09.2023)

342 https://kunsthochschulekassel.de/willkommen/news/willkommen-prof-dr-susanne-ritzmann.html (13.11.2023)

343 Stand: März 2023, HMWK, Presseinfo Nr. 24, 16.03.2023

344 festgeschrieben im Schwerpunkt »Betreuungsrelation« im Hochschulpakt 2021–2025, https://wissenschaft.hessen.de/Studieren/Hessens-Hochschulstrategie/Hessischer-Hochschulpakt (15.09.2023)

345 HMWK_Pressemeldung vom 16.03.2023, https://wissenschaft.hessen.de/presse/neues-nachhaltigkeits-zentrum-startet-an-der-universitaet-kassel (20.09.2023)

346 Website ProLOEWE, Netzwerk der LOEWE-Forschungsvorhaben, https://proloewe.de/de/ueber-uns/ueber-loewe/ (16.09.2023)

347 Ebd.

348 Ebd.

349 HMWK, Pressemeldung vom 09.12.2022, https://wissenschaft.hessen.de/presse/loewe-zentrum-frankfurt-cancer-institute-wird-weiter-mit-18-millionen-euro-gefoerdert (13.09.2023)

350 HMWK, Pressemeldung vom 19.05.2023, https://wissenschaft.hessen.de/forschen/landesprogramm-loewe/loewe-professuren-und-spitzenprofessuren/prof-dr-nicole-deitelhoff (20.09.2023)

351 Gemeinsame Presseerklärung der Hessischen Ministerien für Wissenschaft und Kunst, für Wirtschaft, Energie, Verkehr und Wohnen sowie für Digitale Strategien und Entwicklung, Nr. 73, 31.08.2020, https://wissenschaft.hessen.de/Presse/Hessisches-Zentrum-fuer-Kuenstliche-Intelligenz-gegruendet (16.09.2023)

352 https://www.bmbf.de/bmbf/shareddocs/kurzmeldungen/de/2022/11/foerderung-von-4-ki-zentren-gestartet.html (12.09.2023)

353 Ebd.

354 https://hessian.ai/de/projekte/3ai-the-third-wave-of-ai/ (12.09.2023)

355 Digitales Hessen, Hessisches Ministerium für Digitale Strategie und Entwicklung, Pressemeldung vom 23.03.2023, https://digitales.hessen.de/presse/hessens-start-up-oekosystem-und-mittelstand-zukunftssicher-aufstellen (16.09.2023)

356 So erklärt im Online-Lexikon Wikipedia, https://de.wikipedia.org/wiki/GSI_Helmholtzzentrum_für_Schwerionenforschung (16.09.2023)

357 Fraunhofer-Gesellschaft, Presseinformation vom 07. Januar 2021, https://www.fraunhofer.de/de/presse/presseinformationen/2021/januar-2021/neues-fraunhofer-institut-fuer-translationale-medizin-und-pharmakologie-itmp.html (16.09.2023)

358 Max-Planck-Institute in den Bundesländern, https://www.mpg.de/institute_karte (16.09.2023)

359 Website Senckenberg Naturmuseum, https://museumfrankfurt.senckenberg.de/de/pressemeldungen/ (16.09.2023)

360 https://dsa.info/hessen/ (12.09.2023)

361 Die Aufgaben des DWD, der als Bundesoberbehörde zum Bundesministerium für Digitales und Verkehr gehört – sind im »Gesetz über den Deutschen Wetterdienst« geregelt; https://de.wikipedia.org/wiki/Deutscher_Wetterdienst (17.09.2023)

362 Als ein Beispiel unter vielen ein Online-Bericht zur 23. Weltklimakonferenz der UN-Klimarahmenkonvention, https://www.dwd.de/DE/klimaumwelt/aktuelles/cop23/_node.html (20.09.2023)

363 Frankfurter Rundschau (FR), https://www.fr.de/frankfurt/frankfurter-nobelpreistraeger-list-mit-molekuel-ins-goldene-buch-91519676.html (17.09.2023)

364 HMWK, Pressemeldung vom 26.04.2022, https://wissenschaft.hessen.de/presse/grosser-erfolg-fuer-forscherinnen-und-forscher-aus-hessen-bei-europaeischer-foerderung (20.09.2023)

365 Pressemeldung Goethe-Universität, https://aktuelles.uni-frankfurt.de/forschung/deutscher-umweltpreis-2021-fuer-oekologin-prof-dr-katrin-boehning-gaese/ (20.09.2023); FAZ, 27.08.2021, https://www.faz.net/aktuell/rhein-main/wissenschaft-frankfurter-forscherin-erhaelt-deutschen-umweltpreis-17503987.html (22.09.2023)

366 Landeswettbewerb Jugend forscht, Pressemeldung vom 30.03.2023, https://www.jugend-forscht.de/uploads/media/Jugend_forscht_Pressemitteilung_Landeswettbewerb_Hessen_2023.pdf (17.09.2023)

367 Bundeswettbewerb Jugend forscht, Preisträger-Broschüre, https://www.jugend-forscht.de/fileadmin/user_upload/Downloadcenter/Bundeswettbewerb/Länderlisten_Sieger/Jugend_forscht_Preistraegerinnen_und_Preistraeger_Hessen_2023.pdf (17.09.2023)

368 https://micasmp.hypotheses.org/merian-centres (22.09.2023)

369 https://www.dhm.de/lemo/Biografie/justus-liebig; https://www.deutschlandfunk.de/18-04-1873-der-chemiker-justus-von-liebig-gestorben-dlf-21e59898-100.html (31.09.2023)

370 https://www.dhm.de/lemo/biografie/emil-behring

371 https://www.uni-marburg.de/de/fb20/bereiche/methoden-gesundheit/evbb/der-nachlass-emil-von-behrings/leben-und-werk-emil-von-behrings/biografie

372 https://www.pei.de/DE/newsroom/pm/jahr/2015/14-unsichtbares-sichtbar-machen-paul-ehrlichs-blick-durchs-mikroskop.html?nn=173622

Quellen- und Literaturverzeichnis

Quellenverzeichnis zu den Zitaten der Ministerpräsidenten

Karl Geiler: Hessische Geschichte in neun Reden, S. 10

Christian Stock: Walter Mühlhausen, Christian Stock (1884–1967), Arbeiterführer, Sozialpolitiker, Ministerpräsident, S. 13

Georg August Zinn: Auf der Landesdelegiertenkonferenz im November 1951, zitiert nach: Politik und Regieren in Hessen, S. 252

Albert Osswald: Albert Osswald, Eine Zeit vergeht, S. 24

Holger Börner: Die Welt vom 21.9.1983, zitiert nach: Politik und Regieren in Hessen, S. 236

Walter Wallmann: »Für die Zukunft einer freiheitlichen Gesellschaft, Regierungserklärung MP Wallmann am 23. April 1987«

Hans Eichel: Hessische Geschichte in neun Reden, S. 125

Roland Koch: Die Welt am Sonntag vom 3.2.2013, zitiert nach Politik und Regieren in Hessen, S. 277

Volker Bouffier: Am 18.5.2018 in der Jüdischen Gemeinde Frankfurt, https://www.cduhessen.de/aktuelles/ministerpraesident-volker-bouffier-der-gesellschaftliche-zusammenhalt-/

Boris Rhein: Neujahrsansprache am 31.12.2022; https://hessen.de/video/neujahrsansprache-des-ministerpraesidenten-0 (abgerufen am 1.5.23)

Weiterführende Literatur

Altaras, Thea: Das jüdische Rituelle Tauchbad. Und: Synagogen in Hessen – Was geschah nach 1945? Teil 2. Königstein 1994

Arnsberg, Paul: Die jüdischen Gemeinden in Hessen. 2 Bde. Frankfurt am Main 1971

Baatz, Dietwulf/Herrmann, Fritz-Rudolf (Hrsg.): Die Römer in Hessen. Stuttgart 1989

Bauer, Gerd/Boehncke, Heiner/Sarkowicz, Hans: Das Hessenlexikon. Frankfurt 2000

Beier, Gerhard: Hessen vorn. Die Biografie des Hessischen Ministerpräsidenten Georg August Zinn. Bearb. von Christopher Kopper. Bonn 2021

Boehncke, Heiner/Sarkowicz, Hans: Literaturland Hessen. Literarische Streifzüge durch die Mitte Deutschlands. Wiesbaden 2015

Boehncke, Heiner/Sarkowicz, Hans: Die Geschichte Hessens. Von den Neandertalern bis Ende 2020, Wiesbaden 2021

Brake, Ludwig: Die ersten Eisenbahnen in Hessen. Eisenbahnpolitik und Eisenbahnbau in Frankfurt, Hessen-Darmstadt, Kurhessen und Nassau bis 1866. Wiesbaden 1991

Buchterkirch, Bernd/Söhngen, Julia: Best of Apfelwein. FrankfurtRheinMain. Frankfurt am Main 2017

Dehio, Georg: Handbuch der Deutschen Kunstdenkmäler. Hessen I: Regierungsbezirke Gießen und Kassel. Bearb. von Folkhard Cremer, Tobias

Michael Wolf u. a. Hessen II: Regierungsbezirk Darmstadt. Bearb. von Folkhard Cremer u. a. München/Berlin 2008

Demandt, Karl E.: Geschichte des Landes Hessen. Kassel 1980 (Nachdruck der 2. Auflage)

Dreßler, Ulrich: Die Spielregeln der Demokratie in den hessischen Gemeinden. Blickpunkt Hessen Nr. 11/2022, Hessische Landeszentrale für politische Bildung

Handbuch der hessischen Geschichte. Band 1: Bevölkerung, Wirtschaft und Staat in Hessen 1806–1945. Band 2: Bildung, Kunst und Kultur in Hessen 1806–1945. Hrsg. von Winfried Speitkamp. Marburg 2010. Band 6: Die Landgrafschaften ca. 1100–1803/06. Hrsg. von Holger Th. Gräf und Alexander Jendorff, Marburg 2022

Hardach, Gerd: Kontinuität und Wandel. Hessens Wirtschaft seit 1945, Darmstadt 2007

Heidenreich, Bernd/Böhme, Klaus (Hrsg.): Hessen. Land und Politik. Schriften zur politischen Landeskunde Hessens. Band 6, Stuttgart 2003

Heidenreich, Bernd/Schacht, Konrad (Hrsg.): Hessen. Eine politische Landeskunde. Schriftenreihe zur politischen Landeskunde Hessens. Band 1, Stuttgart 1993

Heinlein, Anne/Gnaudschun, Göran: Wüstungen. Berlin 2017

Hessische Landeszentrale für politische Bildung (Hrsg.): Spurensuche entlang der Grenze. Mit Fotografien von Siegfried Wittenberg. Wiesbaden 2020

Heinemeyer, Walter (Hrsg.): Das Werden Hessens. Marburg 1986

Hennig, Eike (Hrsg.): Hessen unterm Hakenkreuz. Studien zur Durchsetzung der NSDAP in Hessen. Frankfurt am Main 1983

Hessisches Landesamt für Naturschutz, Umwelt und Geologie (Hrsg.): Geologie von Hessen, Stuttgart 2021

Hetrodt, Ewald: Grün im Politiklabor. Hessen – Modell für Berlin? Wiesbaden 2021

Informationen zur politischen Bildung. Hrsg. von der Bundeszentrale für politische Bildung. Heft 340–2/2019: (Spät-)Aussiedler in der Migrationsgesellschaft. Heft 343–2/2020: Ländliche Räume. Heft 350–1/2022: Demografischer Wandel

Jehn, Alexander/ Hedwig, Andreas/Pons, Rouven (Hrsg.): Hessische Skandale. Medien, Gesellschaften und Normkonflikte. Wiesbaden 2021

Klötzer, Wolfgang (Hrsg.): Frankfurter Biographie. Personengeschichtliches Lexikon. Bearbeitet von Sabine Hock und Reinhard Frost. Band 1: A-L. Frankfurt am Main 1994. Band 2: M-Z, Frankfurt am Main 1996

Kroll, Frank-Lothar: Geschichte Hessens, München 2006 (3. erw. Auflage 2017)

Kürzinger, Georg/Wohmann, Gabriele/Pletsch, Alfred: Hessen. Edition der Deutschen Länder, München/Berlin 1992

Maak, Niklas: Servermanifest, Architektur der Aufklärung. Data Center als Politikmaschinen. Berlin 2022

Mayer, Nadja: Frankfurt – Lieblingsorte, Berlin 2020

Mühlhausen, Walter: Hessen im 20. Jahrhundert. Eine politische Geschichte, Wiesbaden 2023
Recker, Marie-Luise (Hrsg.): Tradition und Wandel. Frankfurt am Main. 2 Bde, Göttingen 2023
Reutter, Werner: Die deutschen Länder. Eine Einführung, Wiesbaden 2020
Rölleke, Heinz (Hrsg.): Deutsche Sagen herausgegeben von den Brüdern Grimm, Frankfurt am Main 1994
Sarkowicz, Hans (Hrsg.): Hessische Geschichte in neun Reden, Frankfurt am Main 2016
Schaal, Stephan F.K./Smith, Krister T./Habersetzer, Jörg (Hrsg.): Messel. Ein fossiles Tropenökosystem, Stuttgart 2018
Schroeder, Wolfgang/Neumann, Arijana (Hrsg.): Politik und Regieren in Hessen, Wiesbaden 2016
Steinhagen, Martin: Rechter Terror. Der Mord an Walter Lübcke und die Strategie der Gewalt, Hamburg 2021
Studienkreis Deutscher Widerstand (Hrsg.): Heimatgeschichtlicher Wegweiser zu Stätten des Widerstandes und der Verfolgung 1933-1945: Hessen. 2 Bde., Frankfurt am Main 1995
Van Laak, Jeannette/Mück, Florentin (Hrsg.): Sehnsuchtsort Gießen? Erinnerungen an die DDR-Ausreise und den Neubeginn in Hessen, Gießen 2016
Van Rahden, Till: Demokratie. Eine gefährdete Lebensform, Frankfurt am Main 2019
Vorberger, Lars: Hessisch. Vom Babbeln und Schnuddeln, Berlin 2022
Wettengel, Michael: Revolution von 1848/49 in Hessen, Wiesbaden 2022
Wolf, Tom/Wolf, Rike: 111 Orte in Frankfurt, die man gesehen haben muss, Köln 2018
Zibell, Stephanie: Hessinnen. 50 Lebenswege, Wiesbaden 2019

Sach- und Personenverzeichnis

Abbildungsverzeichnis

AdobeStock: S. 6 (Benjamin ['O°] Zweig), 10 (Ilhan Balta), 17 (RhianMai), 22 (mije shots), 52 (fotografci), 56 (Falko Göthel), 66 (parallel_dream), 90 (haiderose), 120 (Sina Ettmer), 125 (Firn), 130 (Comofoto), 166 (parallel_dream), 171 (spuno), 177 (haiderose), 191 (metamorworks), 224 (mije shots), 234 (aro49), 242 (taunusgruen), 254 (Stefan Scheid/ Wirestock Creators)

akg-images: S. 25, 136 (picture-alliance), 259, 260 (Glasshouse/JT Vintage), 261, 262 (National Library of Medicine/SCIENCE PHOTO LIBRARY)

Fraunhofer IML: S. 174

Gedenkstätte und Museum Trutzhain: S. 71

Institut für Stadtgeschichte in Frankfurt am Main: S. 57 (Sign. P7)

Karte der Landgrafschaft Hessen: S. 27 (aus: Moritz der Gelehrte. Ein Renaissancefürst in Europa. Schloss Brake/Kassel/Eurasburg 1997, S. 403)

mauritius images: S. 44 (Signal Photos / Alamy / Alamy Stock Photos), 93 (Stefan Ziese / imageBROKER), 111 (Andreas Mechmann / imageBROKER), 220 (Bernd Wittelsbach)

picture alliance: S. 12 (imageBROKER | Braun, C.), 18 (blickwinkel/ McPHOTO/A. Pulwey), 30 (akg-images), 61 (Zoonar | Volker Rauch), 75 (Boris Roessler), 86 (imageBROKER | Torsten Krüger), 113 (imageBROKER | Arnulf Hettrich), 143 (Heinz Wieseler), 150 (UPI | Hespe), 155 (Lino Mirgeler), 196 (imageBROKER | Raimund Kutter), 199 (ullstein bild), 216 & 218 (Arne Dedert), 238 (ASSOCIATED PRESS | Michael Probst), 245 (Silas Stein), 253 (GSI Helmholtzzentrum)

Senckenberg Biodiversität und Klima Forschungszentrum: S. 249 © Jörg Hempel, Aachen

wikimedia: S. 36 (CC0)

Bildunterschriften der Öffnermotive

S. 6 Blick auf Schloss Waldeck am Edersee

S. 10 Die Besucherplattform der Grube Messel im Landkreis Darmstadt-Dieburg.

S. 22 Die karolingische Torhalle des Kloster Lorsch (St. Nazarius) in Lorsch im Kreis Bergstraße

S. 52 Der Obergermanisch-Raetische Limes bestand aus Wall, Graben, Wachtürmen und Kastellen.

S. 66 Der »Monopteros« am Niederwalddenkmal in Rüdesheim am Rhein bei Sonnenaufgang.

S. 90 Blick vom Herkules auf den Bergpark Wilhelmshöhe in Kassel, Eurpoas größter Bergpark.

S. 130 Die Mathildenhöhe in Darmstadt mit der Russischen Kapelle.

S. 166 Rund um den Stausee Edersee befindet sich der Naturpark Kellerwald-Edersee. Er umfasst eines der größten unzerteilten Buchenwaldgebiete Deutschlands.

S. 196 Denkmal der Brüder Jakob und Wilhelm Grimm, Doppelstatue aus Bronze von Syrius Eberle am Marktplatz in Hanau

S. 218 Die *Goldene Bulle* im Institut für Stadtgeschichte Frankfurt. Sie gilt als wichtigstes Verfassungsdokument des mittelalterlichen Reiches.

S. 242 Rheingau im Herbst mit Blick auf Geisenheim

Möchten Sie regelmäßig über neue Veröffentlichungen und Veranstaltungen informiert werden sowie exklusive Einblicke erhalten? Dann abonnieren Sie unseren Newsletter!

Es ist ganz einfach – besuchen Sie unsere Internetseite oder nutzen Sie den beigefügten QR-Code, um sich anzumelden.

Wir freuen uns darauf, Sie willkommen zu heißen!

Bibliografische Information der Deutschen Nationalbibliothek
Die Deutsche Nationalbibliothek verzeichnet diese Publikation in der Deutschen Nationalbibliografie; detaillierte bibliografische Daten sind im Internet über http://dnb.d-nb.de abrufbar.

Lektorat: Anna Schloss
Covergestaltung, Layout und Satz: Anja Carrà, Weimar
Bildnachweis: Ana Paola Paniagua Gutiérrez
Der Titel wurde in der Adobe Garamond Pro gesetzt.
Gesamtherstellung: CPI books GmbH – Germany

ISBN: 978-3-7374-0506-5

Mehr über Ideen, Autoren und Programm des Verlags finden Sie auf www.verlagshausroemerweg.de und in Ihrer Buchhandlung.

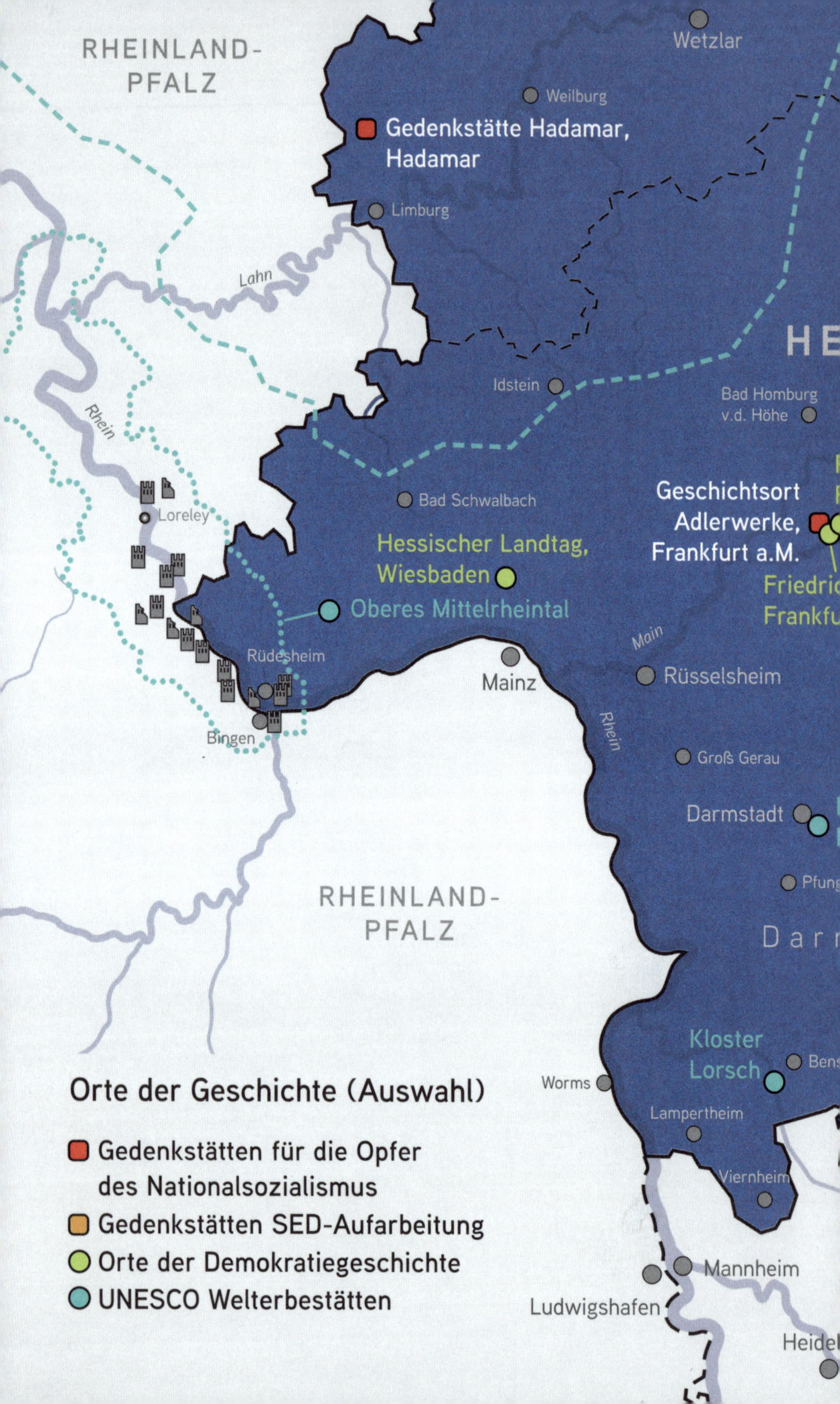
RHEINLAND-
PFALZ
Wetzlar
Weilburg
Gedenkstätte Hadamar,
Hadamar
Limburg
Lahn
Rhein
HE
Idstein
Bad Homburg
v.d. Höhe
Bad Schwalbach
Loreley
Geschichtsort
Adlerwerke,
Frankfurt a.M.
Hessischer Landtag,
Wiesbaden
Oberes Mittelrheintal
Rüdesheim
Mainz
Main
Rüsselsheim
Bingen
Rhein
Groß Gerau
Darmstadt
RHEINLAND-
PFALZ
Kloster
Lorsch
Worms
Lampertheim
Viernheim
Mannheim
Ludwigshafen
Orte der Geschichte (Auswahl)
Gedenkstätten für die Opfer
des Nationalsozialismus
Gedenkstätten SED-Aufarbeitung
Orte der Demokratiegeschichte
UNESCO Welterbestätten